乡村振兴背景下的耕地保护研究

陈士银 著

吉林出版集团股份有限公司

图书在版编目（CIP）数据

乡村振兴背景下的耕地保护研究 / 陈士银著. -- 长春：吉林出版集团股份有限公司，2021.2
ISBN 978-7-5581-9821-2

Ⅰ. ①乡… Ⅱ. ①陈… Ⅲ. ①耕地保护—研究—中国 Ⅳ. ①F323.211

中国版本图书馆CIP数据核字(2021)第033623号

书　　名 / 乡村振兴背景下的耕地保护研究

作　　者 / 陈士银 著
责任编辑 / 蔡宏浩
封面设计 / 文兜兜文化传媒
开　　本 / 787mm×1092mm　1/16
字　　数 / 300千字
印　　张 / 14
版　　次 / 2021年2月第1版
印　　次 / 2022年5月第1次印刷

出　　版 / 吉林出版集团股份有限公司
发　　行 / 吉林音像出版社有限责任公司
地　　址 / 长春市福祉大路5788号
电　　话 / 0431-81629667
印　　刷 / 吉林省金昇印务有限公司

ISBN 978-7-5581-9821-2　　　　定价 / 48.00元

前言 preface

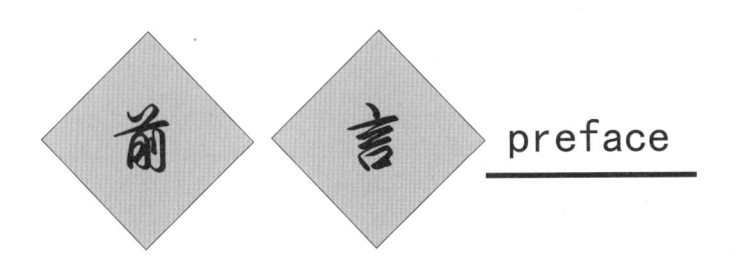

  党的十九大报告中首次提出乡村振兴战略，强调农业农村农民问题是关系我国民生的根本问题。乡村振兴离不开耕地保护，耕地是粮食生产的根本和载体，是推动乡村振兴战略的前提和保障。随着国家发展城市化，土地资源逐渐呈现短缺之势，直接导致了耕地与土地开发之间的矛盾。虽然我国国土面积辽阔，但耕地资源非常有限，且面临诸多挑战，过度开垦、土壤污染等问题日益显著，制约了我国农业的可持续发展。在对我国耕地资源现状及存在问题进行分析的基础上，提出了保护耕地的措施。

  本书基于乡村振兴背景下，对耕地保护进行相关的探讨，期望能够不断提升耕地质量，耕地保护在乡村振兴战略实施中不可忽视。为了加强耕地保护，基于此在乡村振兴与耕地保护内涵的基础上，探讨了乡村振兴对耕地保护的作用，通过梳理耕地利用现状与乡村振兴实施情况，分析了乡村振兴战略与耕地保护的相互推动作用，并提出了科学规划、加快科技创新、完善法律法规、增强公众保护意识的建议。

  由于作者水平有限，书中难免会出现不足之处，希望各位读者和专家能够提出宝贵意见，以待进一步修改，使之更加完善。

目录 contents

第一章 乡村振兴战略基础理论 ... 1
- 第一节 中国古代的重农思想 ... 1
- 第二节 西方经济学派关于乡村发展理论 ... 5
- 第三节 马克思主义关于乡村发展理论 ... 6
- 第四节 中国领导人关于"三农"问题的主要思想 ... 14

第二章 乡村振兴战略实施路径 ... 22
- 第一节 乡村产业振兴 ... 22
- 第二节 乡村生态振兴 ... 29
- 第三节 乡村文化振兴 ... 37
- 第四节 乡村治理 ... 43

第三章 乡村振兴与耕地保护 ... 47
- 第一节 乡村振兴与耕地保护的关系 ... 47
- 第二节 中国耕地资源数量安全 ... 53
- 第三节 中国耕地资源质量安全 ... 57
- 第四节 中国耕地资源生态安全 ... 62

第四章 耕地保护政策与制度 ... 67
- 第一节 耕地保护政策的基本理论 ... 67
- 第二节 耕地保护政策具体实践 ... 70
- 第三节 基于粮食产能的耕地保护政策响应 ... 73
- 第四节 完善我国耕地保护政策的建议 ... 75

第五章 惠农政策与耕地保护 ... 81
- 第一节 惠农政策的简要介绍 ... 81
- 第二节 农户耕地保护行为对农业补贴政策的响应理论分析 ... 83
- 第三节 农户耕地保护行为愿意及其对惠农政策的响应实证分析 ... 88

  第四节 农业补贴政策对农户耕地保护效果激励效果实证分析 94

  第五节 完善农业补贴政策，促进耕地保护的建议 107

第六章 土地流转与耕地保护 110

  第一节 我国耕地转型分析 110

  第二节 农村土地流转的基本问题 120

  第三节 土地生存权益高于一切 132

  第四节 尊重和落实集体土地所有权 137

  第五节 确保农民在土地上的合法权益 141

第七章 耕地保护补偿机制及其目标 146

  第一节 耕地保护补偿的理论基础 146

  第二节 耕地保护补偿机制的分类及其目标 149

  第三节 耕地保护区域补偿机制 154

第八章 生态安全与耕地保护 161

  第一节 土壤肥力分等评价 161

  第二节 土壤环境健康质量分等评价 164

  第三节 土壤环境质量综合评价 167

  第四节 耕地质量和生态环境管控 168

第九章 耕地资源可持续性利用 176

  第一节 工业化进程中耕地资源的可持续利用 176

  第二节 城乡统筹中耕地资源的可持续利用 180

  第三节 贫困地区发展中耕地资源可持续利用 187

  第四节 粮食主产区耕地资源的可持续利用 195

第十章 耕地保护机制 201

  第一节 耕地保护的经济管理对策 201

  第二节 耕地保护的行政管理对策 208

  第三节 耕地保护的法律管理对策 212

参考文献： 216

第一章 乡村振兴战略基础理论

第一节 中国古代的重农思想

早在原始社会部落联盟的尧、舜、禹时代，中国就出现了农业管理思想，设立了掌管治水、农耕、渔猎的官职。到春秋战国时代，列国并立，群雄争霸，富国强兵成为各诸侯国一致追求的目标。富国和强兵都离不开农业生产的发展，于是，形形色色的重农思想登上了历史的舞台。

一、"国富论"

最早提出"国富论"的代表人物是战国时期的著名政治家商鞅（约公元前390—公元前338年）。他是卫国公室的后裔，原名卫鞅，亦名公孙鞅。商鞅年轻时在魏国当过国相公叔痤的家臣，后应秦孝公之招入秦，力劝孝公变法图强，深得孝公信任，官至大良造。在商鞅领导下，秦国先后在公元前359年（秦孝公三年）和前350年（孝公十二年）两次实行变法，为日后的统一大业奠定了雄厚的政治经济基础。商鞅把"治、富、强、王"列为国家的最高政治目标。这里的"治"指社会秩序良好；"富"指国库充盈；"强"指军事兵力强盛；"王"即统一天下。要实现这一目标，必须大力发展农业生产。他说："善为国者，仓廪虽满，不偷于农"，意思是粮食多了也不能放松农业生产。

二、"轻重论"

"轻重论"的代表人物是桑弘羊（约公元前152—公元前80年），西汉洛阳人，少时入宫当汉武帝的侍从，官拜大司农、御史大夫等职。他是西汉著名的理财专家，参加过武帝时盐铁官营、均输平准和统一铸币等重要经济政策的制定与实施，对当时的经济发展和国家建设起到十分重要的作用。桑弘羊是历史上第一个敢于对"农业富国"正统思想提出异议的人。昭帝始元六年（公元前81年）召开的一次著名的"盐铁会议"上，在与参加会议的各方贤良的大辩论中，桑弘羊比较系统而集中地阐述了他的经济观。针对反对派提出的"衣食者民之本，稼穑者民之务也，二者修，则国富而民安也"的观点，桑弘羊反驳道："国富何必用本农，足民何必井田也。"他接着指出："物丰者民衍，宅近市者家富。富在术数，不在劳身；利在势居，不在力耕也。"这就是说，富庶的地方人口就会繁衍，靠近市镇的人家就容易致富。致富的关键在于技巧和手段，不在于苦力劳作；获利的关键在于住所（店铺）的有利位置，不在于种地耕耘。因此，桑弘羊等人竭力主张国家利用农产品交易中的价格变化规律，控制生产、分配、消费全过程以达到全面垄断国民经济的目的。这一过程的专门术语叫"行轻重之术"。

桑弘羊的理论依据是：第一，影响市场商品价格的要素来自三个方面：一是年成丰歉和农作物收获的季节变化，"岁有凶穰，时有春秋，故谷有贵贱"；二是商人的囤积聚散，"聚则重，散则轻"；三是政府的赋税征收，"急则重，缓则轻"。第二，国家可以利用"物多则贱，寡则贵"的物价变动规律来增加财政收入，"人君操谷币金衡而天下可定也"，这么做即使不向人民征收入口税（万民无籍），财富也会流入国库之中。第三，国家利用"轻重之术"来聚敛财富，在政治上也有多方面的好处："取之于民而民无以怨"；避免囤商大贾"豪夺吾民"；能使黎民百姓"无不系于上"。因此主张"行轻重之术"以实现国家对农业生产和社会财富的调控与管理。

与"轻重论"相反的经济管理理论是司马迁提出的"善因论"。语出《史记货殖列传》："善者因之，其次利道之，其次教诲之，其次整齐之。最下者与之争。"这段话的核心是"因之"。司马迁在它之前加上"善者"，观点十分明确，即主张国家应当顺应经济的自然运行，减少对经济活动的干预。在"因之"的前提下，可以通过让利于民的办法引导人民从事某些有利于国家经济全局的活动，这叫"利道之"；还可以采用教育感化的办法来规范人们的经济行为，这叫"教诲之"；还必须采取行政法律手段来强化经济秩序，整顿经济活动中的不法行为，这叫"整齐之"。可见，司马迁并非主张对经济活动采取听之任之的无政府主义。在司马迁看来，政府只是经济活动的管理者，如果直接参与经济经营就是"与民争利"，就会扰乱经济活动的正常运行。因此，他认为轻重论学派的干预主义是"最下者"。

司马迁的理论依据是：第一，经济活动的动力来自人们的求富欲望。他说："富者，人之情性，所不学而俱欲也。""天下熙熙皆为利来，天下攘攘皆为利往"，用不着政府去干预。但是对那些"奸吏弄法"的人，必须实行惩罚制裁。第二，人们的物质需要是多方面的。司马迁有一段话很精彩："农而食之，虞而出之，工而成之，商而通之。各任其能，竭其力，以得所欲。故物贱之征贵，贵之征贱。各劝其业，乐其事，若水之趋下，日夜无休时。"意思是：农、虞、工、商是国家的四大经济部门，只要人们依法从事经济活动，政府就别去干预他。某种商品的价格低了人们会减少生产，自然就会变贵（物贱征贵），反之也一样。第三，人们的贫富差别是由于人的能力大小造成的，"巧者有余，拙者不足"，是天经地义的事情。总之，"善因论"主张国家减少对经济活动的干预，顺应经济的自然发展，只要适当加以"利道""教诲""整齐"等手段，就能实现"上则富国，下则富民"的经济管理目标。

三、农业"三才"论

古代思想家对农业与自然环境、农业资源配置利用等问题也提出过许多经世致用的思想，"三才论"是其中具有农业哲学意义的一个宏观性的理论。

"三才"始见于《周易》"说卦"，专指哲学概念的天、地、人，也称天道、地道、人道。战国时代的许多思想家从不同角度论述了"三才"之间的相互关系。管子将"三才"称为"三度","所谓三度者何？曰：上度之天祥，下度之地宜，中度之人顺"。孟子指出"天时不如地利，地利不如人和"。荀子从治国理财的角度强调"上得天时，下得地利，中得人和"，才能实现国家富强目标。《吕氏春秋》第一次将"三才"思想用于解释农业生产："夫稼，为之者人也，生之者地也，养之者天也。"这里的"稼"，指农作物，也可泛指农业生产活动，"天""地"则指农业生产的环境因素，"人"是农业生产活动的主体。这段话是对农业生产诸要素之间的辩证关系的哲学概括，其中突出之点在于它阐述了农业生产的整体观、联系观、环境观，在我国传统农学中占有重要的指导性地位。

北魏农学家、《齐民要术》作者贾思勰继承和发展了"三才"思想，他指出人在农业生产中的主导作用是在尊重和掌握客观规律的前提下实现的，违反客观规律就会事与愿违，事倍功半。他说："顺天时，顺地利，则用力少而成功多。任情返道，劳而无获。"他甚至将"任情返道"（违反客观规律）的行为讽喻为"入泉伐木，登山求鱼"。在"三才"农业哲学思想影响下形成的中国传统农学，特别强调生产安排的因时、因地、因物制宜的"三宜"原则。明代农学家马一龙对此有一段富于哲理的阐述，他说："知时为上，知土次之。知其所宜，避其不可为，力足以胜天矣。"

在"三才"思想所推崇的农业环境观影响下，我国在公元前三四世纪以前就产生了保护农业资源的意识，并在政策措施上予以体现。《礼记月令》中明确规定，在"天气下降，地气上升，天地和同，草木萌动"的孟春季节，"禁止伐木，毋覆巢，毋杀孩虫，胎夭飞鸟，毋麛毋卵"。及至仲春之月，一方面要求统治者"毋作大事，以妨农之事"，同时还强调"毋竭川泽，毋漉陂池，毋焚山木林"。这种资源保护意识普遍受到先秦思想家的认同和重视，有关的论述不胜枚举。例如，《吕氏春秋》说："竭泽而渔，岂不获得，而明年无鱼。"荀子说："汙池、渊沼、川泽谨其时禁，故鱼鳖优多而百姓有余用也。"还特别强调要做到"网罟、毒药不入泽，不夭其生，不绝其长也"。孟子说："斧斤以时入山林，林木不可胜用也。"当我们拂去历史的尘封，这些先知先觉的资源保护思想，在今天依然放出夺目的光芒。

四、对重农思想的评价

重农思想是在传统农业社会的历史条件下提出的，带有深刻历史局限和时代烙印。

（一）重农思想的出发点是维护封建专制统治

重农思想的核心在于重"民"。但"民"从来都不是权力的主体而是客体。"民"在任何时候都是被怜悯的对象，"君"才是主宰。重农的结果只能培育出对"皇权"与"官"的顺从和服从。皇权专制和官本位的存在，使得以农民为主体的中国封建社会缺乏民主意识，农民从来都不能平等地表达自己的利益诉求。农民的利益和权益常常被侵犯和剥夺，因此造成了无数次惨烈的农民起义和农民战争。两千多年的封建社会都是在"治乱交替"中发展演进。封建统治者提出"民为邦本""民贵君轻""吏为民役"等"重农"思想，只是为缓和阶级矛盾的政治话语。一个不能维护大多数社会成员利益的社会不可能做到"长治久安"。

（二）重农思想的本质是加大对农民的剥夺

中国过去几千年都处于农业社会，其主要特征是以农养生、以农养政。人要生存靠农业提供衣食之源，国家政权要正常运转靠农业提供财政来源。历代君王们都深知"国之大事在农"，不得不"以农为本"，实行重农政策，他们把土地、户籍和赋税制度捆在一起，逐渐形成了一整套封建制度。虽然有过几次税费改革，只是在纳税对象、方式、时间等方面加以调整，但征税总有增无减，因此并未从根本上改变重税的本质。显然，传统的重农思想重农业生产、重农业税收、重农民力量的利用，目的是实现富国强兵，结果是损害农民利益。简而言之，直农民之"力"，而不重农民之"利"。在这种社会制度下，农民即使生产再多的农产品，也没有完全享有劳动成果和自由买卖的权力，要么体会被无偿掠夺的滋味，要么忍受终年劳役的痛苦。我们从《诗经·魏风》中就可以看到，春秋时代农民就有"不稼不穑，胡取禾三百廛兮"的不满。后来更有不少文人写下了数不清的怜悯农民、同情农民的诗文，发出了无数像"苛政猛于虎"一类的惊叹。统治者一旦肆无忌惮地向农民横征暴敛，苦难的积聚超出农民的承受程度，农民求生而不能，就只好揭竿而起。历史上发生的100多起农民起义是农民负担太重而引发的。因此，可以看出，在传统的农业社会实行重农政策是一种必然的选择，而且也曾创造出悠久的农业文明，但是由于统治者往往走进重税的误区，所以也一直存在着严重的农民、农村、农业问题。

（三）重农思想忽视科学技术的发明创造

中国传统的重农思想注重协调农业与环境、人与社会的关系，注重治国之道，强调治国安邦的适用性。历朝历代的统治者基于重农思想而制定的封建农业政策，有效地调控了农业社会的运行，创造了高度的农业文明。但是中国传统文化缺少独立于政治功利之外的求真求知、追求科学的精神。中国近代以来的落后，归根到底是科学技术落后，是农业文明对工业文明的落后。由于中国社会"官本位"的影响，"学而优则仕"的儒家思想根深蒂固，科技发明被贬为"雕虫小技"。这种情况造成了中国封建社会知识分子对行政权力的严重依附性。然而，欧洲各国于14世纪兴起文艺复兴运动，大批知识精英冲破了宗教神学和经院哲学的束缚，开始为科学探索穷思竭虑乃至为创立新的理论学说而英勇献身。当力学三大定律的发现者牛顿在剑桥大学接受毕业论文答辩时，我们的一代明君康熙皇帝正忙着以"子击磬于卫"之类的题目"开科取仕"。这就不难理解，为什么我们在强盛了几千年之后，竟在"历史的一瞬间"就落后到挨打的地步。

（四）重农思想利于造就封闭的自给自足的小农社会

封建社会的重农思想以小农经济为出发点和终极目标。它的全部制度安排都是为了巩固小农经济的社会基础。因此封建社会无论从思想上还是制度上都更愿意接受"重农抑商"的政策。它总是把工商业的发展困于小农经济的范围之内。由此形成了中国封建社会闭关自守、安土重迁、小富而安的民族性格。我国拥有广阔的领海和绵长的海岸线，自古就拥有堪称先进的造船航海技术，可是却形同以农立国的"内陆国家"，因为历史上我们几乎没有从海洋交通中得到过好处。

第二节 西方经济学派关于乡村发展理论

西方经济学家大多把农业看成是促进工业化的一种手段，它的作用主要是向工业提供过剩劳动力、资本和粮食。下面分别介绍几个典型西方经济学家的观点。

一、刘易斯的乡村发展理论

美国著名发展经济学家、诺贝尔经济学奖获得者阿瑟·刘易斯（CW.A.Lewis），依据发达国家经济发展的经验材料，发表的《劳动无限供给条件下的经济发展》提出了"发展中国家经济二元结构"的著名理论，他指出：发展中国家一般存在两个性质完全不同的部门，一个是现代部门，是使用再生产性资本，采用机器大工业的生产方式，具有较高劳动生产率，是收入水平较高的部门；一个是传统部门，主要是农业部门，不使用再生产性资本，主要采用手工劳动，相对于资本和自然资源而言，由于人口存量大，劳动的边际生产率很低，甚至为负数，收入水平低。传统农业部门存在大量的失业者，它既是传统部门生产水平低下的主要原因，又是现代部门扩张需要劳动力的来源。而这种二元经济发展的核心问题是如何促进传统农业部门剩余劳动力向现代部门的转移。

二、拉尼斯和费景汉的乡村发展理论

美国耶鲁大学经济增长中心的费景汉和拉尼斯等人把刘易斯模型向前推进了一步，提出了系统的工业化理论，深化了对农业在经济发展中作用的认识。在他们的模型中，经济发展被分为三个阶段。第一阶段，农业中存在着剩余劳动力，随着工业的扩张，剩余劳动力向工业转移。工业的增长从劳动力和农业剩余两个方面依赖于农业的支持。第二阶段，随着工业增长和劳动力的继续转移，农业中劳动力的边际产量不再为零，人均农业剩余开始下降。这时提供农业剩余，促进农业增长成为工业增长的前提。只有不断促进农业增长，才能不断增加农产品供给，避免由于农产品短缺造成粮食价格的大幅度上涨。因此，提高农业生产率可以加速二元经济的转化。第三阶段，农业被改造成一个现代化的产业部门，农业的工资水平也是由劳动边际生产率决定的，二元经济转化为一元经济。

三、舒尔茨的乡村发展理论

20世纪60年代初期，美国著名经济学家舒尔茨（Theodore W.Schltz）在芝加哥大学工作期间完成的《改造传统农业》一书，提出了发展中国家进行农业现代化改造的途径、重点和机制，他反对在现代化过程中轻视农业的看法，认为"并不存在任何一个国家的农业部门不能对经济增长做出重大贡献的基本原因"。但发展中国家的传统农业不可能为经济增长做出贡献，关键在于未能把现代生产要素引入传统农业，促进传统农业向现代化农业转型。而要把传统农业改造成为能够为经济增长做贡献的现代生产部门，舒尔茨建议：一要建立一套有利于农业转型的制度；建立市场机制以形成对农民行为的有效激励；改革低效率的土地制度；建立所有权与经营权合一的、能适应市场化的家庭农场经济体制。二要增加现代农业要素投资。引进现代生产要素是改造传统农业的根本出路，要从供给和需求两方面为引进现代生产要素创造条件，供给分为研究开发与推广两方面，主要应由政府或其他非盈利企业来进行；需求是要使新生产要素必须是有利可图的，并且以分为6个阶段，依次为：传统社会阶段、准备起飞阶段、起飞阶段、向成熟推进阶段、高额消费阶段和追求生活质量阶段。从国际经验看，工业化过程中实施推进农业战略发展比较典型的国家和地区主要有美国、英国、法国、德国、日本、韩国和中国台湾。在工业化中期，不同国家或地区反哺农业的政策随着经济的不断发展进行不断调整，由此，划分为转折期和大规模反哺期。转折期的始点是刚跨入工业化时期阶段的时间。以赛尔昆等设计的标准模型为基准，按照从最不发达国家到最发达国家变化过程完成1/3时界定为进入工业化中期阶段，这是人均GDP超过1064美元、城市化超过30.5%、农业产值比重低于39%、农业就业比重低于52%、初级产品出口占GDP比重低于10.5%。

第三节 马克思主义关于乡村发展理论

马克思、恩格斯以及列宁都从农业的一般规律出发，充分强调农业在国民经济中的基础性地位。同时，他们十分注意对资本主义时代工农关系和城乡关系及其发展趋势的分析，特别注意从无产阶级革命需要出发研究工农联盟问题，从社会主义建设角度出发思考如何解决农民、农村、农业问题。马克思、恩格斯以及列宁还运用历史唯物主义和辩证唯物主义原理，对农民、农村和农业的发展前景进行了科学的预测。

一、强调正确处理农民、农村和农业问题的极端重要性

马克思主义经典作家历来都十分强调农业在国民经济中所具有的基础性地位。他们指出：

（一）农业生产是人类生存和"创造历史"的首要条件

"我们首先应当确定一切人类生存的第一个前提也就是一切历史的第一个前提。这个前提就是：人们为了能够创造历史，必须能够生活。但是为了生活，首先就需要衣、食、住以及其他东西。因此第一个历史活动就是生产满足这些需要的资料，即生产物质生活本身。"

（二）超过劳动者个人需要的农业劳动生产率是一切社会的基础

社会用于农产品生产的时间越少，用于其他物质的生产或精神的生产的时间就越多。财富的增长和文明进步通常都与生产食品的劳动和费用的减少成相等的比例。

（三）农业劳动生产率制约着农业和工业之间社会分工的发展程度

农业劳动特别是生产食物的农业劳动是其他一切劳动得以独立存在的自然基础和前提，农业劳动必须要有足够的生产率和提供足够的剩余产品，才有可能使农业和工业之间实行巨大的分工。

（四）农业劳动生产率决定着农业人口向城市和非农产业转移的速度和规模

他们认为，撇开对外贸易，从事加工工业等而完全脱离农业的工人的数目，取决于农业劳动者所生产的超过自己消费的农产品的数量。

（五）农业是国民经济的基础

农业是吸收工业品的市场，是原料和粮食的供应者，是为输入设备以满足国民经济需要所必需的出口物质后备的来源。

马克思主义经典作家强调在农民占人口大多数的国度中建立和巩固工农联盟直接关系到社会主义革命和建设的成败。马克思就此指出，"在革命进程把站在无产阶级与资产阶级之间的国民大众即农民和小资产者发动起来反对资产阶级制度，反对资本统治以前，在革命进程迫使他们承认无产阶级是自己的先锋队而靠拢它以前，法国的工人们是不能前进一步，不能丝毫触动资产阶级制度的"，"德国的全部问题将取决于是否有可能由某种再版的农民战争来支持无产阶级革命"。无产阶级革命者若没有与农民的合唱，"它在一切农民国度中的独唱是不免要变成孤鸿哀鸣的"。

列宁则从社会主义建设的高度谈到巩固工农联盟的重要性。他指出，"工农联盟"——这是苏维埃政权给予我们的东西，这是苏维埃政权的权力所在，并不断提高农业商品率。

三、对城乡、工农差别的探讨

马克思主义经典作家指出，近代以后，随着工业化在城市和工业部门率先展开，出现了农业落后于工业和农村落后于城市而形成的城市统治乡村的新现象。城市工人的工资收入高于农民和农业工人，工商业的收益高于农业，城市居民的文明程度高于农村居民，城乡居民出现了收入落差和文明程度落差。城乡差别和工农差别形成的原因是什么？怎样缩小城乡差别和工农差别？他们进行了深入的分析。

（一）城乡差别和工农差别形成原因的分析

1. 商品经济在城市和工业部门的发展速度和程度快于农村和农业

近代以来，城市成为工商业活动的中心、生产中心和商品交换的中心，工业与农业分离后，从一开始就是为市场需求和交换而进行的商品生产，农民家庭依靠男耕女织的自然分工而维持着自给自足的生活，农业商品率不高，农民对市场和货币收入的依赖程度较低。由此造成的结果是，工业的收益比农业多，而商业的收益又比工业多。

2. 工业比农业发展快，劳动生产率更高

随着机器大工业占领越来越多的部门，农业社会逐步过渡到工业社会，工业成为社会决定性的生产部门或主要产业。农业由于受劳动的自然条件的约束、手工劳动长期占据优势、农业生产所具有的地方闭塞性和分散性、农民墨守成规、不冒风险的经营方式、购买土地耗尽了资本而导致小农无力进行农业改良和扩大再生产，因而农业劳动生产率提高的速度和程度慢于工业。

3. 城市工人在提高工资水平方面处于比农业工人和农村家庭工人更为有利的地位

城市工人彻底割断了与土地和农业的联系，他们没有来自农业劳动的收入作为补充，这样为维持劳动力的再生产就需要产业资本家提供足够的工资。城市工人集中在工厂里而且人数众多，产业工人的反抗运动和组织潜力迫使产业资本家随着资本积累和利润的增加而逐步提高他们的工资水平。农业工人和从事家庭工业的农村工人，往往拥有一小处住宅和一小块土地，他们从事兼业经营，把种地作为副业，把农业收入作为补充，而这往往"成为资本家压低工资最有力的工具"。同时，城市工人集中，而农业工人分散和软弱，因此农业工人的工资被降到最低限度。

4. 城市文明和工业文明的熏陶使城市居民的文明程度高于农村居民

人们的文明程度是同他们的生产方式、生活方式、交往方式和受教育程度紧密相连的。城市文明和工业文明是按照工厂原则组织生产，从而增加了工人的组织性和纪律性。在城市中，在大多数生产劳动中，单是社会接触就会引起竞争心和特有的精力振奋，从而提高每个人的个人工作效率。工厂劳动同初等教育和职业培训的结合提高了工厂工人的文化程度。城市居民的生活水平由于实际收入的提高而逐步提高。而农村居民则由于生产的分散性、地域的闭塞性、经济的贫困性、小生产的抗风险能力差而陷入乡村生活落后愚昧保守的状态。

（二）缩小城乡差别和工农差别的探讨

经典作家在考察英、法、德、美、俄等国家现代化历程时，发现城乡差别和工农

差别在工业化和城市化过程中呈现出逐步缩小的趋势。他们的论述涉及导致城乡差别和工农业差别缩小的一些基本因素,包括实现劳动力、土地、资本等生产要素的自由流动和自由组合,鼓励企业的自由竞争和资本在城乡之间和不同产业部门之间的自由转移,促进人口城市化进程,加强国家对私人企业的监督和对城乡基础设施的建设等。具体来说,有助于缩小城乡差别和工农差别的因素有如下几点:

1. **乡村工业化与劳动力的非农化**

劳动力的非农化是指农业劳动力在农村就地从事非农产业,而这与乡村工业化是联系在一起的。经营大农业和采用农业机械,换句话说就是使目前自己耕种自己土地的大部分小农的农业劳动变为多余。要使这些被排挤出田野耕作的人不至于没有工作,或不会涌入城市,必须使他们就在农村中从事工业劳动。根据马克思、恩格斯的研究,乡村工业化与劳动力的非农化有两种模式。一种模式是随着交通运输业的发展,城市工业向乡村扩散而产生的乡村工业化与非农化,英国的情况就是这样;另一种模式是从农村经济中自发产生的乡村工业化与非农化,德国就是这种情况。乡村工业化和劳动力的就地非农化造就了一个新的亦工亦农的小农阶级,这些小农以种地为副业,而以工业劳动为主业,把产品直接或通过商人卖给手工工场。乡村工业化所产生的现代家庭工业和散布在农村的家庭工人大军与现代大工业和城市有着密切的联系。与乡村工业化相联系的劳动力非农化和兼业经营增加了农村居民的纯收益。乡村工业化是工业化和城市化中的一个过渡阶段,随着工业趋向集中和作为工业中心的新的城市形成,农村家庭工人逐步转化为工厂工人,并彻底割断了与土地的联系。

2. **人口的自由迁移与全面流动**

马克思认为,传统农业社会的人口流动性是很低的,地方和外界是隔绝的。农业工业化和农业规模经营从土地上释放了大量过剩的农业人口,而现代大工业的发展为城市更大规模地吸收这些农业人口创造了有利条件。交通运输手段的革命便利了人口的迁移与流动。恩格斯在《英国工人阶级状况》中曾经论及现代社会人口迁移的动力机制,他指出:"工业的迅速发展产生了对人手的需要:工资提高了,因此工人成群结队地从农业地区涌入城市。"由此可见,追求高工资是人口迁移的主要动力,工业化是迁移人口的重要吸纳机制。农业工人的自由迁移和流动给农业规模经营和机器的使用提供了便利,同时也提高了留下来的农业工人的工资。由于农业工人的平均工资低于工业工人的平均工资,工人开始从农村迁移出来,随着工人从农村外逃,工资必然上涨。工业化首先意味着纯粹的工业人口的增长,而人口的自由迁移和流动为工业扩张提供了一支稳定的产业后备军,保证了资本和劳动之间必要的平衡。人口的自由迁移还会产生增加收入的效应,迁出人口寄钱回家可以改善贫困家庭生活和推动迁出地的经济发展。总之,劳动力人口在不同地区和不同产业之间的自由迁移和流动具有拉平收入和产业差别的效应,从而有利于缩小城乡差别和工农差别。

3. 农村人口的城市化

马克思、恩格斯认为，城市化是与工业化相伴而生的一种现象，具有历史必然性。工业化造成了纯粹工业人口的增加和作为工业中心城市的不断形成和扩张，农业工业化造成农村人口从土地上游离出来向城市和工业部门集中，它们共同构成了城市化的根本动力。"现代科学在农业的运用，把农村居民从土地上赶走，而使人口集中于工业城镇，农村人口这种现代社会中最稳定最保守的因素正在消失，同时工业无产阶级正是由于现代生产的作用，在大城市中围绕着巨大的生产力聚集起来"。在城市化过程中，随着人口的集中，出现了生产的集中、消费的集中、财产的集中和政治的集中。马克思指出："城市本身表明了人口、生产工具、资本、享乐和需求的集中，而在乡村里所看到的却是完全相反的情况：孤立和分散。"马克思、恩格斯认为，人口和非农产业向城市的集中会极大地推动经济发展。恩格斯指出："城市愈大，搬到里面来愈有利，因为这里有铁路，有运河，有公路；可以挑选的熟练工人愈来愈多；由于建筑业和机器制造业中的竞争，在这种一切都方便的地方开办新的企业，花费比较少的钱就行了；这里有顾客云集的市场和交易所，这里跟原料市场和成品销售市场有直接的联系。这就决定了大工厂城市惊人迅速地成长。"列宁对19世纪后期俄国经济发展的研究也得出类似的结论。城市化的过程就是城市文明和工业文明逐步取代传统农业文明的过程，它有利于缩小城乡差别和工农差别。

4. 产地的自由交易和产地的集中

马克思、恩格斯认为，土地的自由流通和自由交易促进了产地的集中，而产地的集中是现代大农业发展的重要条件。恩格斯指出："正是由于土地所有权的完全自由，才有办法使得在个别情况下的确会在某些地方被这种自由完全破坏的一切再度完全取消平衡，土地自由不容许极端化：既不容许把大土地占有者变成贵族，也不容许把耕地分割成太小的、没有用处的地块。"马克思指出："小土地所有制的前提是，人口的最大多数生活在农村，占统治地位的，不是社会劳动，而是孤立劳动。在这种情况下，财富和再生产的发展，无论是再生产的物质条件还是精神条件的发展，都是不可能的，因而也不可能具有合理耕作的条件。在另一方面，大土地所有制使农业人口减少到一个不断下降的最低限错，而同他们相对立，又造成一个不断增长的拥挤在大城市中的工业人口。"只有地产的集中才能在农业中使用机器，实行大规模的劳动分工，并使工商业同农业配合，携手并进。总之，地产的自由流通和地产的集中促进了城市化和工业化，促进了现代大农业的发展，从而有利于缩小城乡差别和工农差别。

5. 资本的自由竞争和自由转移促使城市工商业资本流向农村和农业

马克思、恩格斯认为，资本主义生产方式首先是在城市和工业部门开始的，随后才逐渐支配农业。在工业化早期，农业劳动力和资本源源不断地转移到城市和工业中。但工商业发展到一定阶段，由于"平均利润和由它调节的生产价格在城市商业和工业的范围内形成"，城市工商业活动的利润率逐步下降，而农业仍拥有较高的利润，较高的农业利润和农产品价格把城市和工业资本吸引到农业领域和农村地区，形成城市和工业反哺农业的居民。正如古典政治经济学所指出的那样，"城市中利润的降低，促使资本就可以遍布全国，并在农业中找到用途，于是原来在很大程度上靠农村积累起来的城市资本又部分地回到了农村"。资本在利润率平均化规律调节下的自由流动最终促使农业利润和工业利润接近起来，农业工人工资和工业工人工资接近起来。

6. 农村居民组织文化程度的提高

马克思、恩格斯强调，农村居民组织起来维护自己的利益对于改善他们自己的处境极为重要。19世纪70年代初，英国农业工人联合会通过罢工等形式同土地所有者和农场主做斗争，"几乎所有罢工的农业工人转入城市就业，在城市里他们挣的工资比他们在农业中可能得到的要多。因此，罢工进行得非常顺利，整个英国的土地占有者和农场主都自动把自己工人得工资提高25%～30%。首次取得的这个巨大胜利在农村无产阶级的精神生活和社会生活中开辟了一个新纪元，大批农村无产者投入了城市无产者反对资本压迫的运动"。农村居民特别是农业工人成立自己的组织，并复兴农业工人运动，为争取和维护自己的利益提供了强有力的手段，因而有利于缩小城乡差别和工农差别。列宁则强调要"在农民中进行文化工作"，以提高广大农民的文化素质。他认为，要把文化、知识、科技送到农村，使城市和农村的利益互补，促进农村与城市在文化科技上的相互交流和共同进步，缩小城市与农村之间的文化差异，从而达到缩小城乡差别的目标。

7. 国家的帮助

马克思、恩格斯注意到了国家在缩小城乡差别工农业差别方面可以发挥积极的作用。19世纪中期以来，英国政府通过了《济贫法》《工厂法》等一系列法律，试图通过国家的监督和干预缓解工业化和城市化所引发的一系列社会问题。制定和修改《济贫法》在一定程度上舒缓了农业工人低工资和乡村贫困化的状况，并促进了农业工人向工厂区的流动。工厂立法规定了最长工作时间限制，将工厂劳动同初等教育结合起来，同时对工厂的卫生条件和清洁设施提出了明确的要求。《工厂法》及其补充条例在英国的普遍实行产生了积极的影响。英国政府改善城市贫民区卫生状况的努力也收到了一定的效果。马克思、恩格斯认为农业公共基础设施建设对于农业和农村地区发展极为重要，他们非常强调政府在这方面的职能。他们指出："铁路的铺设可以很容易地用来为农业服务，例如在建筑路堤需要取土的地方修水库，给铁路沿线地区供水。这样一来作为农业的必要条件的水利事业就会大大发展，常常因为缺水而造成的地区性饥荒就可以避免。""农业的第一个条件是人工灌溉,而这是村庄、省或中央政府的事。"他们认为改善交通和灌溉条件等于用农业改良的长期固定资本投资应当由国家来进行。同时他们认为,在对农村居民提供个人信贷和减轻抵押债务利息方面,在实行普遍的免费国民教育方面,国家都可以发挥积极的作用。总之,缩小城乡差别和工农差别需要国家承担起相应的职能来。

四、处理农民、农村和农业问题应遵循的基本原则

马克思主义经典作家认为,工人阶级及其政党或政府为了巩固工农联盟以确保社会主义革命和建设事业的成功,需要正确处理农民、农村和农业问题,并为此提出了一些基本原则。这些原则可概括为如下几条:

(一)充分了解农民要求

在那些农业国中,工人阶级政党必须亲自去研究农村居民包括农村工人和小农的利益和状况,考虑到农村和农业发展发生的变化和实际情况,善于根据农村居民中不同阶层的利益和要求而提出有针对性的纲领来。恩格斯对法国社会党在马赛代表大会上所提出的土地纲领表示赞赏,因为其分别为农业工人、小农、佃农的利益提出了具体的政策诉求。

(二)尽力维护农民利益

马克思指出,无产阶级政府应当采取措施直接改善农民的状况。他认为:"无产阶级要想有任何胜利的可能性,就应当善于变通地直接为农民做很多事情,就像法国资产阶级在进行革命时为当时法国农民所做的那样。"马克思在评价巴黎公社这个无产阶级的第一个政权时指出:"公社对农民说,公社的胜利是他们的唯一希望,这是完全正确的。"他深信,公社的统治将能够直接给农民带来更大益处,即免除他们的税,给他们一个廉价政府,并能够而且必须为了农民的利益去解决更复杂和更切身的问题如抵押贷款等。"过去时代的偏见,怎么能够抵得住公社对于农民的切身利益和迫切需要得照顾呢?"

(三)根据不同历史时期实际情况,提出恰当的农民问题纲领

马克思、恩格斯在欧洲革命时期和在19世纪后期现代农业取得长足进展情况下所提出的具体措施显然不同。他们的农民问题纲领可分为最高纲领和最低纲领,前者是无产阶级取得社会主义革命成功和掌握政权之后的农民政策,后者适应了近代欧洲农业的现实,适当吸收了小资产阶级社会主义者所提措施的某些合理成分。同时他们强调,农村社会经济组织形式应当适应而不是超越农村居民的知识水平和接受能力。

(四)农村生产关系变革应当遵循自愿和示范相结合的原则

恩格斯在《法德农民问题》中指出,违反小农的意志,任何持久的变革都是不可能的。

因此,"当我们掌握了国家权力的时候,绝不会用暴力去剥夺小农(不论有无报偿,都是一样)。我们对于小农的任务,首先是把他们的私人生产和私人占有变为合作社的生产和占有,不是采用暴力,而是通过示范和为此提供社会帮助"。在向合作社的过渡上,如果小农还未下定决心,工人阶级政党要给小农一些时间,让他们在自己的小块土地上考虑这个问题,而不能违反他们的意志强行干预他们的财产关系。

(五)对农民政策不能做出无原则地许诺,而违背社会发展趋势和无产阶级革命的最终目的

马克思、恩格斯始终强调工人阶级及其政党或政府应当采取各种措施改善农民的生存状况。他们所提出的农民问题最高纲领和最低纲领也都是以农民的完全解放为目标的。但是他们坚决反对为了争取农民的支持而一味迁就农民的任何要求,做出既无法实现又违背社会发展趋势和无产阶级运动最终目的的无原则的许诺。工人阶级及其政党的力量就在于他们理解社会发展的经济动因和政治后果,并能据此采取行动,无原则的许诺恰恰削弱了工人阶级的力量。

五、对农民、农村和农业问题发展前景的科学预测

马克思主义经典作家运用历史唯物主义和辩证唯物主义原理,对农民、农村和农业问题的发展前景进行了科学的预测。

马克思、恩格斯在对英国、法国和德国的研究中发现,工业化、城市化和商品市场经济的深入发展导致农民阶级出现内部大分化和结构大转化。农民阶级发展的总的趋势是农场主阶级和他们所雇佣的农业工人阶级或农业无产阶级逐步取代小农阶级而成为农业生产经营的主体,与之相联系的小块土地所有制和小农业逐渐为地产的集中和大中农场的企业化经营所替代,同时农业人口因越来越多地转化为城市和工业人口,其结果是农民阶级在现代化过程中趋于消亡或终结。农民阶级的消亡是一个漫长的历史过程,在这一过程中首先出现的是农民阶级内部的阶层分化和农、工人口转化为工业和城市人口,纯粹的小农阶级出现了经济上的贫困化和社会地位的没落。在马克思、恩格斯所处的时代,西欧已经有两个地区完成了这一过程或正在进行这一过程。"在大不列颠本土,大地主占有和大农业完全排挤了小自耕农;在普鲁士易北河以东地区,几百年来一直都发生着同样的过程,在这里,农民也日益被驱逐,或者至少在经济上和政治上日益被挤到次要地位。"同时,在西欧其他地区也开始发生同样的情形。从19世纪中叶以来,这些地区的小农面对现代大农业的竞争正在无法挽救地走向灭亡。恩格斯在谈到欧洲农业发展时指出:"小农业还是一种常见的生产方式,而大地产只是个别的,尽管不断增加,但总还是个别的。今天,大规模使用机器耕种土地已成了一种常规,而且日益成为唯一可行的农业生产方式。所以,看来农民在今天是注定要灭亡的。"

马克思、恩格斯还展望了在未来社会消灭城乡对立和工农差别的前景。马克思、

恩格斯认为，工农业关系将要经历结合—分离—结合这样三个阶段，同样城乡关系也要经历结合—分离和对立—融合或者一体化这样三个阶段，目前所处的第二个阶段极大地促进了生产力的发展，但随着社会生产力的进一步发展，城乡关系和工农业关系终究将会进入第三阶段，实现否定的否定。马克思主张"在未来共产主义社会，把农业同工业结合起来，促使城乡之间的差别逐步消灭"。恩格斯指出："乡村农业人口的分散和大城市工业人口的集中只是工农业发展水平还不够高的表现。它是进一步发展的阻碍。这种阻碍在目前已经深深地感到了。由社会全体成员组成的共同联合体有计划地尽力利用生产力；把生产发展到能够满足全体成员需要的规模；消灭牺牲一些人的利益来满足另一些人的需要的情形；彻底消灭阶级和阶级对立；通过消除旧的分工，进行生产教育、变换工种、共同享受大家创造出来的福利，以及城乡的融合，使社会全体成员的才能得到全面的发展——这一切将是废除私有制的最主要的结果。"马克思、恩格斯认为，消灭城乡对立和工农差别已经日益成为工业生产和农业生产的实际要求，大工业在全国尽可能平衡的分布和农业的工业化以及交通运输工具的革命化是消灭城乡对立和工农差别的重要条件，而这绝不是无法实现的空想，尽管实现这些条件需要一个长期的过程。

第四节 中国领导人关于"三农"问题的主要思想

一、毛泽东同志关于"三农"问题的主要思想

毛泽东有关农民和农村问题的思想概括起来有以下几个方面：

（一）强调农民在中国革命与建设中的地位与作用

马克思主义经典作家关于农民的理论为以毛泽东同志为代表的中国共产党人正确认识中国农民问题提供了理论上的指导。毛泽东同志在对中国农民地位及作用的认识问题上，发展了马克思主义经典作家的有关理论。

1. 提出了农民是中国革命的主力军。

早年毛泽东同志就在《国民革命与农民问题》中指出："农民问题乃国民革命的中心问题。""所谓国民革命运动，其大部分即农民运动。"又在《湖南农民运动考察报告》一文中指出，农民是革命先锋，"农民成就了多年未曾成就的革命事业。农民做了国民革命的重要工作"。不仅如此，他还进一步分析了中国农民阶级的特点，提出了农民中各阶层在革命中的积极性由于经济地位的不同而不同，经济地位越是低下，生活越贫困的农民，就越富有革命性。

《湖南农民运动考察报告》《中国社会各阶级的分析》是毛泽东同志深入实际调查农民问题的典型著作。在这些论著中，毛泽东同志在肯定农民在中国革命中的作用的基础上，分析了当时人口80%以上是农民的中国国情，指出农民是无产阶级的天然的和

最可靠的同盟者,是中国革命的主力军。因此,农民问题就成了中国革命的基本问题,农民的力量成为中国革命的主要力量。

2. 主张走农村包围城市的革命道路

大革命时期,中国共产党由于对中国农村问题的错误判断,把革命工作的重心放在城市,走过了许多弯路。在大革命失败前后,毛泽东同志在考察半封建半殖民地的中国社会过程中,形成对中国农村性质的正确认识:一是辛亥革命并没有改变中国广大农村的现状,自给自足的封建经济仍占统治地位。二是中国革命的主要依靠力量是农民,分布在广大农村。三是在中国当时农村,敌人统治力最薄弱,革命的基础深厚,建立农村革命根据地,聚集力量,不仅是十分重要的,而且是可靠的。四是由于中国革命是在半殖民地半封建社会里由共产党领导的资产阶级民主革命性质及革命具有长期性特点,党的工作重心应放在农村,党应以主要的力量去发动和组织农民。五是提出在广大农村开展游击战争,建立工农民主政权,实行土地革命,形成"工农武装割据"的局面。因此,中国革命的道路,不是先取城市后取乡村,而是走相反的道路,即走农村包围城市,最后夺取全国政权的道路。

3. 强调农民对国家的极端重要性

基于对农民在中国革命的独特地位和作用的正确认识,毛泽东同志多次论述农民对国家的极端重要性。他在《论联合政府》中指出:"农民这是工人的前身。将来还要有几千万农民进入城市,进入工厂,农民这是中国工业市场的主体。只有他们能够供给最丰富的粮食和原料,并吸收最大量的工业品。农民这是中国军队的来源。士兵就是穿起军服的农民,农民这是现阶段中国民主政治的主要力量。农民这是现阶段中国文化运动的主要对象"在党的七大政治报告中,他又说:"忘记了农民,就没有中国的民主革命;没有中国的民主革命,就没有中国的社会主义革命,也就没有一切革命。我们马克思主义的书读得很多,但是要注意,不要把农民这两个字忘记了;这两个字忘记了,就是读一万册马克思主义的书也是没有用处的,因为你没有力量。"

毛泽东同志重视农民问题的思想在实践中表现为两个方面:一是解决农民的实际问题——土地问题,实行"耕者有其田";二是减轻农民负担,解决农民困难。当时的中国,农民问题实质上是土地问题,"谁解决了土地问题,谁就赢得了农民"。以毛泽东同志为代表的中国共产党人在新民主主义革命中正确解决了农民的土地问题,满足了广大农民对土地的迫切要求,调动了农民支持革命的热情,为革命胜利做出巨大贡献。

(二)指出农业是国民经济的基础

毛泽东同志在调查研究的基础上明确提出农业是国民经济的基础,确立了农业的战略地位,并将其作为指导我国经济发展的重要方针。他指出:"全党一定要重视农业。农业关系国计民生极大。"他认为,农业生产是经济建设工作的第一位,"农业是轻工原料主要来源、农村是轻工业的主要市场""农村是重工业的重要市场""农业是积累的重要来源""在一定意义上可以说，农业就是工业"。在农业生产与其他生产部门之间的关系方面，毛泽东同志发表的《论十大关系》中，阐述了农、轻、重协调发展的思路。

（三）主张农业现代化，实现农业机械化

1. 农业的现代化主要是农业生产工具的现代化和生产技术的现代化。

马克思主义经典作家认为，劳动的社会条件如机器的应用、生产方式的改进、科学的发展对提高农业现代化水平有着重要的影响，中国共产党人对此也有深刻的认识，并由此发展成为农业机械化思想。毛泽东同志在《关于农业合作社问题》中指出："一五""二五"时期，以"社会改革为主，技术改革为辅"，"三五"时期，以"社会改革和技术改革同时并进"；在中共中央八届三中全会上强调："搞农业不学技术不行。"与此同时，毛泽东同志还结合农业生产的实际提出了农业耕种的"八字宪法"，即土、肥、水、种、密、保、管、工，成为指导农业生产的重要方法。

2. 农业现代化的基本条件是科学技术

毛泽东同志对科学技术在农业现代化过程中的作用有着相当深刻的认识，把科技看作是农业现代化的基本条件。在《论十大关系》一文中，他提出了用现代科学技术武装工业，农业以及整个国民经济的任务。

（四）提出城乡兼顾、城乡互助

新中国成立以后，毛泽东同志十分重视城乡关系。他指出："城乡必须兼顾，必须使城市工作和乡村工作，使工人和农民，使工业和农业，紧密地联系起来。决不可以丢掉乡村，仅顾城市，如果这样想，那是完全错误的。"毛泽东同志根据新中国成立前后，城市与农村发展现状，还特别强调"我们的经济政策就是处理好四面八方的关系，实行公私兼顾、劳资两利、城乡互助、内外交流的政策"。

二、邓小平同志关于"三农"问题的主要思想

以邓小平同志为代表的中国共产党人继承和发展了毛泽东同志的"三农"思想，在建设与改革的实践中，形成了富有中国特色和时代特征的指导方针。其基本内涵是：没有农村的稳定和全面发展，就不可能有整个社会的稳定和全面进步；没有农民生活的小康，就不可能有全国人民生活的小康；没有农业的现代化，就不可能有整个国家的全面现代化。

（一）农村稳定是社会稳定的基础

邓小平同志认为，"从中国的实际出发，我们首先解决农村问题。中国有80%的人口住在农村，中国稳定不稳定首先看这80%的人稳定不稳定。城市搞得再漂亮，没有农村这一稳定的基础是不行的"。"如果不解决这80%的人的生活问题，社会就不会是

安定的"。邓小平在此基础上强调农村的发展是我国经济发展的前提条件。他指出:"中国经济能不能发展,首先要看农村能不能发展,农民生活是不是好起来。翻两番,很重要的是这80%的人口能不能达到。"

(二)农业是根本,粮食问题是农业问题的关键和核心

邓小平同志多次强调"农业是根本,不能忘掉"。不仅如此,邓小平同志基于对中国国情的清醒认识和发展生产力的需要,提出了要"确立以农业为基础、为农业服务的思想"。邓小平同志谈到粮食问题时指出,粮食问题是农业问题的关键和核心,粮食生产是国民经济的基础。"农业,主要是粮食问题。农业上如果有一个曲折,三五年转不过来",那就不好办,"应该把农业放到一个恰当的位置","要避免过几年又出现大量进口粮食的局面,如果那样,将会影响我们经济发展速度"。为此,他指出,农业要有全面规划,首先要增产粮食。

(三)发展农业一靠政策,二靠科学

在农业发展问题上,邓小平同志很重视政策的作用。他提倡放宽政策,发展农村经济,发展农业,并给我国改革开放以来的农业政策以高度评价:

"现在看,一系列新农村政策是成功的。过去农村很困难,现在可以说绝大多数人能够吃饱,能够穿得比较好,居住情况有了很大的改善。农村政策见效很快,增加了我们信心,对我们确定翻两番的目标是一个鼓励。"邓小平同志提出科学技术是第一生产力。他说:"马克思讲过科学技术是生产力,这是非常正确的,现在看来这样说可能不够,恐怕是第一生产力。将来农业问题的出路,最终要由生物工程来解决,要靠尖端技术。"实现农业现代化的关键是提高农民的科技文化素质、提高农业的技术装备水平。

三、习近平同志关于"三农"问题的主要思想

习近平总书记高度重视农业农村农民工作,对做好"三农"工作提出了许多新思想、新理念、新论断。这些重要论述着眼我国经济社会发展大局,深刻阐明"三农"工作的战略地位、发展规律、形势任务、方法举措,为新时期农业农村改革发展提供了重要遵循。

(一)准确把握"三农"问题的科学内涵

习近平总书记"三农"思想十分丰富,内容涵盖"三农"各个方面,科学回答了新时期"三农"发展的许多重大理论与现实问题,体现了习近平总书记对"三农"问题的深入研究、深谋远虑和深厚感情,形成了新时期解决我国"三农"问题的理论探索与顶层设计。在习近平总书记"三农"重要论述中,"三个必须""三个不能""三个坚定不移"最为系统和鲜明,居总括性总要求的地位。在中央农村工作会议上,习近平总书记提出:"中国要强,农业必须强;中国要美,农村必须美;中国要富,农民必须富。""三个必须"通过论述"三农"强、美、富与国家强、美、富之间的关系,指出"三农"问

题是关系中国特色社会主义事业发展的根本性问题，是关系我们党巩固执政基础的全局性问题，这是对"三农"工作基础性地位的总把握。习近平总书记在吉林调研时指出："任何时候都不能忽视农业、不能忘记农民、不能淡漠农村。""三个不能"从历史维度审视"三农"发展规律，表明了在任何时期、任何情况下都始终坚持强农惠农富农政策不减弱、推进农村全面建成小康社会不松劲的决心和态度，明确了我们党在经济上保障农民物质利益、在政治上尊重农民民主权利的宗旨使命。习近平总书记在安徽凤阳县小岗村召开的农村改革座谈会上强调："要坚定不移深化农村改革，坚定不移加快农村发展，坚定不移维护农村和谐稳定。""三个坚定不移"从全局角度明确了"三农"工作重点，在关键时期释放了党中央高度重视"三农"工作的强烈信号，表明了我们党坚定深化农村改革、加快农村发展、维护农村和谐稳定的政策目标，既是加快农村改革的响鼓重槌，也是推进"三农"发展的必由路径。这三个方面的论述，虽各有侧重，但主题一致、相辅相成，既有着眼长远的战略判断又有立足当前的政策部署，既有理论的继承和创新又有实践的总结和发展，既有历史经验又有现实思考。这些思想进一步丰富和发展了我们党的"三农"思想，集中体现了我们党对农业农村改革发展稳定的坚定自信和对亿万农民群众的责任担当，是指导新时期"三农"工作的强大思想武器。

习近平总书记关于"三农"的重要论述，体现了对农业农村发展的深刻洞察、对农民的殷殷情怀。习近平总书记有着丰富的基层农村工作经验，因而总是能用深入浅出、善接地气的语言阐释"三农"重大问题，一语中的，直指要害。比如，"中国人的饭碗任何时候都要牢牢端在自己手上""小康不小康，关键看老乡""望得见山，看得见水，记得住乡愁""绿水青山就是金山银山"这些生动语言，无不体现了习近平总书记系列重要讲话高瞻远瞩与深接地气的完美结合。

（二）明确了解决"三农"问题的重大意义

习近平总书记"三农"思想，集中体现了我们党对新时期"三农"工作的战略部署。贯彻落实习近平总书记"三农"思想，关系党和国家事业全局，关系农业农村改革发展前景。

这是正确把握我国基本国情的必然选择。食为政首，农为邦本。"三农"的战略地位是由我国经济社会发展实际情况决定的。近年来，我国农业现代化稳步推进，主要农产品供应充足，农民收入持续增长，这是非常了不起的成就。但也要看到，我国农业基础仍然薄弱，农村发展滞后，农民收入不高。在新的历史条件下，农业在国民经济中的基础地位没有变，农民是最值得关怀的最大群体的现实没有变，农村是全面建成小康社会的短板没有变。做好"三农"工作，关乎城镇化战略顺利推进，关乎内需的有效拉动，关乎全面小康社会能否如期建成。习近平总书记的重要论述，始终从全局论"三农"，处处体现了人口大国、发展中大国的基本立足点，体现了对基本国情的深刻把握。

这是实现中华民族伟大复兴中国梦的客观要求。改革开放以来，我国以世所罕见的发展速度取得了举世瞩目的成就，我们从未像今天这样接近实现中华民族伟大复兴的目标。实现中国梦，基础在"三农"。习近平总书记指出，没有农业现代化，没有农村繁荣富强，没有农民安居乐业，国家现代化是不完整、不全面、不牢固的。中华民族的伟大复兴不能建立在农业基础薄弱、大而不强的地基上，不能建立在农村凋敝、城乡发展不平衡的洼地里，不能建立在农民贫困、城乡居民收入差距扩大的鸿沟间。现在经济社会发展各种矛盾错综复杂，稳住农村、安定农民、巩固农业，我们就下好了先手棋，就做活了经济社会发展大棋局的"眼"。这些深刻道理告诉我们，坚持狠抓"三农"，才能把握发展的主动权。

这是落实党的宗旨、巩固党的执政基础的重大任务。我们党的根本宗旨是全心全意为人民服务。习近平总书记强调，党中央的政策好不好，要看乡亲们是笑还是哭。如果乡亲们笑，这就是好政策，要坚持；如果有人哭，说明政策还要完善和调整。把实现好、维护好、发展好广大农民群众的根本利益作为做好"三农"工作的出发点和落脚点，是贯彻好党的根本宗旨的重要体现。我们党成立 90 多年来，正是由于在不同时期都能正确处理农民问题，使广大农民拥护党、跟党走，才从一个胜利走向又一个胜利。这是一条根本经验，这昭示我们：只有通过不断改革，让农业强起来、让农村美起来、让农民富起来，农民群众才会更加拥护党，才会紧密团结在党的周围，才能不断巩固党长期执政的基础。

这是做好新时期"三农"工作的基本遵循。当前，我国农业处于转型升级的关键时期，面临发展方式相对粗放、资源环境约束趋紧、主体素质总体偏低、结构性矛盾比较突出等一系列问题。我们一定要有清醒认识，无论是从农业农村的重要地位，还是从我国"三农"发展的现状看，任何时候都不能放松"三农"工作。习近平总书记关于"三农"问题的系列重要论述，继承丰富发展了我们党一贯坚持的重农强农战略思想，明确了新时期我国"三农"工作的主攻方向和工作基调，对于做好新时期"三农"工作必将产生重大推动作用。我们一定要深刻领会，系统把握，全面落实。

（三）提出了要扎实推进农业农村改革发展

贯彻落实习近平总书记"三农"思想，就是要坚持以新发展理念为指导，把推进农业供给侧结构性改革作为农业农村工作的主线，把"三农"工作紧紧抓在手上，加快补齐"三农"短板，培育农业农村发展新动能，巩固发展农业农村好形势，服务改革发展稳定大局。

牢牢把握推进农业供给侧结构性改革的主线，不断开创农业发展新局面。推进农业供给侧结构性改革，是以习近平同志为核心的党中央准确研判"三农"发展形势做出的重大战略决策，反映和顺应了我国农业发展的阶段变化和内在要求。农业供给侧结构性改革不同于一般意义上的农业结构调整,既突出发展农业生产力又注重完善农村生产关系,是破解当前农业供需结构失衡的有效办法,是提高农业综合效益和竞争力的必然选择。推进农业供给侧结构性改革任务艰巨,当前要紧紧围绕中央经济工作会议和中央农村工作会议的战略部署,从生产端发力,把增加绿色优质农产品供给放在突出位置,用改革创新的办法调整优化农业要素结构、产品结构、技术结构、区域结构和主体结构,着力完善现代农业经营体制,大力发展绿色农业,从整体上提高农业供给体系的质量和效益,使农业供需关系在更高水平上实现新的平衡。

加快构建"三大体系",推进农业现代化建设,让农业强起来。习近平总书记指出,推进农业现代化,要突出抓好加快建设现代农业产业体系、现代农业生产体系、现代农业经营体系三个重点。当前,要以构建"三大体系"为抓手,推动种植业、畜牧业、渔业、农产品加工业等转型升级,努力向现代农业迈进。要推进产品创新、科技创新、制度创新和管理创新,调优调高调精农业产业,促进粮经饲统筹、农林牧渔结合、种养加一体、二、三产业融合发展,使农产品数量更均衡、质量更优更安全。要强化物质条件支撑能力建设,提高农业良种化、机械化、科技化、信息化、标准化水平,提高农业的产业素质和竞争力。要培育农业新型经营主体,健全农业社会化服务体系,加强新型职业农民培训,发挥适度规模经营的引领作用,提高农业经营集约化、专业化、组织化、社会化水平。

加强新农村建设,加快推进城乡发展一体化,让农村美起来。习近平总书记指出,要深入推进新农村建设,推进城乡公共资源均衡配置和基本公共服务均等化,全面改善农村生产生活条件,为农民建设幸福家园和美丽宜居乡村。我们要把社会主义新农村建设放到城乡一体化进程中统筹谋划,加大对农村的支持力度,推动新型城镇化与新农村建设"双轮驱动"。要促进城镇化和新农村建设协调并进,发挥好城镇化的带动作用,强化新农村建设的产业支撑,加快推动城镇公共基础设施向农村延伸、基本公共服务向农村覆盖,提高农村公共服务水平。要推进农业面源污染和乡村环境治理,积极推进农业绿色生产,大力开展农村人居环境整治行动和美丽宜居乡村建设,统筹治理农业面源污染、生活垃圾污染和工业污染。要加强农村社会治理和文化传承,注重保护和传承农业文明和乡村文化,不断创新和完善乡村治理机制,把农村真正建成乡风文明、管理民主、和谐安定的幸福家园。

促进农民收入持续较快增长,坚决打赢脱贫攻坚战,让农民富起来。习近平总书记强调,要不断缩小城乡居民收入差距,让广大农民尽快富裕起来;必须以更大的决心、更明确的思路、更精准的举措、超常规的力度,众志成城实现脱贫攻坚目标。我们要多措并举,大力推进农业产业扶贫,在贫困地区发展符合当地资源特色、市场竞争力强、回报效益高的绿色产业,使农业特色产业成为农民脱贫的重要支撑。要坚持和完善农村基本经营制度,完善农村土地所有权、承包权、经营权"三权分置"办法,优化土地资源配置，充分释放农村土地制度改革的增收红利，坚持推进农村集体产权制度改革，让广大农民更多分享财产性收入。要建立保障更加充分的社会安全网，加强对农村贫困人口尤其是缺乏劳动能力家庭的社会保障补贴，逐步建立起农村贫困家庭收入可持续增长机制，确保亿万农民一道迈入全面小康社会。

第二章 乡村振兴战略实施路径

第一节 乡村产业振兴

乡村产业振兴要发挥好政府和市场两方面的应有作用。政府层面要抓紧制定乡村产业振兴计划，编制重点发展的基础产业目录、重点支持的经营业态目录、重点建设的产业体系目录，建立产业效率评估体系。市场层面要大力消除阻碍资源要素自由流动平等交换的体制机制性障碍，激活要素活力、市场活力、主体活力。

一、完善乡村产业振兴的支持政策

（一）推进城乡要素分配均等化、公共服务供给一体化

全面落实城乡统一、重在农村的基础设施建设保障机制，完善农村水、电、路、气、房、网等基础设施。把农业农村作为财政支出的优先保障领域，中央预算内投资继续向农业农村倾斜，优化投入结构，创新使用方式，提升支农效能；加大各级财政对主要粮食作物保险的保费补贴力度，建立对地方优势特色农产品的保险补贴政策。引导资金流向农业农村，全面落实农村金融机构存款主要用于农业农村发展的考核约束机制，实施差别化货币政策，健全覆盖市县的农业信贷担保体系，改革抵押物担保制度，完善抵押物处置机制，扩大涉农贷款规模，推广政府和社会资本合作 PPP 模式，撬动金融和社会资本注入农业。对城市资本、人才、技术等要素下乡兴业制定优惠政策，引导外部要素向农村流动。

（二）继续深化农村重点领域改革

通过改革，创新乡村产业振兴制度供给，优化资源要素配置方式。深化农村土地制度改革，落实第二轮土地承包到期后再延长 30 年政策，在基本完成承包地确权登记颁证的基础上强化确权成果应用，完善农村土地"三权分置"制度，加快培育新型经营主体发展多种形式适度规模经营。加快推进农村"三块地"改革，完善新增建设用地保障机制，将年度新增建设用地计划指标确定一定比例用于支持农村新产业新业态发展，抓紧完善农民闲置宅基地和闲置农房政策，探索宅基地所有权、资格权、使用权"三权分置"，允许通过村庄整治、宅基地整理等节约的建设用地采取入股、联营等方式，重点支持乡村休闲旅游等产业和农村一二三产业融合发展。深化农村集体产权制度改革，全面开展清产核资、集体经济组织成员身份确认、股权量化等工作，研究赋予农村集体经济组织特别法人资格的办法。培育壮大农村集体经济，稳妥开展资源变资本、资金变股金、农民变股东、自然人农业变法人农业的改革，打造服务集体成员、促进普惠均等

的农村集体经济组织。推进农业农村管理体制改革，严格落实各级党委抓农村基层党建工作责任制，发挥县级党委"一线指挥部"作用，实现整乡推进、整县提升。深化农村社区建设试点工作，完善多元共治的农村社区治理结构。深化农村精神文明建设，提高农民文明素质和农村社会文明程度。构建农业生产投入一体设计、农村一二三产业统一管理、农业国内国际"两种资源、两个市场"统筹调控的大农业管理格局。

（三）打造多元化、特色化的乡村产业融合发展格局

发展特色乡村产业，发挥区域特色与优势，打造一大批优质专用、特色明显、附加值高的主导产品，做强做大区域公用品牌；围绕有基础、有特色、有潜力的产业，创建一批带动农民能力强的现代农业产业园，建立农民充分分享二、三产业增值收益的体制机制。壮大新产业新业态，大力发展乡村休闲农业、乡村旅游、森林康养等多元化乡村产业，推进农业、林业与旅游、文化、康养等产业深度融合；加快发展农村电商，加快建立健全适应农产品电商发展的标准体系，支持农产品电商平台和乡村电商服务站点建设，发展电商产业园；加快发展现代食品产业，在优势农产品产地打造食品加工产业集群，积极推进传统主食工业化、规模化生产。完善小农户发展政策和机制体系，持续推进农业保险扩面、增品、提标，探索开展价格保险、收入保险试点，推广"保险+期货"模式；支持农户与新型经营主体通过订单农业、股份合作等形式建立紧密的利益联结机制，让处于产业链低端的小农户也能分享财政支农的政策红利、参与全产业链和价值链的利益分配。

二、推进乡村产业振兴的具体举措

（一）优化涉农企业家成长发育的环境

鼓励新型农业经营（服务）主体等成为农业农村延伸产业链、打造供应链、提升价值链、完善利益链的中坚力量。推进乡村产业振兴，必须注意发挥涉农企业家的骨干甚至"领头雁"作用。离开了企业家的积极参与，推进乡村产业振兴就如同汽车失去了引擎。加快构建现代农业产业体系、生产体系、经营体系，推进农村一二三产业融合发展，提高农业创新力、竞争力和全要素生产率，新型农业经营主体、新型农业服务主体的作用举足轻重。他们往往是推进质量兴农、绿色兴农、品牌兴农、服务兴农的生力军，也是带动农业延伸产业链、打造供应链、提升价值链的"拓荒者"或"先锋官"。发展多种形式的农业适度规模经营，也离不开新型农业经营主体、新型农业服务主体的积极作用和支撑带动。这些新型农业经营主体、新型农业服务主体带头人，往往是富有开拓创新精神的涉农企业家。各类投资农业农村产业发展的城市企业、工商资本带头人，往往资金实力强，发展理念先进，也有广阔的市场和人脉资源。他们作为企业家，不仅可以为发展现代农业、推进农业农村产业多元化和综合化发展，带来新的领军人才和发展

要素；还可以为创新农业农村产业的发展理念、组织方式和业态、模式，为拓展和提升农业农村产业的市场空间、促进城乡产业有效分工协作提供更多的"领头雁"，更好地带动农业农村延伸产业链、打造供应链、提升价值链。推进乡村产业兴旺，为许多乡村新产业、新业态、新模式的成长带来了"黄金机遇期"，也为城市企业、工商资本参与乡村振兴提供了可以发挥比较优势、增强竞争优势的新路径。如在发展农业生产性服务业和乡村旅游业，城市企业、工商资本具有较强的比较优势。

支持各类企业家在推进乡村产业振兴中建功立业，关键是优化其成长发育的环境，帮助其降低创新创业或推进产业兴旺的门槛、成本和风险。要结合农业支持政策的转型，加强对新型农业经营主体、新型农业服务主体的倾斜性、制度化支持，引导其将提高创新力、竞争力、全要素生产率和增强对小农户发展现代农业的带动作用有机结合起来。要结合构建农村一二三产业融合发展体系和加快发展农业生产性服务业，鼓励专业大户、家庭农场、农民合作社、农业产业化龙头企业等新型农业经营主体或农业企业、农资企业、农产品加工企业向新型农业服务主体或农村产业融合主体转型，或转型成长为农业生产性服务综合集成商、农业供应链问题解决方案提供商，带动其增强资源整合、要素集成、市场拓展提升能力，进而提升创新力和竞争力，成为推进乡村产业兴旺的领军企业或中坚力量。结合支持这些转型，引导传统农民、乡土人才向新型职业农民转型，鼓励城市人才或企业家"下乡"转型为新型职业农民或农业农村产业领域的企业家。

要结合支持上述转型，鼓励企业家和各类新型经营主体、新型服务主体、新型融合主体等在完善农业农村产业利益链中发挥骨干带动作用。通过鼓励建立健全领军型经营（服务）主体—普通经营（服务）主体—普通农户之间，以及农业农村专业化、市场化服务组织与普通农户之间的利益联结和传导机制，增强企业家或新型经营主体、新型服务主体、新型融合主体对小农户增收和参与农业农村产业发展的辐射带动力，更好地支持小农户增强参与推进乡村产业兴旺的能力和机会。近年来，各地蓬勃发展的各类复合型农村产业融合组织，如发源于安徽宿州的农业产业化联合体、发源于四川崇州的农业共营制、发源于浙江的现代农业综合体，以及中央一号文件要求"大力推广"的"生产基地+中央厨房+餐饮门店""生产基地+加工企业+商超销售"等产销模式在此方面进行了积极的探索。部分高效生态循环的种养模式、部分"互联网+""旅游+""生态+"模式，也在让农民特别是小农户合理分享全产业链增值收益和带动农民提升发展能力方面进行了积极尝试。要注意引导其相互借鉴和提升，完善有利于农户特别是小农户增收提能的利益联结机制。

（二）引导督促城乡之间、区域之间完善分工协作关系，科学选择推进乡村产业振兴的重点

发展现代农业是推进乡村产业振兴的重点之一，但如果说推进乡村产业振兴的重点只是发展现代农业，则可能有些绝对。至少在今后相当长的时期内，就总体和多数地区而言，推进乡村产业振兴要着力解决农村经济结构农业化、农业结构单一化等问题，通过发展对农民就业增收具有较强吸纳、带动能力的乡村优势特色产业和企业，特别是小微企业，丰富农业农村经济的内涵，提升农业农村经济多元化、综合化发展水平和乡村的经济价值，带动乡村引人才、聚人气、提影响，增加对城市人才、资本等要素"下乡"参与乡村振兴的吸引力。因此，推进乡村产业振兴，应该采取发展现代农业和推进农业农村经济多元化、综合化"双轮驱动"的方针，二者都应是推进乡村产业振兴的战略重点。当然，发展现代农业要注意夯实粮食安全的根基，也要注意按照推进农业结构战略性调整的要求，将积极推进农业结构多元化与大力发展特色农业有效结合起来。

推进农业农村经济多元化、综合化，要注意引导农村一二三产业融合发展，鼓励农业农村经济专业化、特色化发展；也要注意引导城市企业、资本和要素下乡积极参与，发挥城市产业对乡村产业高质量发展的引领辐射带动作用。但哪些产业或企业适合布局在城市，哪些产业或企业适合布局在乡村或城郊地区，实际上有个区位优化选择和经济合理性问题。如果不加区分地推进城市企业进农村，不仅有悖于工业化、城镇化发展的规律，也不利于获得集聚经济、规模经济和网络经济效应，影响乡村经济乃至城乡经济的高质量发展。按照推进乡村振兴和区域经济高质量发展的要求，适宜"下乡"的企业应具有较强的乡村亲和性，能与农业发展有效融合、能与乡村或农户利益有效联结，有利于带动农业延伸产业链、打造供应链、提升价值链；或在乡村具有较强的发展适宜性、比较优势或竞争力，甚至能在城乡之间有效形成分工协作、错位发展态势。如乡村旅游业、乡村商贸流通业、乡村能源产业、乡村健康养生和休闲娱乐产业、农特产品加工业、乡土工艺品产销等乡村文化创意产业、农业生产性服务业和乡村生活性服务业，甚至富有特色和竞争力的乡村教育培训业等。当然，不同类型地区由于人口特征、资源禀赋、区位条件和发展状况、发展阶段不同，适宜在乡村发展的产业也有较大区别。

需要注意的是，推进农业农村产业多元化、综合化发展，与推进农业农村产业专业化、特色化并不矛盾。多元化和综合化适用于宏观层面和微观层面，专业化和特色化主要是就微观层面而言的，宏观层面的多元化和综合化可以建立在微观层面专业化、特色化的坚实基础之上。通过推进农业农村产业多元化、综合化和专业化、特色化发展，带动城乡各自"回归本我、提升自我"，形成城乡特色鲜明、分工有序、优势互补、和而不同的发展格局。

中央一号文件提出，要"大力发展文化、科技、旅游、生态等乡村特色产业，振兴传统工艺。培育一批家庭工场、手工作坊、乡村车间，鼓励在乡村地区兴办环境友好型企业"。依托这些产业推进农业农村经济多元化、综合化，都容易形成比较优势和竞争力，也容易带动农民就业创业和增收。有些乡村产业的发展，不仅可以促进农业农村经济多元化、综合化和专业化、特色化发展，还可以为"以工促农""以城带乡"提供新的渠道，应在支持其发展的同时，鼓励城市产业更好地发挥对乡村关联产业发展的引领带动作用。如鼓励城市服务业引领带动农业生产性服务业和乡村生活性服务业发展。当今世界，加强对农产品地产地消的支持已经成为国际趋势。不仅与我国资源禀赋类似的日、韩等国早已注意这一点，与我国资源禀赋迥异的美国在农业政策的演变中也呈现类似趋势。形成这种趋势的一个重要原因是，支持农产品地产地消费可以带动为农场、企业提供服务的储藏、加工、营销等关联产业发展，并通过促进农产品向礼品或旅游商品转化，带动农业价值链升级。这是按照以工促农、以城带乡、城乡融合、互补共促方向构建新型工农城乡关系的重要路径。但有些城市产业"下乡"进农村可能遭遇"水土不服"，导致发展质量、效益、竞争力下降，不应提倡或鼓励。至于有些产业"下乡"，容易破坏农村资源环境和文化、生态，影响可持续发展。依托这些产业的城市企业"下乡"，不仅不应鼓励，还应通过乡村产业准入负面清单等，形成有效的"屏蔽"机制，防止其导致乡村价值的贬损。

我国各地乡村资源禀赋各异，发展状况和发展需求有别。随着工业化、信息化、城镇化和农业现代化的推进，各地乡村发展和分化走势也有较大不同。在此背景下，推进乡村产业兴旺也应因地制宜、分类施策，在不同类型地区之间形成各具特色和优势、分工协作、错位发展的格局。

（三）加强支撑乡村产业振兴的载体和平台建设，引导其成为推进乡村产业振兴甚至乡村振兴的重要结点

近年来，在我国农业农村政策中，各种产业发展的载体和平台建设日益引起重视。如作为产业发展区域载体的粮食生产功能区、重要农产品生产保护区、特色农产品优势区、现代农业产业园、农村产业融合发展示范园、农业科技园区、电商产业园、返乡创业园、特色小镇或田园综合体、涉农科技创新或示范推广基地、创业孵化基地，作为产业组织载体的新型农业经营主体、新型农业服务主体、现代农业科技创新中心、农业科技创新联盟和近年来迅速崛起的农业产业化联合体、农业共营制、现代农业综合体等复合型组织，以及农产品销售公共服务平台、创客服务平台、农特产品电商平台、涉农科研推广和服务平台、为农综合服务平台，以及全程可追溯、互联共享的追溯监管综合服务平台等。这些产业发展的载体或平台往往瞄准了影响乡村产业振兴的关键环节、重点领域和瓶颈制约，整合资源、集成要素、激活市场，甚至组团式"批量"对接中高端市场，实现农业农村产业的连片性、集群化、产业链一体化开发，集中体现现代产业发展理念和组织方式，有效健全产业之间的资源、要素和市场联系，是推进农业质量变革、效率变革和动力变革的先行者，也是推进农业农村产业多元化、综合化发展的示范者。以这些平台或载体建设为基础推进产业振兴，不仅有利于坚持农业农村优先发展和城乡融合发展，还可以为推进乡村产业振兴和乡村振兴的高质量发展提供重要结点，为深化

相关体制机制改革提供试点试验和示范窗口，有利于强化城乡之间、区域之间、不同类型产业组织之间的联动协同发展机制。

前述部分载体和平台的建设与运营，对于推进产业振兴甚至乡村振兴的作用，甚至是画龙点睛的。如许多地方立足资源优势推进产业开发，到一定程度后，公共营销平台、科技服务平台等建设往往成为影响产业振兴的瓶颈制约，对于增加的产品供给能在多大程度上转化为有效供给，对于产业发展的质量、效益和竞争力，往往具有关键性的影响。如果公共营销平台或科技服务平台建设跟不上，立足资源优势推进产业开发的过程，就很容易转化为增加无效供给甚至"劳民伤财"的过程，借此不仅难以实现推进产业振兴的初衷，还可能形成严重的资源浪费、生态破坏和经济损失。在此背景下，加强相关公共营销平台或科技服务平台建设，往往就成为推进乡村产业振兴的"点睛之笔"。对相关公共营销平台或科技服务平台建设，通过财政金融甚至政府购买公共服务等措施加强支持，往往可以收到"四两拨千斤"的效果。

（四）以推进供给侧结构性改革为主线，推进农业农村产业体系、生产体系和经营体系建设

推进供给侧结构性改革，其实质是用改革的办法解决供给侧的结构性问题，借此提高供给体系的质量、效率和竞争力；其手段是通过深化体制机制改革和政策创新，增加有效供给和中高端供给，减少无效供给和低端供给；其目标是增强供给体系对需求体系和需求结构变化的动态适应性和灵活性。当然，这里的有效供给包括公共产品和公共服务的供给。如前所述，推进乡村产业兴旺，应该坚持发展现代农业和推进农业农村经济多元化、综合化"双轮驱动"的方针。鉴于我国农业发展的主要矛盾早已由总量不足转变为结构性矛盾，突出表现为阶段性供过于求和供给不足并存，并且矛盾的主要方面在供给侧；在发展现代农业、推进农业现代化的过程中，要以推进农业供给侧结构性改革为主线，这是毫无疑问的。2017年中央一号文件和近年来的许多研究文献都已反复强调这一点。2018年中央一号文件也就"提升农业发展质量，培育乡村发展新动能"进行了重要的决策部署，进一步强调"以农业供给侧结构性改革为主线，加快构建现代农业产业体系、生产体系、经营体系，提高农业创新力、竞争力和全要素生产率，加快实现由农业大国向农业强国转变"。

加快构建现代农业产业体系、生产体系、经营体系，在推进农业供给侧结构性改革中占据重要地位。鉴于近年来相关研究文献较多，本文对此不再赘述，只强调积极发展农业生产性服务业和涉农装备产业的重要性与紧迫性。需要指出的是，农业生产性服务业是现代农业产业体系日益重要的组成部分，是将现代产业发展理念、组织方式和科技、人才、资本等要素植入现代农业的通道，也是增强新型农业经营（服务）主体进而增强农业创新力、竞争力的重要途径，对于推进农业高质量发展、实现服务兴农具有重

要的战略意义。根据世界银行 WDI 数据库数据计算，当前我国农业劳动生产率不及美、日等发达国家的 3%，与发达国家差距较大。其原因固然很多，但我国农业装备制造业欠发达难辞其咎，这成为制约我国提升农业质量、效率和竞争力的瓶颈约束。实施质量兴农、绿色兴农甚至品牌兴农战略，必须把推进涉农装备制造业的发展和现代化放在突出地位。无论是在农业生产领域还是在农业产业链，情况都是如此。

当前，许多国内行业处于领先地位的农产品加工企业的设备是从国外引进且国际一流的，但国内缺乏国际一流的设备加工制造和配套服务能力。这就很容易导致国内农产品加工企业的加工设备在引进国际一流水平，但很快就沦落为国际二流甚至三流水平。可见，农业装备水平的提高和结构升级，是提升农业产业链质量、效率和竞争力的底蕴所在，也是增强农业创新力的重要依托。随着农产品消费需求升级，农产品／食品消费日益呈现个性化、多样化、绿色化、品牌化、体验化的趋势，但在我国农业产业链，许多农业装备仍处于以"傻、大、黑、粗"为主的状态，难以满足推进农产品／食品消费个性化、多样化、绿色化、品牌化、体验化的需求，制约农产品／食品市场竞争力和用户体验的提升。近年来，我国部分涉农装备制造企业积极推进现代化改造和发展方式转变，推进智能化、集约化、科技化发展，成为从餐桌到田间的产业链问题解决方案供应商，也是推进质量兴农、绿色兴农的"领头羊"，对于完善农业发展的宏观调控、农业供应链和食品安全治理也发挥了重要作用。要按照增强农业创新力和竞争力的要求，加大引导支持力度。实际上，农业装备制造业的发展和转型升级滞后，不仅影响到农业质量、效率和竞争力的提升，在许多行业已经成为影响可持续发展的紧迫问题。如随着农业劳动力成本的提升和农产品价格波动问题的加剧，部分水果、蔬菜，特别是核桃、茶叶等山地特色农业的发展越来越多地遭遇"采收无人""无人愿收"的困扰。广西等地的经验表明，特色农机的研发制造和推广，对于发展特色农业往往具有画龙点睛的作用。推进农业农村经济多元化、综合化主要是发展问题，但在此发展过程中也要注意按照推进供给侧结构性改革的方向，把握增加有效供给、减少无效供给和增强供给体系对需求体系动态适应、灵活反应能力的要求，创新相关体制机制和政策保障，防止"一哄而上""一哄而散"和大起大落的问题。要注意尊重不同产业的自身特性和发展要求，引导乡村优势特色产业适度集聚集群集约发展，并向小城镇、产业园区、中心村、中心镇适度集中；或依托资源优势、交通优势和临近城市的区位优势，实现连片组团发展，提升发展质量、效率和竞争力，夯实其在推进乡村产业兴旺中的结点功能。

第二节 乡村生态振兴

良好生态环境是乡村振兴的最大优势和宝贵财富，因此，必须尊重自然、顺应自然、保护自然。推动乡村生态振兴，除了要坚持绿色发展，更要加强乡村生态环境保护，打造农民安居乐业的美丽家园。

一、生态环境保护思想演进进程

（一）消费"绿水青山"来换取"金山银山"的阶段

从新民主主义到社会主义的过渡时期，党和国家牢牢抓住恢复国计民生、实现经济发展、提升国际地位的中心工作，充分开发利用自然资源的客观优势，通过物质生产劳动将能源优势转化为大量物质财富，实现经济增长，改变了因长期战乱而导致的经济社会贫困落后的局面。在全力发展经济效益、追求经济速度期间，第一个五年计划提前完成。但是，在过度追求经济发展速度与经济效益的同时，违背自然界的客观规律、无视自然资源的有限性、忽视自然对人类社会的反作用，一味对自然进行过度开发与征服，人与自然的关系向着失衡的方向发展。特别是当时就人与自然的关系提出"人定胜天""向自然开战""与上天做斗争"，在这种观念的引导下，经济的发展、物质财富的创造无疑是在牺牲自然、征服自然的基础上实现的，例如，全国兴起大范围炼钢导致了我国的森林覆盖率降低，围湖造田使湿地资源减少，肆意开垦造成水土资源的流失以及土地沙漠化等。

改革开放初期，党和国家日益认识到环境保护的重要性，但在大力发展生产力、解决人民温饱问题和满足人民物质财富需求的背景下，我国的生态环境问题并没有从根本上得到改变。随着改革开放的深入发展，邓小平同志在分析当时中国基本国情和具体实际的基础上，强调我国正处于并将长期处于社会主义初级阶段，社会主义的本质是解放和发展生产力，必须牢牢以经济建设为中心。为进一步推动生产力的发展，我国通过不断完善"以公有制为主体、多种所有制经济共同发展"的基本经济制度和建立社会主义市场经济体制来提高市场活力，促进经济发展。与此同时，我们进入一种片面追求市场效率、经济效益、发展速度的误区，个别企业为了追求经济效益，出现大规模的占用农业耕地的现象，一方面加剧了我国人均耕地面积少的情况，另一方面产生了一系列环境污染的现象，比如排放污水造成的水污染、释放工业废气造成的空气污染以及给耕地灌溉被污染水造成的土壤污染等。为此，邓小平同志强调在经济发展的同时提出要注重环境保护，做到污染防治，大力发展园林、绿化，逐步为人民生活创造良好生态环境。改革开放的前二十年间，我国工业化发展迅速，GDP 增速每年保持在 9.7% 左右，经济发展保持高速增长的综合态势，但高度发展经济所带来的资源环境压力也与日俱增，粗放型经济不可否认在一定程度上带来了生产力的发展进步，促进了经济的增长，但造成的环境恶化问题更是不容忽视，在粗放型经济发展模式下，经济越发展，工业化的程度越高，资源消耗就越严重，环境压力也就越大，人与自然的关系就越发不和谐。人与自然关系的进一步失衡，不仅威胁我们赖以生活的生存环境，而且反过来会阻碍经济的可持续发展。

（二）保护"绿水青山""来稳定金山银山"的阶段

工业革命的迅速发展，在全球范围内掀起了改良劳动生产工具、创新科学技术以追求经济快速增长的浪潮。在大浪潮的席卷之下，世界各国相继迈入追求高速发展的经济实力竞赛中，但单纯的实现经济线性增长造成了严重的生态环境问题，这不仅成为影响发展中国家经济可持续发展的制约因素，也使发达国家面临同样的经济发展难题。在约翰内森堡召开的可持续发展世界首脑会议，站在全球生态文明的视角下，强调社会进步离不开经济发展，环境保护是实现经济可持续发展的重要条件，各国必须勤力同心，结合本国具体国情，理论指导实践的基础上有效保护生态环境，实现经济在全球范围内的可持续发展。

在以经济建设为中心、大力发展生产力的改革开放时期直至 21 世纪初期，我国不论在恢复国民经济、提高综合国力还是提升国际地位上，都取得了显著发展。这些成就都要归功于对生产力的大力推动和发展。然而，由于利益驱动、政绩考核等各种复杂因素的影响，一些地方出现了"唯 GDP 的倾向"。在这种倾向的驱使下，片面追求经济发展带来的生态环境问题进一步凸显，在人口基数大、自然资源相对匮乏、人均占有量不足的基本国情下，如果不从根本上改变"三高"的粗放型经济发展方式，资源人均占有员将持续降低，环境问题必将成为在很长一个时期内制约我国经济可持续发展的关键因素。

在分析研判改革开放前二十年片面追求经济的高速发展造成的严重生态环境问题的基础上，同时着眼于世界范围内日益重视环境保护、强调实现经济的可持续发展的热潮，国家逐步认识到保护生态环境是实现经济可持续发展的重要基础和关键因素，如邓小平同志在国际普遍开始对全球环境问题加以反思的大背景之下，进一步继承发展了毛泽东同志的生态思想，综合国内外保护生态建设的大环境，提出了环境保护、造福人民的方针和预防为主、防治结合的生态思想；江泽民同志就人与自然的关系指出："坚持实施可持续发展战略，正确处理经济发展同人口、资源、环境的关系，改善生态环境和美化生活环境，努力开创生产发展、生活富裕和生态良好的文明发展道路。"

（三）恢复"绿水青山"来实现"金山银山"的阶段

党的十九大以来，我们党吸收并继承改革开放以来生态思想的有益成果，总结我们国家在追求经济线性发展时，日益出现的与生态环境之间不相协调的关系现状，把生态文明建设纳入实现社会主义现代化的"五位一体"总体布局，努力实现生态保护与经济发展的和谐共赢，建设美丽中国，实现中华民族的永续发展。习近平总书记用"绿水青山就是金山银山"的形象比喻，将生态文明建设提到了新的发展高度，不再单方面强调实现经济效益、追求经济发展速度，也不单方面创新生态理论观念，而是实现理论与实践同时发展，创新生态建设理论用以指导改变经济发展模式的具体实践，在实践基础上反过来丰富生态理论思想。鉴于之前追求经济发展带来的生态环境问题、片面追求GDP的过程中付出了沉重的生态代价，我们党吸取经验教训，充分认识到自然资源的有限性、稀缺性和自然规律的客观性，认识到在满足人民日益增长的美好生活需要的同时必须充分发挥人类的主观能动性去认识自然、改造自然、合理利用自然，但我们需要明确对自然界改造和利用的过程中的合理之"度"，需要限定在自然界自身的承载力范围之内。否则，一味地去压榨和征服自然界，最后达到一定的程度必将引起质变，导致人与自然不再和谐共生。

习近平总书记认识到经济发展过程中出现的人与自然日益失衡的现象，并从人与自然、经济发展与生态保护的辩证关系去阐释生态文明建设的重要性以及"绿水青山就是金山银山"的生态内涵。"绿水青山"是我们赖以生存的自然界，是为我们提供丰富资源的自然基础；"金山银山"是通过进一步开发利用"绿水青山"，在尊重自然界客观规律的基础上，充分发挥人的主观能动性进而实现的。主观能动性的发挥必须在适度的范围之内，使其自然资源本身具有的使用价值在人类的劳动、交换、消费过程中创造新的价值，从而为我们社会创造物质财富。我们只有在适度的范围之内、在尊重自然界客观规律的基础之上，发挥人类的主观能动性，利用自然界丰富的自然资源，进而改造自然，促进经济的可持续发展和中华民族的永续发展，才能说"保护环境就是保护生产力，改善生态环境就是发展生产力"。处理好经济发展与生态保护的关系，事关中华民族的永续发展和"两个一百年"奋斗目标的实现，所以决不能以牺牲环境、浪费资源为代价换取一时的经济增长。

党的十九大的报告指出，我国进入了中国特色社会主义新时代，社会主要矛盾已经转化为人民日益增长的美好生活需要和不平衡不充分的发展之间的矛盾。"美好的生活需要"包括人与自然的和谐共生，因此只有正确认识和妥善处理人与自然的关系，才能实现我国经济的长期性发展、可持续发展，所以党和国家根据我国新时代的具体国情，提出要实现生态产品从量到质的飞跃，以满足人民日益增长的美好生活需要。习近平总书记在十九大报告中指出："人与自然是命运共同体，人类必须尊重自然、顺应自然、保护自然。人类只有遵循自然规律才能有效防止在开发利用自然上走弯路，人类对大自然的伤害最终会伤及人类自身，这是无法抗拒的规律。"在中国特色社会主义新时代，贯彻我们建设的社会主义现代化不仅仅是经济迅速发展带来的物质文明现代化，还包括人与自然和谐共生的生态文明现代化。为实现生态文明现代化，必须认真贯彻绿色发展、低碳发展的生态理念，自上而下的提高全民族保护生态环境的自觉性和主动性，在全国范围之内增强保护自然的自觉意识。同时为进一步恢复生态环境，加快生态文明体制的改革，建立生态文明制度体系，以法的形式监督、促进生态文明的改革和建设。习近平总书记在十九大报告中指出："建设生态文明是中华民族永续发展的千年大计，像对待生命一样对待生态环境。"形成人与自然和谐共生的新格局。生态文明建设事关我国伟大梦想的实现，是利在千秋的关键一步。加强生态文明建设、实现生态文明现代化不仅仅是建设美丽中国的必然要求，更是实现"两个一百年"奋斗目标的必然要求。

二、我国乡村生态环境存在的问题及原因分析

（一）我国乡村生态环境存在的问题

1. 农村农业生产污染

我国农村农业生产污染严重。首先，为了提高农业生产力而过度使用化肥。短期来看可以增加农业产量，但是长期过量的使用不仅会降低土壤肥力，导致农作物大量减产，并且导致土壤结块变硬，破坏土壤团聚体结构，不利于土地的循环利用。并且，为了避免病虫害对农产品的危害，会频发大量喷洒化学药品。长期的泛滥使用会改变土壤和水质。塑料不可分解地膜也会大量应用到农产品的生产中。由于土地对地膜的分解能力效率很低，导致大量地膜被遗弃到土壤中，导致土壤结构遭到破坏，妨碍植物根系的生长和吸水吸肥能力，是农业生产过程中严重的白色污染。

2. 农村工业生产污染

农村工业生产污染主要来自乡镇政府为了促进乡镇经济发展而招商引资来的高污染、高消耗的大型化工企业，该大型化工企业在生产工业品时会大址排放固体污染物、化学气体和污水。这些固体废弃物所含的有毒化学物质和重金属就会破坏土壤质量，造成土地污染，在雨水的溶解冲刷下会渗入地下或流入周围的江河污染水质。这些废弃物挥发产生的有害废气含有有毒气体二氧化硫、二氧化氮等，污染周围大气，产生酸雨或对人的呼吸系统造成严重的危害，严重地影响着农村地区的空气质量。产生大量工业废水在没有专门的排污处理设施的基础上，直接排入河道，污染农村河水和地下水，不仅对农业灌溉带来巨大的危害，而且还会污染人畜饮用水。

3. 农村生活污染

在我国大部分农村地区由于村民环保意识不强，自我保护意识不到位，导致农村生活污染比较严重。一方面，由于人口众多，每天都会产生大量的生活垃圾，包括厨房废弃物、废塑料、废纸屑、废农药瓶等；另一方面，外部城市的污染也转移到农村。城市需要寻找新的填埋场所，就把目光转向了附近成本低，管理不严的农村。由于农村经

济发展比较落后，农村环保基础设施比较滞后，缺乏专门的垃圾收集和处理系统，导致农村生活垃圾不能得到及时有效的处理。所有的情况都导致农村生活污染严重，结果就是固体废弃物垃圾随意堆放不仅占用大片的可耕种土地，降解后还滋生和传播有害细菌，甚至污染土壤和水源。

4. 农村生态破坏问题

农村的现代化进程中为了满足自身利益会大幅度开垦并且过度使用土地，不利于生态环境的自我修复。比如水污染严重。在农产品种植过程中由于过度使用化肥，并由于雨水的冲刷和分解使化肥流入水中导致水体富营养化，破坏水体的成分。大气污染严重。由于农村家庭缺少新能源的供给，主要使用的是低质煤炭和柴草等生活燃料，产生高污染的有害气体大量排放到大气中。植被破坏严重。农村出现大量的毁林开荒搞建设的活动乱砍滥伐，乱垦耕地，农村生态植被的破坏使农业生产失去生态屏障，致使表层有机土壤大量流失，荒漠化问题产生。这些现象都加剧了物种灭绝，生物多样性锐减，农村极端气候频发，农村整体农业生产不稳定，严重危及人类的生存环境。

（二）我国乡村生态环境问题产生的原因

1. 政治因素

我国农村的生态建设和发展是以政府为主导的一项系统工程，政府发挥着至关重要的作用。政府对于乡镇环境建设管理行为不当，管理力度不够。政府绩效考核机制存在缺陷。当地的政府盲目追求卓越的功绩，导致高消耗、高污染、环境要求不达标、环境质量不合格的企业在当地落户，对当地的环境生态造成严重的危害。由于没有健全的环境管理制度，导致政府对环境的管理有所欠缺。政府各部门没有相互关联，导致出现环境问题时各自为政，相互推卸；部门间组织协调不到位，缺乏有效的沟通，在相关性项目安排上缺乏整体性。政府环境监督机制不健全。一些地方政府和地方企业为了掩盖对环境造成严重破坏的事实，拒绝公开环境信息，这样就无法保证农村村民行使自己的环境知情权和申诉权，对政府环境监督保护措施没有起到有效的监督。

2. 经济因素

农村生态问题归根到底还是经济原因造成的，呈现出先天不足，后天畸形的发展状态。首先，由于农产品产量不高，收入较低，资金来源途径较少，经济发展严重落后于城市，没有技术投入的资本，导致农村对生态环境保护的措施缺乏先进的技术措施。由于农村对环境的认知不够，导致对生态环境的过度使用，导致环境受到破坏。农村的乡镇企业由于没有引进高技术的设备，所以还是以高消耗、高污染、低回报的方式进行生产，以牺牲环境为代价来换利润最大化。不仅会加大资源环境压力，造成自然资源逐渐枯竭，生态环境日益恶化和生态赤字不断扩大，还使人民群众生态福利负增长和生态利益严重受损。其次，由于城镇化的发展，加快了对环境污染的速度。城镇化进程就大肆占用耕地，修建广场马路和高楼大厦，围湖造田等，破坏了农村原有的生存面貌，由于过度开垦导致土地被破坏，大量的工业垃圾导致公共资源大量浪费。

3. 文化因素

由于农民对环境的保护力度不够导致从农村环境问题不断升级，农村地区教育不发达，长期保留了保守落后的文化观念。受到利益至上的观念影响，乡镇只注重城乡经济发展，过度利用生态资源，同时城市的高污染企业向农村蔓延，导致城乡环境问题不断加重。农村地区人们的文化素质不高，生态环境保护意识薄弱。不仅不能预见破坏环境的后果，更不了解破坏后对自身的身体健康及生存环境带来的后果，也不知道环境利益遭到侵犯时应该怎样进行投诉，怎样去寻求帮助。狭隘的逐利思想。由于农村的教育水平不高，所以首先考虑的是自身利益而不是公共利益，就会在维护自身利益的时候不自觉的破坏环境，致使生态环境进一步恶化，影响到农村村民的自身生命安全，也不利于农业生态环境的可持续循环利用。

4. 社会因素

影响我国农村的生态环境问题的社会因素很多，首先，人口因素是最重要的一方面。农村人口一直占据着较大的比例，农村落后的观念导致人口不断上升，环境压力逐渐增大。其次，农村生态缺乏健全的环境保护设施。我国农村不仅没有专门的垃圾分类处理池，也没有专门垃圾处理厂和专门的环保人员，其他环保设施更是匮乏。不合理的垃圾分类回收也是环境问题加剧的主要原因。再者由于没有颁布健全的法律法规和方针政策，对农民们没有起到规范的法律约束，致使农民没有与生态环境和谐处的意识，加剧环境的恶化。

三、构建乡村生态环境保护体系

（一）增强乡村生态环境保护的使命感

各级农业农村部门要深入学习贯彻习近平总书记生态文明思想，切实把思想和行动统一到中央决策部署上来，深入推进农业农村生态环境保护工作，提升农业农村生态文明。要深刻把握人与自然和谐共生的自然生态观，正确处理"三农"发展与生态环境保护的关系，自觉把尊重自然、顺应自然、保护自然的要求贯穿到"三农"发展全过程。要深刻把握绿水青山就是金山银山的发展理念，坚定不移走生态优先、绿色发展新道路，推动农业高质量发展和农村生态文明建设。要深刻把握良好生态环境是最普惠民生福祉的宗旨精神，着力解决农业面源污染、农村人居环境脏乱差等农业农村突出环境问题，提供更多优质生态产品以满足人民对优美生态环境的需要。要深刻把握山水林田湖草是生命共同体的系统思想，多措并举、综合施策，提高农业农村生态环境保护工作的科学性有效性。要深刻把握用最严格制度最严密法治保护生态环境的方法路径，实施最严格的水资源管理制度和耕地保护制度，给子孙后代留下良田沃土、碧水蓝天。

（二）构建乡村生态环境保护的制度体系

贯彻落实中办国办印发的《关于创新体制机制推进农业绿色发展的意见》，构建农业绿色发展制度体系。落实农业功能区制度，建立农业生产力布局、耕地轮作休耕、节约高效的农业用水等制度，建立农业产业准入负面清单制度，因地制宜制定禁止和限制发展产业目录。推动建立工业和城镇污染向农业转移防控机制，构建农业农村污染防治制度体系，加强农村人居环境整治和农业环境突出问题治理，推进农业投入品减量化、生产清洁化、废弃物资源化、产业模式生态化，加快补齐农业农村生态环境保护突出短板。健全以绿色生态为导向的农业补贴制度，推动财政资金投入向农业农村生态环境领域倾斜，完善生态补偿政策。加大政府和社会资本合作（PPP）在农业生态环境保护领域的推广应用，引导社会资本投向农业资源节约利用、污染防治和生态保护修复等领域。加快培育新型市场主体，采取政府统一购买服务、企业委托承包等多种形式，推动建立农业农村污染第三方治理机制。

（三）推进农业绿色发展的重大行动

推进化肥减量增效。实施果菜茶有机肥替代化肥行动，支持果菜茶优势产区、核心产区、知名品牌生产基地开展有机肥替代化肥试点示范，引导农民和新型农业经营主体采取多种方式积造施用有机肥，集成推广化肥减量增效技术模式，加快实现化肥使用量负增长。推进农药减量增效，加大绿色防控力度，加强统防统治与绿色防控融合示范基地和果菜茶全程绿色防控示范基地建设，推动绿色防控替代化学防治，推进农作物病虫害专业化统防统治，扶持专业化防治服务组织，集成推广全程农药减量控害模式，稳定实现农药使用量负增长。

推进畜禽粪污资源化利用。根据资源环境承载力，优化畜禽养殖区域布局，推进畜牧大县整县实现畜禽粪污资源化利用，支持规模养殖场和第三方建设粪污处理利用设施，集成推广畜禽粪污资源化利用技术，推动形成畜禽粪污资源化利用可持续运行机制。推进水产养殖业绿色发展，优化水产养殖空间布局，依法加强养殖水域滩涂统一规划，划定禁止养殖区、限制养殖区和养殖区，大力发展池塘和工厂化循环水养殖、稻渔综合种养、大水面生态增养殖、深水抗风浪网箱等生态健康养殖模式。

推进秸秆综合利用。以东北、华北地区为重点，整县推进秸秆综合利用试点，积极开展肥料化、饲料化、燃料化、基料化和原料化利用，打造深翻还田、打捆直燃供暖、秸秆青黄贮和颗粒饲料喂养等典型示范样板。加大农用地膜新国家标准宣传贯彻力度，做好地膜农资打假工作，加快推进加厚地膜应用，研究制定农膜管理办法，健全回收加工体系，以西北地区为重点建设地膜治理示范县，构建加厚地膜推广应用与地膜回收激励挂钩机制，开展地膜生产者责任延伸制度试点。

（四）着力改善农村人居环境

各级农业农村部门要发挥好牵头作用，会同有关部门加快落实《农村人居环境整治三年行动方案》，以农村垃圾、污水治理和村容村貌提升为主攻方向，加快补齐农村人居环境突出短板，把农村建设成为农民幸福生活的美好家园。加强优化村庄规划管理，推进农村生活垃圾、污水治理，推进"厕所革命"，整治提升村容村貌，打造一批示范县、示范乡镇和示范村，加快推动功能清晰、布局合理、生态宜居的美丽乡村建设。发挥好村级组织作用，多途径发展壮大集体经济，增强村级组织动员能力，支持社会化服务组织提供垃圾收集转运等服务。同时调动好农民的积极性，鼓励投工投劳参与建设管护，开展房前屋后和村内公共空间环境整治，逐步建立村庄人居环境管护长效机制。学习借鉴浙江"千村示范、万村整治"经验，组织开展"百县万村示范工程"，通过试点示范不断探索积累经验，及时总结推广一批先进典型案例。

（五）切实加强农产品产地环境保护

加强污染源头治理，会同有关部门开展涉重金属企业排查，严格执行环境标准，控制重金属污染物进入农田，同时加强灌溉水质管理．严禁工业和城市污水直接灌溉农田。开展耕地土壤污染状况详查，实施风险区加密调查、农产品协同监测，进一步摸清耕地土壤污染状况，明确耕地土壤污染防治重点区域。在耕地土壤污染详查和监测基础上，将耕地环境质量划分为优先保护、安全利用和严格管控三个类别，实施耕地土壤环境质量分类管理。以南方酸性土水稻产区为重点，分区域、分作物品种建立受污染耕地安全利用试点，合理利用中轻度污染耕地土壤生产功能，大面积推广低积累品种替代、水肥调控、土壤调理等安全利用措施，推进受污染耕地安全利用。严格管控重度污染耕地，划定农产品禁止生产区，实施种植结构调整或退耕还林还草。扩大污染耕地轮作休耕试点，继续实施湖南长株潭地区重金属污染耕地治理试点。

（六）大力推动农业资源养护

加快发展节水农业，统筹推进工程节水、品种节水、农艺节水、管理节水、治污节水，调整优化品种结构，调减耗水量大的作物，扩种耗水量小的作物，大力发展雨养农业。建设高标准节水农业示范区，集中展示膜下滴灌、集雨补灌、喷滴灌等模式，继续抓好河北地下水超采区综合治理。加强耕地质量保护与提升，开展农田水利基本建设，推进旱涝保收、高产稳产高标准农田建设。推行耕地轮作休耕制度，坚持生态优先、综合治理、轮作为主、休耕为辅，集成一批保护与治理并重的技术模式。加强水生野生动植物栖息地和水产种质资源保护区建设，建立长江流域重点水域禁捕补偿制度，加快推进长江流域水生生物保护区全面禁捕，加强珍稀濒危物种保护，实施长江江豚、中华白海豚、中华鲟等旗舰物种拯救行动计划，全力抓好以长江为重点的水生生物保护行动。大力实施增殖放流，加强海洋牧场建设，完善休渔禁渔制度，在松花江、辽河、海河流域建立禁渔期制度，实施海洋渔业资源总量管理制度和海洋渔船"双控"制度，加强幼鱼保护，持续开展违规渔具清理整治，严厉打击涉渔"三无"船舶。加强种质资源收集与保护，防范外来生物入侵。

（七）显著提升科技支撑能力

要突出绿色导向，把农业科技创新的方向和重点转到低耗、生态、节本、安全、优质、循环等绿色技术上来，加强技术研发集成，不断提升农业绿色发展的科技水平。优化农业科技资源布局，推动科技创新、科技成果、科技人才等要素向农业生态文明建设倾斜。依托畜禽养殖废弃物资源化处理、化肥减量增效、土壤重金属污染防治等国家农业科技创新联盟，整合技术、资金、人才等资源要素，开展产学研联合攻关，合力解决农业农村污染防治技术瓶颈问题。组织实施农业农村部印发的《农业绿色发展技术导则》，推进现代农业产业技术体系与农业农村生态环境保护重点任务和技术需求对接，促进产业与环境科技问题一体化解决。发布重大引领性农业农村资源节约与环境保护技术，加强集成熟化，开展示范展示，遴选推介一批优质安全、节本增效、绿色环保的农业农村主推技术。

（八）建立健全考核评价机制

各级农业农村部门要切实将农业生态环境保护摆在农业农村经济工作的突出位置，加强组织领导，明确任务分工，落实工作责任，确保党中央国务院决策部署不折不扣地落到实处。深入开展教育培训工作，提高农民节约资源、保护环境的自觉性和主动性。完善农业资源环境监测网络，开展农业面源污染例行监测，做好第二次全国农业污染源普查，摸清农业污染源基本信息，掌握农业面源污染的总体状况和变化趋势；紧紧围绕"一控两减三基本"目标任务，依托农业面源污染监测网络数据，做好省级农业面源污染防治延伸绩效考核，建立资金分配与污染治理工作挂钩的激励约束机制。探索构建农业绿色发展指标体系，适时开展部门联合督查，对农业绿色发展情况进行评价和考核，压实工作责任，确保工作纵深推进、落实到位。坚持奖惩并重，加大问责力度，将重大农业农村污染问题、农村人居环境问题纳入督查范围，对污染问题严重、治理工作推进不力的地区进行问责，对治理成效明显的地区予以激励支持。

第三节 乡村文化振兴

一、乡村文化的历史轨迹

文化有着丰富的含义。广义的文化包括价值、道德、习俗、知识、娱乐、物化义化（如建筑等）等，狭义的文化主要包括知识、娱乐等，但贯穿价值、道德、习俗等思想元素。总体上看，文化属于观念形态，是对人的精神的塑造。文化具有特殊的力量，能够提升人的认识，形成相互联结的精神纽带；能够凝聚人心，在共同的文化活动中消解闲顿，赋予生活以意义、价值和快乐。中国有着数千年的农业文明传统，并创造了灿烂的农业文明。在漫长的农业文明时代，整个社会是一个以乡土为根基的社会，社会的精神文化体系是以乡土为基础形成的。无论人们走多远，位多高，其"根"在乡村，"魂"在家乡。费孝通先生将传统中国称之为"乡土中国"。"乡土中国"的含义不仅仅在于农业生产，还在于整个社会以农为本。社会的农本价值系统为人们生活在农村提供了行为理据，使得人们只有生活在乡村才能寻找到人生的终极目的和意义。与此同时，乡村自我创造各种各样的文化活动，人们在极具乡土气息的文化活动中，获得辛勤劳作后的快乐，身心得到一定程度的愉悦，使其乐以忘忧，从而延续自己从事农业生产的人生。从华中师范大学中国农村研究院的"深度中国调查"看，传统农村有着丰富的文化生活形态。总体上，乡村文化为乡村生活赋予了价值和乐趣，使得人们愿意在乡村生活和劳作，形成了安于农村生活的习俗，由此创造了丰富灿烂的农业文明。美国的汉学大家费正清对此有深刻感受，在他看来，"对一个享有较高物质生活水平的美国人来说，使他感到惊异的是中国农民在这样困苦的生活条件下，竟能维持一种高度文明的生活。问题的答案在于他们的社会习俗，这些习俗使每个家庭的人员，按照根深蒂固的行为准则经历人生的各个阶段和变迁。这些习俗和行为准则，一向是世界上最古老而又最牢固不变的社会现象"。

20世纪以来，中国快速进入现代化进程中。现代化以城市为中心，与日益兴盛的城市相比，乡村日渐衰落。在马克思看来，"城市已经表明了人口、生产工具、资本、享受和需求的集中这个事实；而在乡村则是完全相反的情况：隔绝和分散"。列宁认为，在工业化时代，"城市是经济、政治和人民精神生活的中心，是前进的主要动力"。在工业化、城市化时代，城乡地位的翻转，造成乡村衰落，其标志不仅仅是物质形态，更在于精神文化形态。重要特点是乡村"丧魂落魄"，农本价值的解体。乡村不再具有传统社会那样的价值优越感，反而被视之为"落后"，属于"问题"的范畴。

20世纪上半叶，梁漱溟先生面对城市化进程中的乡村衰败深感忧虑。在他看来，当时的严重的农村问题从根本上说是"文化失调"。都市导向破坏了传统的风俗习惯和道德规范这一中华文明赖以存在的基础。都市化会造成中华文明"失根""失魂""失血"。只有复兴"以农立国"的中华文明，进行文化重建，才能为中国解决农村农民问题寻求一条出路。为此他提出乡村建设，基本任务就是依靠乡村自治，创造一种以理性和伦理为基础的新团体组织，由此推动经济、政治与社会的全面进步。

在世界工业化、城市化的大趋势下，梁漱溟先生的主张显然不合时宜，他的实践也屡屡受到挫折，他本人也为之叹息："工作了九年的结果是号称乡村运动而乡村不动。"但是，梁漱溟先生对于以工业化、城市化进程会造成农业本价值的解体，农村农民被遗弃，农民难以在乡村生活中获得价值、意义和乐趣的担忧是值得重视的。他希望通过文化重建，重建乡村价值和乐趣的思路也是有积极意义的。

20世纪后期，中国历经艰难曲折，终于解决十多亿人的温饱问题，从而步入大规模和快速度的工业化、城市化进程。这一进程无疑使得包括广大农民在内的全体中国人都从中受益。但在工业化和城市化进程中，城乡差别日益突出，农业农村农民问题成为全面建成小康社会的短板。问题的表现是多方面的，其中一个重要方面是既有的精神文化系统难以为人们愿意在农村生产和生活提供足够的意义感、幸福感和快乐感。面对现代化的城市崛起，农村不再是一个充满希望和快乐的地方，而只是不得已的栖息之地。

当下，大量年轻人"义无反顾"离开乡村，走向城市。其重要原因是缺乏"义"。在乡村务农除了收入不高以外，更重要的是被认为"没本事""能耐"。根据笔者及所在机构的调查，当下农村的性别结构严i失衡。大量青年女性奔向城市、落户城市，农村青年男性娶妻难，只有背井离乡脱离土地。一部分外出务T人员返乡后的最大不适应是文化的匮乏和心灵的荒漠。他们返乡是一种不得已为之的行动，但凡有机会有条件，便不会像其先辈那样自愿"叶落归根"和向往"回归乡里"。

老年人务农和居住农村在全世界是一个普遍现象。但农村老年人对自己的社会地位的评价低于城市。据2011年华中师范大学中国农村研究院的抽样调查，农村老年人认为自己社会地位低的比例达到22.6%，城市则为7.2%。这就意味着相当部分的农村老年人仍然在农村生活是属于不得已的选择。与此同时，农村分散，青年人大量外出，老年人没有昔日"儿孙绕膝"的乐趣，最害怕精神孤寂。文化本是将老年人联结在一起的最好纽带，但由于缺乏文化纽带，老年农民找不到生活的价值，不能通过共同的文化活动忘记日常生活的失落，以致在宗教迷信中寻求精神寄托。

中共十九大提出乡村振兴的战略，是解决工业化和城市化进程城乡差别的重要举措。而城乡差别不仅在于物质差别，更在于文化落差。要振兴乡村，首先得振兴人的精神文化。因此，在乡村振兴中，文化振兴比任何时候都更为紧迫。近些年，习近平总书记高度重视农村农民问题，非常关注乡村的价值，提出要记得住"乡愁"。习近平总书记第一次提出乡村文化振兴的理念，具有很强的针对性，是对乡村振兴战略的深度思考，反映了现阶段中国农村精神文化领域面临的突出矛盾。一是农村初始改革主要解决的是吃饭问题。随着物质生活由温饱到小康的转变，文化小康提上议事日程。在绝大多数农村人口解决温饱以后，存在的问题是物质生活与文化生活之间的不对称，物质获得感与文化获得感的不均衡。在相当多数的地方，人们富了口袋穷了脑袋。总体上看，随着物质生活的改善，农村人口对美好文化生产的需求在迅速增长。近些年电影发行的主要增长地域是县乡，小城镇青年成为重要消费群众。二是原有的乡村文化体系所依托的条件发生变化。传统乡村社会的意义感在于有一整套文化体系及其依托。如集体化时代，集体劳动、集体娱乐，虽然物质贫穷但有文化赋予的存在意义。农村改革以后，实行分户经营，集体公共文化供给缺乏物质基础和组织依托。人们难以通过集体文化消解家户经济单位内生的冲突和矛盾。根据我们的调查，物质生活的获得感与精神文化生活的幸福感并不是绝对对称的。在许多西部地区，尽管物质生活相对贫困，但长期历史传承的共同体的文化生活为人们的生活提供了幸福感和快乐感，社会心理问题不甚突出。相反，在长江区域的典型的家户生产地域，物质条件大为改善，集体性的文化活动欠缺，精神心理问题更为突出。三是人们对文化生活的需要更为丰富。在物质匮乏时期，人们的文化生活相对简单。随着物质生活的充裕，人们的精神文化生活需要增多，更为丰富。当今的农村人口质量正在发生历史性的变化。这就是义务教育普及使得农村人口有了相当程度的知识水平，全球化使得农村成为"全球村"，农村进入信息社会，农村人口的视野前所未有地开阔，其文化生活需要迅速地丰富。根据一份调查，农村文化生活需求居首位的是建公园或广场。其重要原因是城市流行的广场舞已迅速向乡村蔓延。

应该看到，在相当长时间里，城乡差别还会存在，乡村振兴是一个长期努力的战略目标和系统工程。在推进乡村振兴战略中，通过文化振兴，满足人们日益增长的美好文化生活需求，为人们愿意在乡村劳作和生活提供意义感、幸福感和快乐感，可以稳住人心、稳住人口，使得农村有吸引力和凝聚力，从而为乡村振兴创造主体条件。近年来，春节期间大量人口由城市到农村，重要因素之一是农村更有集体喜庆的"年味"和群体性记忆的"乡愁"。这说明，在城乡差别长期存在的当下，乡村文化振兴具有一种特殊的力量，能够缓解甚至化解因为物质条件差别造成的乡村生活的意义感、幸福感、快乐感的缺失问题。

二、乡村文化振兴面临的挑战

习近平总书记强调要振兴乡村文化，既是因为乡村文化繁荣对乡村振兴所具有的重要性，也是与当前的乡村文化状况有关。当前，我国乡村文化振兴主要面临以下三个方面的挑战。

（一）乡村国家意识形态建设式微

开始的中国改革从农村破题，家庭承包经营和村民自治制度在全国农村逐步实行，乡政村治体系取代了"政社合一"人民公社制度，解决了经营管理过于集中，分配上存在的严重平均主义，激发了广大农民的生产积极性，改善了农民生活，同时实行村民自治的农村不再是国家行政链条中的正式组成，分田到户后的乡村去行政化，回归到了主要"讲经济效率"的"社会生活"。"村民自治"的设计理念是"民主化的村级治理"，但好人治村、强人治村、恶人治村、能人治村等村治形态广泛存在。

21世纪以来，国家实施新农村建设、美丽乡村建设，尤其是党的十八大以来开展脱贫攻坚战，在现代农业发展、乡村基础设施建设和农村社会福利等方面积极作为。一是"资源进村"，以"直补到户"和公共服务的形式向农村投入大量资源，如粮食补贴、良种补贴、农机补贴、"低保""新农合""新农保"等各种补贴，以及修路、通水、通电、通网络、办学校、提供法律咨询等各种公共服务。二是"人员进村"。如党的十七大后全面推进的大学生干部工作，党的十八大以来配备网格员、"第一书记"等，推动农村基层建设。三是"思想进村"。如一些省委讲师团进村开展的理论宣讲活动。由此，改革开放以来所弱化的国家意识形态伴随国家资源所带来的各种福利开始回归农村，重新嵌入当代中国农村的治理实践中，改变农村治理生态和治理模式。

（二）乡土文化被边缘化

在快速工业化城镇化的大潮下，农村人口流动性显著增强，乡土社会的血缘性和地缘性逐渐减弱，一些地方乡村文化特色逐步丧失。一是承载着乡愁记忆的乡土文化地标，如诸多自然村落、文物古迹、传统建筑、民俗、方言等民间文化载体，被损毁、破坏、弱化甚至消失。缺乏保护主体和保护动力是乡土文化地标面临消亡危机的重要原因。除了被列为文物保护单位的文化地标能够得到相对有效的保护外，不管是私人所有，还是乡村集体所有，因为保护责任不明确，再加上基层财力有限，对很多文化地标的保护也就成为"非紧急的事项"。二是传统重义轻利的乡村道德观念侵蚀淡化。由于一直强调现代化、城镇化在经济发展领域的主导作用，人们产生一种似是而非的模糊观念：唯有城市代表着先进、文明或历史前进的方向。而乡村则代表着落后、封闭、愚昧，是封建社会的产物，不足以支撑我国现代化发展，应该在城镇化的进程中逐步改造乃至淘汰。农村各种民俗节庆不兴，各种农耕方式及技艺被抛弃，传统民间文化面临断代的危险。乡村人际关系日益功利化，人情社会商品化，维系农村社会秩序的乡村精神逐渐解体，一定程度上造成了乡村社会秩序的失范。一些农民社会责任、公德意识淡化，与家人感情日益淡漠，家庭观念不断淡化，导致不养父母、不管子女、不守婚则、不睦邻里等有悖家庭伦理和社会公德的现象增多，家庭的稳定性不断被削弱。不少地方老年人因此成为农村的特殊贫困群体，自杀率上升。攀比严重，一些地方婚丧嫁娶大操大办大操大办，成本剧增，不少家庭因天价彩礼致贫。乡村乡风、家风、民风亟待重建。

乡村振兴是一项系统工程，既要"塑形"，更要"铸魂"，实现物质文明建设与精神文明建设协调发展，推动乡村的全面进步。上述情况反映了乡村文化亟待振兴，以解决存在的问题为抓手，推动社会主义先进文化占领农村阵地，重塑乡村振兴主体—农民的精神，提升文化素养，不仅在于农民个体文化教育水平的提升，也需要培育公民精神，强化农民的社会责任意识、规则意识、集体意识、主人翁意识；改变乡村社会涣散、一盘散沙的局面，重建乡村伦理，恢复邻里守望相助等社会关系，凝聚起乡村振兴的精神力量，为乡村产业振兴，实现和谐有序发展，推进乡村治理体系和治理能力现代化奠定基础。

三、乡村文化振兴的实施路径

促进乡村文化振兴，要从提高文化自信与文化自觉、加强农村思想道德建设、丰富符合农民精神需求的公共文化产品供给、培育挖掘乡土文化人才、培育乡贤文化等方面着手。

（一）提高文化自信与文化自觉

振兴乡村文化首先需要提高文化自信与文化自觉，从中华文明发展史的视角去认识、重构当前的乡村文化。中华文明根植于农耕文明，中华传统文化的主体扎根于乡村。从中国特色的农事节气，到大道自然、天人合一的生态伦理；从各具特色的宅院村落，到巧夺天工的农业景观；从乡土气息的节庆活动，到丰富多彩的民间艺术；从耕读传家、父慈子孝的祖传家训，到邻里守望、诚信重礼的乡风民俗等，都是中华文化的鲜明标签，都承载着华夏文明生生不息的基因密码，彰显着中华民族的思想智慧和精神追求。但"今天当我们谈传统文化的时候，总是夸大传统文化的抽象概括性意义，而忽略这种文化所产生的历史条件和社会土壤"，"淡忘了这种传统文化的根基元素"。因此，振兴乡村文化须发掘和总结历史资源，重新审视乡村文化，"乡村文化价值的重建，就是以现代人的视角、现代化的眼光对乡村文化的回望和致敬，是当代人对乡村文化的反哺与滋养"。在全面建设社会主义现代化国家进程中，必须统筹城乡，注重协调发展，农村与城市是空间上的差异；农民与市民是职业上的区别；农业与工业是产业上的不同。在乡村振兴中，如何让乡土文化回归并为乡村振兴提供动力，如何让农耕文化的优秀菁华成为建构农村文明的底色，是摆在我们面前具有重要现实意义和深远历史意义的时代课题。中华优秀传统文化是我们的根和魂，要重视原有的乡土性文化，实现农村生活文化的保护与自我更新，将其和现代文化要素结合起来，赋予新的时代内涵，让其在新时代展现其魅力和风采，凸显农村文化建设的价值与意义，与城市文化相映生辉。

（二）加强农村思想道德建设

农村加强思想道德建设，需要坚持教育引导、实践养成、制度保障三管齐下，采取符合农村特点的有效方式，深化中国特色社会主义和中国梦宣传教育，大力弘扬民族精神和时代精神。一是要发展和壮大农村党组织，充分发挥其在乡村振兴中的领导作用；党支部书记和村委会主任是乡村的"关键少数"，践行社会主义核心价值观，首先做到公道正派、清正廉洁，身体力行为百姓做好示范；同时，党中央开始严查侵犯农民利益的微腐败。

（三）丰富符合农民精神需求的公共文化产品供给

"多一个球场，少一个赌场；多看名角，少些口角，"乡村急需补齐文化短板，完善文化基础设施，公共文化资源重点向乡村倾斜，为农民群众提供更多更好的农村公共文化产品和服务，让健康的公共文化生活填补农民群众的闲暇时间，在文化实践中丰富农民精神文化生活。文化供给要有效利川乡土文化资源，重内涵、重品质、重效果。

第四节 乡村治理

针对乡村治理面临的困境及缘由分析，本节提出如下实施路径：重塑乡村共同体，提高乡村自身吸引力，引导人才回流；调整中央—地方财权与事权，完善乡镇财税体制；建构多元主体共治格局，积极发挥合力作用；加强干部队伍建设，发挥领导班子核心作用；创新乡村治理理念，形成"三治结合"的乡村治理体系；完善乡村治理体制机制，畅通群众参与治理渠道；加快城乡一体化发展进程，夯实治理现代化的经济基础；提升农民自身"造血"能力，进一步打通资源与农民之间的直接通道。

一、重塑乡村共同体，提高乡村自身吸引力，引导人才回流

我国乡村建设在很长的一段时间里仅仅强调"走向城镇化"这种单一的发展思路，然而这种思路导致乡村内部的"空心化"加剧，因此在今后的乡村发展和振兴的过程中，应重新重视乡村本身文化和吸引力的建设，引导乡村人口回流。国家应进一步加大对乡村特色产业的发展，鼓励有资历、有能力的绿色环保大型企业扎根乡村，提高对这些企业的政策和资金扶持，大力鼓励乡村品牌的发展，从而重新将村民的自身利益和乡村发展的红利融合起来。同时加大传统文化的宣传和推广，进一步加强乡村风貌的建设，只有从发展红利和传统文化着手，从根本上提高村民对故土的认同感，切实从自己的乡村发展中得到实惠、获得价值，重拾乡愁，重振乡风，重塑乡村共同体，使乡村自治重新焕发活力，才能真正从内部推动乡村的发展和振兴。

二、调整中央—地方财权与事权，完善乡镇财税体制

传统的中央—地方关系调整方案是将财权重新下移，这种调整思路更应向事权上移的方向调整，财权与事权的平衡最关键的因素体现在有足够的资金办好百姓所需要的事情，因此在下一步的中央—地方财权事权调整的过程中，应在对乡村治理现状做充分细致调研的基础上，适当将一部分事权和支出责任上移，将一些乡镇政府无力承担的乡村公共发展事务上移至县市级政府的职责中。相应地面对乡镇政府普遍负税的情况，上级政府应制定细致可行的条例，重新调整乡村建设中的支出责任，杜绝"下达任务不见经费"的情况，逐渐将乡镇一级的财权和事权控制在一个合理均衡范围之内，理顺中央—地方财税体制关系。进一步推进权责利清晰化、科学化、合理化，适当丰富和拓展乡镇政府的合理资金来源，使乡镇政府重回正常运营的轨道上，从而更有助于履行其应有的职权和责任，更好、更近、更具体地为乡村建设和发展服务。

三、建构多元主体共治格局，积极发挥合力作用

治理是政治国家与公民社会的合作、政府与非政府的合作、公共机构与私人机构的合作。随着我国"国家治理体系和治理能力现代化"和社会治理体制创新进程的不断加速，适应治理现代化要求的乡村治理体系和乡村治理格局也应该逐渐形成。过去我国乡村治理的主要模式是乡镇政府和村支两委作为乡村治理的主体。为实现乡村治理现代化，我们必须打破原有的治理模式，构建"多元主体，同心同向"的合作治理格局。依据当前我国特殊的农村经济社会关系，将农民、新型农民合作组织、其他农业社会组织、乡村企业等纳入到乡村治理体系中来，探索出一条党委领导下的政府、社会和市场等多元主体参与的乡村治理之路，实现共建、共治、共享的社会治理新局面。在多元合作治理过程中，国家要积极出台相应优惠政策，以吸引和鼓励更多精英返乡，为乡村事务出谋划策，解决乡村实现小康的人才短板；创新合作治理方式，建立相邻村庄的村书记组成的党委，村庄间成立共同体，形成抱团式发展，积极发挥合力作用。

四、加强干部队伍建设，发挥领导班子核心作用

党的十九大报告强调："建设高素质专业化干部队伍，注重在基层一线和困难艰苦的地方培养锻炼年轻干部。"人才队伍是农村发展的短板所在，也是解决"三农"问题的关键所在。因此，在乡村治理中，要培养造就一支"懂农业、爱农村、爱农民"的"三农"工作队伍，提升乡村干部的素质和战斗力，为乡村振兴、打赢脱贫攻坚战提供坚实的人才保障。

（一）党的领导是乡村治理现代化的根本保证

在加强干部队伍建设中，尤其要将党的干部素质提升放在首位，充分发挥乡村党支部的核心领导作用。通过公开选拔把群众拥护的、办事公正合理的、能够带领农民致富的优秀党员选拔到乡村组织中，给予配套的干部教育培训，帮助党员干部找准自己的位置，切实解决农村农民的实际问题，带领群众共同富裕，这对促进农村改革、发展、稳定至关重要。

（二）理顺权力配置关系是乡村治理现代化的必要条件

在多元主体共同治理的格局下，必须理顺乡镇政府、村党支部和村委会的关系，界定明晰各自权力和职责范围，为民主合作型的乡村治理创造一个和谐有序的环境。一是在法律上明晰乡镇政府与自治组织的职责范围，按照制度和程序办事。明确乡镇政府对村委会的指导范围和方式，改变过去命令式或直接控制、包办乡村事务的做法。二是理清村支两委的职能关系，党支部不以党代政，村委会也不脱离党支部开展工作。通过宣传教育，让两委干部认清各自职责，使其拥有的权力与履行的职能相对称，从而为改善乡村治理创造条件。

五、创新乡村治理理念，形成"三治结合"的乡村治理体系

乡村社会在不断发展，乡村治理环境在不断变化，相应的乡村治理思维和理念也必须突破和创新。要做到从"政"到"治""集权"到"分权"的转变，要坚持法治为主、德治为辅，促进村民自治的健康发展。法治建设既是依法治国的组成部分，也是国家治理体系建设的重要内容。十九大报告要求"依法治国要全过程、各方面贯彻落实"，即覆盖到农村。通过完善农业农村立法、强化公正执法和司法、强化法制监督、动员全民守法，提高干部和群众的法治素养和法治意识，避免乡村管理中出现"家族势力"和"经验管理"等不合法行为。领导干部要带头运用法律手段解决乡村治理过程中的矛盾和问题，把依法行政的理念贯彻到乡镇政府工作的各个方面，切实保护农民的合法权益。德治在乡村治理中起着基础性作用，以一种温和的方式解决社会矛盾，与法治在价值取向上相向而行。通过建立村规民约健全的乡村自治制度，积极开展立家训家规、革除陈规陋习、倡文明树新风等活动，将社会主义核心价值观融入乡村，确立道德风尚，建立行为自律机制，形成自治法治德治"三治结合"的乡村治理体系。另外，要深入挖掘中华优秀传统文化的精髓，通过重塑新乡贤文化，唤醒村民参与治理意识，激发农村管理的内生动力，以"软约束"与"软治理"、教化乡民的方式使村民遵循行为规范、价值导向，让管理乡村的成本降到最低，提升治理有效性。

六、完善乡村治理体制机制，畅通群众参与治理渠道

建立符合当下经济社会条件的乡村治理机制是乡村治理现代化的制度保障，保证农民在乡村治理中的选举权、参与权、监督权、知情权是缓解基层政府与农村居民矛盾的必由之路。要提高乡村治理现代化水平，必须立足于乡村内部制度的改革，尊重村民民主权利。一是规范民主选举，凸显村民选举权。选举按照民主、公开、平等公正的原则进行，杜绝拉票行贿、暗箱操作。完善民主管理制度，保障村民参与权。深入群众宣传村民自治的本质，由全体村民共同制定自治章程和村规民约，培养村民的自治意识。二是规范民主决策机制，确保决策权的落实。定期召开村民委员会，结合民主议政日、民主听证会等方式，将与农民利益相关的重大事务交由群众决议。三是健全村务公开，强化民主监督。村务公开，尤其是财务公开是民主监督的前提，利用公告栏、村民大会等真实全面地公开，让村民知情；通畅民利益表达机制，干部要经常向村民汇报工作，接受村民提出的意见和建议，积极解决村中矛盾和问题，保证乡村社会的稳定发展。

七、加快城乡一体化发展进程，夯实治理现代化的经济基础

在党的十九大精神指导下，我们要"坚持农业农村优先发展，建立健全城乡融合发展体制机制和政策体系"。乡村治理困境的根源在于城乡的二元体制结构，城乡一体化发展的不充分，加快城乡一体化发展进程有利于缩小城乡基础设施差距，使物质和人

才资源合理流动，促进乡村治理现代化的实现。只有乡村经济真正发展起来，农民富裕起来，实现乡村治理现代化才有坚实的物质基础，才能让农民共同享受现代化的成果。一方面，要大力发展农村集体经济，在深化土地制度改革的基础上，发展规模化、专业化的农业经营；完善权能、明晰产权，农民凭借"两个资本"增加财产性收入，增加农村集体经济的积累，为乡村有效治理构建动力机制。另一方面，要实现乡村治理中公共产品的有效供给。加大公共产品供给力度，完善乡村基础设施建设；坚持公平公正的分配原则，实现农村公共产品供给模式的转变，为乡村有效治理构建平衡机制。另外，坚持贯彻党的十八大和十九大的"绿色发展"理念，对农村资源进行优化配置，开发并保护农村自然绿色生态，推动农村地区的可持续发展，实现乡村治理效益最大化。

八、提升农民自身"造血"能力，进一步打通资源与农民之间的直接通道

乡村在今后的发展及振兴过程中，最根本的思路和办法是充分发挥村民的主观能动性，将传统的"输血式""救济式"扶贫模式彻底转变为"造血式""开放式"自主脱贫模式。在这个过程中，上级政府和相关部门需要对乡村做深入细致的调研工作，真正挖掘出乡村自身的优势和特色，引导村民依托本村的特色产业进行生产经营从而脱贫致富。乡村特色产业的发展能够提升乡村自身的吸引力，这样既可以实现乡村振兴，又可大大缓解乡村人口外流及其造成的留守问题，使村民在自家门口也能享受发展红利，获得充分价值感。

地方灰黑势力的抬头与乡村治理"内卷化"在一定程度上都与普通农民缺乏渠道获取较为全面和准确的资源项目信息有关，因此在接下来的乡村发展与振兴的过程中，上级政府仍要进一步促进有利于乡村发展且与农民脱贫致富息息相关的资源和项目信息公开化、透明化，鼓励更多农民有机会亲身参与到乡村建设中来。这种资源共享和参与的渠道一旦被细化和完善，对乡村发展中所涉及的公平和公正问题大有裨益。只有当村民真正投身于乡村建设中，他们才更有动力建设自己的美丽乡村，越多村民的参与同时意味着更少的"搭便车"行为出现。资源与项目的进一步公开化以及监督手段的多样化也能在一定程度上抑制地方灰黑势力与地方官员形成利益合谋。

第三章 乡村振兴与耕地保护

第一节 乡村振兴与耕地保护的关系

党的十九大报告中明确提出了乡村振兴的新战略,坚持乡村全面振兴,坚持农业农村优先发展,解决好"三农"问题这一关系国计民生的根本性问题,加快全面建成小康社会的步伐。土地是乡村振兴的重要载体,耕地是我国最为宝贵的资源,耕地的利用关系到我国农业的发展。目前,我国耕地资源由于不合理的开发利用存在数量减少、质量下降、污染严重等问题,为此,国务院提出了要构建数量、质量、生态"三位一体"的耕地保护新格局。基于此,在新时代乡村振兴战略的背景下,探讨了乡村振兴与耕地保护新格局之间的联系,以及二者之间的相互作用关系。

一、耕地"三位一体"保护的内涵

随着经济与社会的迅速发展,耕地数量减少、质量下降已成为不争的事实,耕地保护是我国长期坚持的一项基本国策。随着生态文明建设的推进,土地生态型整治逐渐得到重视,耕地保护的内涵也在耕地数量保护与质量保护的基础上,增加了耕地生态保护的含义。《中共中央国务院关于加强耕地保护和改进占补平衡的意见》指出要坚持最严格的耕地保护制度和最严格的节约用地制度,像保护大熊猫一样保护耕地,重点加强耕地数量、质量、生态"三位一体"保护,牢牢守住耕地红线,促进形成保护更加有力、执行更加顺畅、管理更加高效的耕地保护新格局。

(一)数量保护

耕地数量保护是确保耕地数量可以持续满足区域人口健康生存的需要,是耕地保护的基础。我国人多地少,耕地资源稀缺,人地矛盾较为突出,严峻的耕地资源现状与社会发展需求决定了耕地数量保护的重要性。因此必须重视对耕地数量的管控,珍惜每一寸耕地,合理利用每一寸耕地。

(二)质量保护

耕地质量是土地的本质属性,是指耕地物质生产力大小与耕地环境好坏的总和,耕地质量保护即是借助行政、经济、法律等手段保证耕地的总体质量和生产能力不下降。耕地质量是保证生产能力、发展现代农业、促进农业可持续发展的基础条件和重要支撑,耕地质量保护旨在解决生产能力下降、养分失衡及生态功能差等问题。

（三）生态保护

耕地作为农业系统的载体，在发挥生产功能栽培农作物的同时，还具有净化和改善生态环境、保持水资源、维持物质循环等功能，具有重要的生态价值。耕地生态保护是耕地保护的重要方面，通过维持耕地生态平衡、改善耕地生态环境，能够保证耕地的可持续利用。

二、乡村振兴对耕地保护的推动作用

（一）乡村振兴的概念

乡村振兴战略由党的十九大首次明确提出，强调要坚持农业农村优先发展，建立健全城乡融合发展的体制机制和政策体系，加快推进农业农村现代化。乡村振兴不仅仅包括产业的振兴，而且也是文化的振兴、教育卫生事业大力发展、乡村社会有效治理、民居生态宜居和环境优美等，旨在建设"产业兴旺、生态宜居、乡风文明、治理有效、生活富裕"的现代化新农村。乡村振兴是一项关乎中国农业农村发展前景和国民经济发展方向的重大战略，是社会主义新农村建设的重要升级。

（二）乡村振兴的模式与成功做法

实施乡村振兴战略就是要解决好关系国计民生的农业农村农民问题，特色小镇、特色田园乡村的培育和建设能够优化农村产业结构，推进乡村建设，为乡村振兴战略提供持久动力，无疑是实施乡村振兴的重要着力点与平台。

"特色小镇"概念源起于浙江省，在杭州云栖大会上首次被提出，其目的主要是促进产业转型升级，寻求经济新常态下的创新发展。随后，江苏省、上海市等地也掀起了创建特色小镇的热潮，并迅速在全国蔓延开来。特色小镇是一个相对独立于市区，具有明确产业定位、文化内涵、旅游和一定社区功能的空间发展平台，是产业、文化、生态、社区的有机复合体。浙江省的云栖小镇、梦想小镇、南湖基金小镇、义乌绿色动力小镇等通过突出战略地位，创新理念机制，依托特色产业融合发展，均成效显著。

特色田园乡村是实现乡村振兴、提高农村竞争力与吸引力的另一重要举措。"特色"就是特色产业、特色生态、特色文化；"田园"就是田园风光、田园建筑、田园生活；"乡村"就是美丽乡村、宜居乡村、活力乡村。针对农村存在的经济不振、基础设施落后、环境污染等问题，通过特色产业开发，生态环境保护、公共服务改善等最终实现"生态优、村庄美、产业特、农民富、集体强、多风好"的目标。江苏省兴化市在特色田园乡村建设中充分发挥当地的生态优势，开展水林田湖荡生命共同体的治理修复，不断完善配套基础设施与公共服务，同时以发展农业为根本，推行农业清洁生产，建设绿色农业示范区，使乡村发展的优势更加突出。

三、耕地资源保护的重要性及意义

耕地是我们生存的基本资源,同时也是社会稳定、国家长治久安的基础。作为一个13亿多人口的大国,我国的人均耕地面积却只有953.81m^2,还不到世界平均耕地面积的50%。预估到2030年左右,我国人口总数将达到16亿,因此,即使我国仍拥有16亿亩的永久性基本农田,人均耕地面积也仅有667m^2。由此,耕地红线退无可退,13亿人口的粮食问题和耕地保护问题无论在任何时候都是我们不可忽视的国情。

农业是国民经济的基础,而耕地又是从事农业生产活动的基础。从国家长治久安的角度来看,保障粮食安全始终摆在第一位。因此,保护耕地就是保护我们的生命线,只有保护耕地不破坏,粮食产能才能出现转机,为维持社会稳定和实现人民美好生活提供重要保障。

耕地保护有利于对生态环境的治理改善。在保护耕地质量的同时,对存在水土流失、土地沙化等问题的土地进行综合治理,能有效改善耕地周边的生态环境,生态的改善又能防止土壤污染,二者具有相互促进的作用。

四、耕地资源现状及存在的问题分析

(一)耕地资源的问题

我国对耕地资源的保护起步较晚,耕地后备资源已近枯竭,加剧耕地资源紧张现状,部分耕地长期处于高度开垦状态,存在较多问题。

1. 耕地生态退化、沙化、盐碱化、产能不高等问题日益显著

早期城镇化发展阶段,大规模、大面积进行厂房、公路修建,加剧了耕地水土流失和土壤受侵蚀程度,导致耕地质量和自我恢复能力降低,耕地面积不断减少。其次,风蚀、水蚀等自然气候条件,也是导致生态退化的原因之一。此外,由于对耕地的养护不重视,过度开发利用以及不合理的使用农用薄膜、农药化肥等造成的农业污染,使得耕地地力严重透支,粮食产能只减不增,不利于实现乡村振兴。

2. 土壤肥力不够,阻碍粮食产量提升

农民对耕地缺乏预防保护意识,重用地,轻养地,有机肥的投入量较少,大部分农民施肥水平有限,施用化肥结构不合理,造成土壤养分含量不均衡,有机质含量不断减少。其次,不同作物对不同有机质的吸收量不同,耕地长年从事耕作生产、施肥,土壤中病虫害会随之加重,影响农作物产量。同时,受农业化学生产方式、工矿业等污染的影响,使得农业生产环境质量有所下降,甚至破坏生态平衡。

3. 水利基础设施建设不够完善,农田抗旱涝能力普遍不高

农田水利建设有待完善,缺少在设施建设评估、资金投入比例、环境影响等方面的探索,部分农田水利设施建设规划不合理。其次,对水利设施建设资金投入不稳定,

投资力度不够大。同时，人们对水利基础设施建设、管理不够重视，水利设施监管体系还不够健全，尤其是对小型农田水利设施使用管理不规范，如不会进行定期检查维修，导致设备老化，增产效益不明显等。

（二）耕地保护与农民生计矛盾的问题

耕地保护措施和农民长期生计之间存在一定矛盾，耕地地力保护补贴机制还在探索阶段，不够完善。主要表现在以下方面：

第一，耕地补助制度保障薄弱。政府部门虽然在"休耕试点方案"中对提出休耕农民进行经济补偿，但对补助对象、形式等问题没有详细说明，没有成文的法律约束，补助发放存在一定的主观性和随意性。其次，政府的监督力度不够，对实施了保护措施的耕地后期监管和指导不足，对未在规定时期内实行轮作休耕或虚报休耕面积的农民没有相应惩罚措施，对增收增效的农户也没有相应奖励，不利于调动农户配合耕地保护措施的积极性。

第二，耕地地力补贴来源单一，补贴标准缺乏灵活性。补贴基本以中央政府纵向转移支付，具有较强的控制性和针对性，但耕地保护的耗时长，资金投入和工程量大，单一的补助来源会使政府承担较大的财政压力，同时也会造成补助发放不到位，漏发、少发等情况。此外，补助仅体现不同区域休耕试点差异，而区域内部补助标准基本一致，这样的补助形式虽操作便捷，但会造成补助金额与区域经济发展状况不相符，农民成本得不到针对性补偿，部分农户容易产生不满情绪，自愿参与休耕制度的积极性大幅降低，不利于耕地保护措施落实，阻碍乡村振兴发展。

第三，对耕地保护和地力补助的宣传不到位，多数农民对农业"三项补贴"政策不了解，政府的示范引导力度不够大，导致农民对耕地的保护意识薄弱。同时，农民对相关政策了解不够，容易对政策产生误解，配合度不高。例如：吉林省长春市大力推行玉米的高光效休耕轮作种植模式，在农民的参与意愿调查报告中显示，农民被动参与人数占主体，主动参与度较低，并且对休耕制度确立和补助发放形式的落实都有较高要求。

（三）科技人才不足问题

实现乡村振兴和耕地保护措施缺少人才。在农业生产活动中出现的粮食产量下降、耕地质量不高等问题，归根结底是农业科技水平不够高的问题，也表现为人才不足的问题。主要分为以下几点：

第一，我国农村劳动者的文化素质普遍偏低，接受新事物慢，对农业科技培训的认识度不够高，自主学习的意识薄弱。其次，部分乡镇政府和农民对新型农业科技培训不够重视，没有相应制度规范农业科技培训工作，各部门缺乏对培训的统一规划和管理，新型职业农民的认定工作相对滞后。此外，农村劳动力中青年人所占比例小，对青年劳动力重点培养工作不够突出，没有充分发挥青年人在农业生产活动中的优势。

第二,领导干部不能起模范带头作用。农村干部的文化普遍不高,年龄偏大,对耕地保护、科技人才培养等制度理解能力不够,很难把握准确的执行方向,因此,对新政策的执行力度不到位。其次,对部分乡镇领导干部管理约束不够,部分干部不作为、不担当,对工作缺乏热情。此外,乡镇领导干部自身农业科技应用水平较低,无法带领农民群众学习新的农业技术。

第三,农业科技方面人员不够专业。农民对新的栽培技术、有机化肥合理使用等需要一定磨合期才能接受,且灵活运用度不高,新的农业生产方式的创新成果供给与现实生产存在的问题不相适应,解决实际问题的能力不够强。其次,传统农业生产方式根深蒂固,农民对其调整完善的积极性不高,耕地保护如休耕等措施落实有一定难度。此外,农民不擅于借鉴国内外实现耕地保护等问题的相应措施,不擅于探索符合我国国情的耕地保护激励办法。

五、解决现有耕地问题,助力乡村振兴新思路

(一)推进实施乡村振兴要用地养地相结合,提升粮食产能

第一,加强耕地保护,主要在重金属污染区、地下水漏斗区及生态严重退化的区域实行针对性较强的休耕制度。首先要加强对《探索实行耕地轮作休耕制度试点方案》的学习,不断探索并制定出"藏粮于地"的具体实施办法,积极借鉴参考已有研究成果和实践经验,努力探索符合我国国情的耕地休耕模式。可借鉴安徽省泗县实行稻田轮作休耕制度。该地位于安徽省东北部,该县在耕耘农机专业合作社流转的 5.3hm 耕地上实行休耕轮作,将传统种植模式"小麦——水稻"一年两熟,变为"花生——小麦——水稻"两年三熟的新型种植模式,在新的种植模式下,一个生产周期耕地即有七个月的时间休养生息。据统计结果显示,通过轮作休耕模式取得的经济效益是传统种植模式的 1.88 倍,取得成果显著。

第二,加快实施沃土工程,提高耕地质量。大力鼓励农民施用有机肥,提高秸秆还田量和化肥利用率,减少化肥使用不合理情况。其次,加快发展绿色农业,不断推进标准良田建设,利用农村存在的餐厨垃圾、生活污水、粪便等有机废弃物发酵制肥,实现有机肥还田。同时,提高农民科学种田水平和施肥水平,从而提高土壤养分含量和耕地土壤基础地力。在优化泗县种植业结构,调整对农作物施肥品种、数量以及方式后,该县土壤养分含量与第二次土壤普查有明显变化,土壤中有效磷含量、全氮和有机质含量均大幅度提高,速效钾含量稍有增加,为实现作物高产提供基本保障。

第三,落实耕地水利基础设施供给,提高农田抵抗旱涝灾害能力。水利是农业发展命脉,要落实《深化农田水利改革的指导意见》办法,根据区域特点因地制宜,加强小型农田水利设施建设,深化农田水利改革。其次,在农业用水总量基本不变的情况下,提高农业用水利用率,不断提高耕地农业生产能力和抗灾减灾能力。此外,政府要加大

对农田水利设施建设与管理的资金投入，定时对老化失修的水利设施更新改造。泗县加快建设以"八小水利工程"为重点的农田水利设施，推行乡镇政府进行监管指导制，并形成村政府和新型农业主体为建设主体的组织模式，为提升粮食产能、农民增收提供水利灌溉基础，增产增效明显。

（二）推进实施乡村振兴要完善耕地补贴机制，促进耕地保护规范化

1. 出台约束性法律法规，完善耕地地力补贴办法

首先各政府部门要贯彻落实《关于全面推开农业"三项补贴"改革工作的通知》中"三项补贴"改革，强化对实行休耕轮作土地的监管力度，确保农民按规定休耕，实现耕地"休养生息"。其次，对补助对象、形式等给予详细规定，适当调整补助目的，同时确定科学合理的资源补偿办法和详细的补助标准、补助发放具体操作流程，保障农民的合法权益。此外，补贴发放要做到公开透明，并不断完善奖惩机制。可借鉴欧盟共同农业政策中"农业环境措施"相关内容，如农民在生产活动中使用深耕精作等技术，使耕地保持良好状态，农户便可获得直接补贴，否则，视生产情况而定是否减少今后年度的直接补贴金额。

2. 挖掘资金筹集新渠道，加大耕地补助的力度

拓宽资金来源渠道，要将政府补助和市场补助结合起来。首先，建立专门的耕地地力保护补助基金，主要补助实施耕地保护而暂停农业生产活动的农户，为其提供粮食补助、绿色补助等。其次，拓展多样化资金筹集，如鼓励企业家选择利于生态保护的项目或投资、设立退耕还林等成果专项资金等，用于对实施休耕农户的奖励补助，弥补基金不足问题。此外，将各渠道所筹资金交由所在耕地保护经济补偿基金会统一管理，作为专项资金使用。

3. 加强耕地补助制度宣传力度，科普耕地保护必要性

全社会都要参与到耕地保护和加快落实耕地补贴机制行列中来。因此，首先政府要加大耕地现状宣传力度，可通过报纸、广播、发放宣传册等途径，提高农民对耕地保护认知，为实行休耕、耕地补助等政策提供良好的群众基础。其次，可与电视台农民频道合作，通过电视媒体宣传耕地保护和补助政策，使农户加快对新制度的解读和理解，提高农民的自主参与度。此外，对不理解、不支持政策的农民群众，基层干部要及时了解情况，做好解释工作，以确保耕地补贴制度顺利推行。

（三）推进乡村振兴要创建耕地保护专业队伍，实现耕地资源可持续

1. 培养新型职业农民队伍，不断提高农业生产水平

农作物产能稳定是长期实行休耕等耕地保护制度的前提，而农民是否掌握高新技术，是产量能否稳定增长的关键。因此，要建立完善的农民技能培训制度，强化对农民的专业技能培训，使其至少掌握一项农业专业知识和相应的专业技能。其次，要重视对

农村青年人才的培养，借助青年人学习能力强、接受新事物快等优势，加强对农业高新技术和农业高效栽培模式的学习，不断提高农副产品质量，降低耕地使用压力，增强耕地使用可持续性。

2. 培养一支符合现代化农业发展要求的领导干部队伍

基层领导干部是农业生产的带头人，也是联系政府部门与农民的桥梁，因此培养一批负责任、懂农业的干部队伍十分重要。首先，领导干部要带头领会相关耕地保护工作会议精神，提高基层干部落实工作的主动性和执行力。其次，可实行"粮食生产行政首长负责制"，规定粮食生产第一责任人为县、乡的行政主要领导，并且建立年度考核机制。此外，要加强对领导干部的耕地保护知识普及和农业技能培养，尤其是对青年后备干部的培养，不断发展壮大新型农民队伍，实现土壤健康和可持续利用。

3. 不断加强技术创新，做到因地制宜

首先可通过"互联网+农业"新型信息技术，调整并完善传统农业生产方式，实现农业生产智能化。其次，引入新的种植技术，大力推广新型栽培种植模式，提高农业信息化和科技化水平，有利于土地永续利用。可借鉴吉林省采取的高光效休耕轮作栽培技术，通过该技术种植的玉米，$1hm^2$ 地比普通地多种 3 万多株，且在通风好、光照足的情况下，预计 $1hm^2$ 地能增产 2.5～5t，垄间还间种了黄豆，$1hm^2$ 地还能种 0.22hm 的黄豆。

第二节 中国耕地资源数量安全

一、中国耕地资源数量现状与未来变化趋势

（一）中国耕地资源数量现状

1. 中国耕地资源数据真实性考查

中国幅员广阔，地形复杂，耕地交错分布其中，这些因素给我们准确统计耕地资源数量带来了很大困难。虽然"3S"技术（RS、GIS、GPS）很大程度上提高了耕地资源数据获取和分析的精度，但我们要获得绝对真实的耕地资源面积数据仍然是不太可能的，我们所努力的方向是尽可能地缩小统计数据与实际耕地面积之间的误差。

由于多方面的原因，1949年以来对中国耕地资源数据没有一个客观的描述。目前关于耕地资源数据的来源有很多种，其中时间序列较长的有两个：一是中国统计年鉴的数据，从1949年至今；二是国土资源部从1987年开始公布的耕地资源增减变化数据。其中后者被认为较为接近耕地资源真实的数据，基本反映了中国耕地资源数量变化的真实趋势，而前者则被公认比实际面积小，近年来各方面的资料也注明了这一点。同时，还有一些较短时段和时间点上的耕地资源数据，由于其应用了最新的3S调查手段，数

据准确度高，被引用的频率也较高。国外一些研究机构和学者对中国耕地资源数据的真实性表现出极大的怀疑，如 Crook 认为中国耕地面积存在低报问题，国际应用系统分析研究所（IIASA）甚至夸张地认为中国耕地面积统计数据有可能存在 40% 左右的误差。近年来，国内学者对中国耕地资源数量真实性问题也展开了积极的探讨，他们运用遥感影像数据和一些时点的调查数据对中国耕地资源变化趋势和某些时段的数据进行了修正。

2. 中国耕地资源数据重建

基准点是数据重建的基本出发点，在进行耕地资源数据重建之前必须先确定数据重建的基准点。土地利用详查是中国为了摸清土地资源家底，历时十年，花费大量人力物力所进行的一次彻底的土地资源大调查，调查所取得数据具有较高的准确性。

一般来说，耕地增减数据以年为时间期限进行统计，不存在统计误差的累计与传递，准确程度较高。1980—1996 年间中国统计工作较为正常，同时该时期内耕地资源增减变化资料较为丰富，因此，这期间耕地面积可以通过 1996 年土地详查数据并结合耕地面积增减变化数据反推得到。

由于 1960 年—1979 年间耕地资源增减变化数据的缺失，无法用上述方法重构这一时期的耕地资源数据。封志明等人运用粮食产量与耕地面积之间的关系对 1960—1985 年间中国耕地资源数据进行了重构，并运用查田定产的耕地面积数据和 20 世纪 80 年代初各部门调查数据对重构结果进行校验，认为重构结果非常理想。但并不以为然，因为影响粮食产量的因素众多，除了耕地面积以外，还包括种植制度（复种指数、粮食播种面积所占比例）、农业科技进步（粮食品种等）、农业生产条件（灌溉率、机械化水平、化肥投入等）和自然因素（光、热、水等）等。

3. 中国耕地资源未来变化趋势

目前对中国耕地资源未来数量变化预测的方法主要有三种：一是通过分析未来耕地面积增减变化间接预测未来耕地的面积，如张凤荣通过预测未来耕地面积增减变化情况预测了 1997 年—2050 年间的中国耕地资源面积；二是通过分析耕地面积与相关指标之间的关系预测未来耕地面积，如一些学者运用人口、粮食产量与耕地面积的关系推测未来耕地面积；三是从耕地资源系统自身发展变化规律出发，选取相关模型预测其未来变化趋势，如张新长、杨大勇等人运用灰色模型和一元线性回归模型对广州市珠海区的耕地面积进行了预测。这三种方法各有利弊。未来耕地面积变化是由未来耕地增减情况所决定的，通过耕地增减量预测未来耕地面积更具可靠性。但也应该看到，耕地增加和减少的途径有很多，对每一项增减情况的预测必然会存在误差，用带有如此多误差的数据推测未来耕地面积，所得数据的精确性也不会很高。同时，影响耕地面积变化的因素多而复杂，有确定性因素，也有非确定性因素，我们很难通过耕地面积与某些指标之间的关系预测耕地未来变化情况。但灰色系统理论为我们预测未来耕地数量提供了思路。所谓灰色系统，简单来说，就是信息不完全或者不充分的系统，它是介于黑色系统（信息缺乏的系统）和白色系统（信息充分的系统）之间的一种系统状态，耕地资源系统正是这样一个灰色系统。

（二）耕地资源数量安全概述

1. 耕地资源数量安全的基本内涵

耕地资源数量安全是从人口、社会经济发展与耕地资源数量关系入手，着重协调社会发展过程中耕地资源数量与人口、经济等要素的关系，具体包括两个方面的内涵：一是区域耕地资源数量能够满足人们健康生存，二是耕地资源数量满足健康生存的同时具备可持续性，二者缺一不可。整体的耕地资源数量安全是一个时间段的概念，在不同时点均保持安全态才能实现一个时段的耕地资源数量安全。耕地资源数量安全除了具备利己性、相关性、动态性、公共性等基本特征以外，还具备以下两个方面的重要特征。

（1）研究更具可行性

耕地资源数量是我们研究耕地资源数量安全的主要依据，而相对于耕地资源质量和生态环境而言，耕地资源数量更具可测度性。随着计算机技术和 3S 技术的兴起，耕地资源数量数据获取更加便利。中国每年都会对耕地资源数量进行更新，同时也会对耕地资源数据进行周期性的详查，这些措施使我们研究耕地资源数量安全更具可行性，现有的耕地资源数量安全实证研究也说明了这一点。

（2）受关注程度更高

在中国这样一个人口众多的农业大国，耕地作为一种非常重要的农业生产资料，其数量增减变化情况一直备受关注。近年来，国家对于一些反映耕地资源数量安全变化的指标（人均耕地警戒值、人均耕地面积等）关注程度愈来愈高，并积极开展耕地资源数量安全预警研究。

2. 耕地资源数量安全要实现的目标

（1）保障粮食安全

统计数据表明，耕地资源数量变化对粮食产量会产生重要的影响，保障粮食安全是耕地资源数量安全首先要实现的目标。

（2）满足社会经济发展对非农建设占用耕地的需要

城市化进程中，非农建设用地向外扩张，势必会占用大量耕地，耕地资源安全在保障人们粮食安全的同时，也应该满足非农建设用地扩张的需要。

（3）保障耕地资源数量在代际间的合理分配

耕地资源安全是一个可持续性的安全状态，占用后代耕地资源去实现当代人的耕地资源安全并不是可持续意义上的安全,实现耕地资源安全需要我们在代际间合理分配耕地资源。

(三)耕地资源数量安全的影响因素分析

影响耕地资源数量安全的因素众多,归纳起来主要有以下几个方面的因素。

1. 资源禀赋因素

资源禀赋因素是影响耕地资源安全最基本和最重要的因素之一。通常来讲,资源禀赋因素的影响包括两个方面:一是耕地资源禀赋存在先天性缺陷,总量不足;二是耕地资源分布存在结构性的缺陷,分布不合理、不配套。中国耕地资源数量安全同时受到这两个方面问题的威胁。

一方面,虽然中国耕地资源总量较大,居世界第四位,但人均耕地面积却居于世界末位,也远远低于世界平均水平,人均耕地资源禀赋较差,这一现实是导致中国耕地资源数量安全危机的重要原因。

另一方面,中国耕地资源地域分布很不均衡,全国耕地主要分布在东部沿海和中部的华北、东北、华东、中南四个地区,它们集中了全国71.7%的耕地面积,西部的西南、西北两个地区仅仅占到全国耕地面积的28.3%。耕地资源分布的不均衡加剧了对耕地资源数量安全的威胁。

2. 经济发展因素

经济发展可以提高人民生活水平,促进社会向前发展,提高整个社会的文明程度。但我们同时也应该看到,伴随着经济发展的是大量优质耕地的减少。

3. 政策因素

实践证明,土地管理政策是影响耕地资源数量安全一个非常重要的因素。20世纪中后期大力施行的土地整理政策,对于增加有效耕地面积,改善耕地质量和生态环境起到了非常重要的作用。而近年来,大量的退耕虽然有利于改善生态环境,却导致耕地面积的减少,这些政策都会对耕地资源数量安全产生或好或坏的影响,而且这种影响往往会产生立竿见影的效果。

4. 管理因素

管理落后是威胁中国耕地资源数量安全的一个重要因素,具体表现在三个方面:一是耕地资源保护的法律法规不健全,没有完全做到有法可依。虽然中国已经制定了《土地管理法》等法律法规,但这些法律法规存在着明显的缺陷,各种法律法规交叉重复,联系不够紧密,没有形成一个有机的整体。二是耕地资源保护执法不力,缺乏执法所必需的资金、技术、人力等条件,导致有法不依、执法不严、违法不究等现象的大量存在。三是缺乏耕地资源保护合理运行机制,在耕地资源保护过程中,中央、地方政府和农民都有各自的目标和利益,现行耕地资源保护法律和制度未能在这三者之间合理分配权利和义务,从而导致各行其是,各自为政,降低了耕地资源保护的效率。

5. 灾害因素

地质、洪涝和台风等灾害因素也对耕地资源数量安全造成严重威胁。目前中国水土流失面积达 360 多万平方公里,平均每年新增水土流失面积 1 万平方公里;荒漠化土地面积已达 262 万平方公里,且还在以每年 2400 平方公里的速度扩展。由于生态系统的严重失调,旱涝频繁发生,每年因自然灾害损毁的耕地约 10 万平方公里,这些自然灾害严重威胁着中国耕地资源数量安全。

(四)耕地资源数量安全评价

1. 耕地资源数量安全评价的内涵

(1) 耕地资源数量安全评价的概念

耕地资源数量安全评价是在分析耕地资源数量安全影响因素前提下,评价耕地资源数量安全状态的过程。其主要目标是分析耕地资源数量与社会、经济和人口发展之间的关系,寻求耕地资源数量变化的合理规律,保障耕地资源数量安全,促进社会经济可持续发展。

(2) 耕地资源数量安全评价的内容

耕地资源数量安全评价包括三个方面的内容:首先确立耕地资源数量安全评价的基本原则,包括科学性、简明性、可操作性等原则;然后根据耕地资源数量安全影响因素构建耕地资源安全评价指标体系;最后建立耕地资源安全的评判标准,按照综合安全值的大小将其分为非常安全、较安全、基本安全、弱安全和不安全五种状态。

第三节 中国耕地资源质量安全

一、耕地质量的概念与特征

(一)耕地质量的概念

土地是由气候、地貌、土壤等众多因素组成的自然历史综合体,具有很强的综合性特征,这种综合性在耕地质量上表现得尤为突出。关于耕地质量的概念,学术界存在着不同的看法。联合国粮农组织认为,土地质量是指"与土地利用有关,并由一组相互作用的简单性质所组成的复杂土地属性"。马克伟等人编写的《土地大词典》认为,"土地质量是土地各种属性综合影响效应的总和。它是土地的综合属性,也是土地对某种用途适宜不适宜,或适宜程度的表示。"刘友兆认为耕地质量是构成耕地的各种自然因素和环境条件状况的总和,表现为耕地生产能力的高低、耕地环境状况的优劣以及耕地产品质量的高低。不难看出,耕地质量是构成耕地的自然、环境、经济等因素的总和,耕地质量的高低主要通过其产出能力、适应性、生态环境状况、产出品质量等形式间接体现。

影响耕地质量的因素多且广泛，因此，耕地质量便具有广泛的内涵。按照内涵的深化程度，可以将耕地质量分为自然质量、环境质量和经济质量三个部分。其中，自然质量是构成耕地质量的基础，具体指耕地质量的自然属性，包括光热、水分、坡度等自然条件；环境质量是衡量耕地质量系统是否符合可持续发展的要求，是否可以满足人类健康发展的需要，是否能够维持系统生态发展的需要，具体指耕地质量的环境属性；经济质量是用来衡量经济发展对于耕地质量所带来的影响，具体指耕地质量的区位属性。

（二）耕地质量的特征

耕地质量是构成耕地的自然、环境、经济等因素的综合体现，它具有以下几个方面的特征。

1. 重要性

由于耕地资源数量的有限性和耕地后备资源的匮乏，未来提高粮食总产量的主要途径靠提高粮食单产，而粮食单产的提高很大程度取决于耕地质量水平。因此，稳定和提高耕地质量水平对于保障国家粮食安全和促进整个国民经济的可持续发展具有重要意义。

2. 综合性

如前所述，耕地质量不仅涉及土壤、地形、水利等自然条件，同时涉及有机质含量、土地利用方式、区位条件等环境和社会经济因素，这些综合因素不仅决定着耕地质量水平的高低，同时也是耕地质量表现形式变动的依据。

3. 相对稳定性

自然质量是耕地质量内涵的主体和根本，自然质量是由自然属性所决定的。一般而言，耕地自然属性具有相对稳定性，短期内不会发生大的变化，这就决定了耕地质量的相对稳定性。

4. 动态变化性

耕地质量在具有相对稳定性的同时，亦具有动态变化性，主要体现在两个方面：

第一，对耕地的环境质量和经济质量而言，它们会随着耕地利用外在条件的变化而发生较大的变化，这是耕地质量具有动态变化性的主要原因。

第二，对耕地的自然质量而言，虽然它在短期内基本处于稳定状态，但它也无时无刻不在发生着细小的变化，当这些细小的变化累积到一定程度时，就会导致耕地质量发生质的变化。

5. 区域差异性

由于受到光热、地形、土壤、水利等自然条件的影响和制约，耕地质量表现出很强的区域差异性。

6. 调控的滞后性

鉴于耕地质量的动态变化性，人们开展了各种类型的动态监测，但往往都是在耕地质量退化发生之后才通过监测结果得以认识并采取相应的治理措施，而此时耕地生产性能以及耕地利用效益已受到一定危害。

7. 改造的艰难性

虽然可以通过一定的工程措施来消除耕地障碍因素，提高耕地质量水平，但实践经验表明，一旦耕地质量出现退化，特别是出现严重的水土流失和土壤污染，要想将耕地质量恢复到原来的状态，不仅需要复杂的技术，同时也要消耗大量的人力物力，有时甚至难以恢复。

二、中国耕地资源质量现状及其变化趋势

（一）中国耕地资源质量现状

由于我国不同地区拥有不同的气候条件，除此外耕地技术、施肥技术、农耕制度等也会影响到耕地质量的好坏。国土资源部制定的《中国耕地质量等级调查与评定》中充分考虑了这些影响因素，把我国耕地质量划分为15个等级，评定为1等的其耕地质量最好，相反评定为15等的其耕地质量最差。测评结果显示，从全国来看，平均耕地质量评为9.8级，同时国土资源部进一步将这15个等级划分为4等，具体规定如下：1—4级为优等耕地、5-8级的为高等耕地、9-12级的为中等耕地、13—15级的为低等耕地。由此可以看出，我国大部分耕地质量为中等耕地，从总体情况来看，我国耕地质量较低。

如果对全国进行区域划分，可以将全国分为4大区域，分别为东部地区，包括北京、天津、上海等沿海10省（市）、中部地区包括江西、湖北、湖南等中部6省、西部包括四川、广西、西藏等西部12省（自治区、市）、东北包括辽宁、吉林、黑龙江3省。这4大区域的耕地质量是有差别的，具体质量如表3-1所示。

表3-1 全国及东部、中部、西部和东北地区耕地质量情况

区域	耕地总面积（万公顷）	占比（%）	耕地质量构成（%）			
			低等耕地	中等耕地	高等耕地	优等耕地
全国	13328.6	100%	16.58%	50.57%	29.87%	2.98%
东部	2887.55	22.41%	7.87%	32.11%	57.15%	2.87%
中部	3189.67	24.68%	7.69%	34.58%	49.95%	7.78%
西部	4624.87	34.70%	30.78%	54.19%	14.89%	0.14%
东北	2426.51	18.21%	11.36%	88.01%	0.63%	—

从表 3-1 可以看出，从全国来看，我国有 50.57% 的耕地为中等耕地，只有 2.98% 的耕地为优等耕地，我国低等耕地占总耕地面积的 16.58%，高等耕地和优等耕地仅占全国总耕地面积的三分之一，而低等耕地和中等耕地占总耕地面积的三分之二。从东部来看，优等耕地仅占 2.87%，可观的是在该地区高等耕地占 57.15%，中等耕地占 7.87%；从中部来看，状况比较好，优等耕地占比达到 7.78%，高等耕地也达到 49.95%，低等耕地仅占 7.69%；从西部来看，其耕地质量主要以中等耕地和低等耕地为主，分别占比为 54.19% 和 30.78%，而优等耕地和高等耕地占比较低，分别为 0.14% 和 14.89%；从东北地区来看，绝大部分耕地为中等耕地，占比为 88.01% 在该地区没有优等耕地，高等耕地也几乎没有，仅占 0.63%，低等耕地占比为 11.36%。

（二）中国耕地资源质量的未来变化趋势

随着中国耕地资源保护政策的逐步发展，未来耕地资源质量将呈现以下两个方面的特征。

1. 耕地资源质量的总体水平将得到逐步提高

当前正在大力开展的土地整理战略将很大限度地改变目前中低产田比例过高的状况，同时可以提高耕地的生产利用条件；生态退耕措施将进一步降低坡耕地在耕地中所占的比重，一些正在建设的大型水利枢纽工程，将进一步提高耕地灌溉保证率。所有这些措施对于提高耕地资源质量的总体水平将起到非常重要的作用。

2. 耕地养分失衡情况将更加严重

据相关研究表明，今后 25 年是中国人口增长的高峰期，到 2030 年，中国人口将达到最高点，届时人口将达到 16 亿。不难预测，未来一段时期人口对耕地的压力将持续加大，这就要求粮食能够持续高产稳产。因此，目前耕地只用不养，大量施用农药化肥的局面在短期内不会有较大改观，耕地中有机质含量将进一步降低，养分失衡情况将更趋严重。

三、耕地资源质量安全及其影响因素

（一）耕地资源质量安全的内涵与特征

1. 耕地资源质量安全的内涵

耕地资源质量安全是指耕地资源质量处于一种稳定、不受威胁的状态，它包括两个方面的含义：一是耕地质量自身处于一种稳定健康状态，其水土保持条件良好，肥力稳定，各种营养元素分布均衡；二是耕地具有稳定的产出能力，其产出能力始终维持在较高水平上，同时，其产出品也具有健康的质量。

2. 耕地资源质量安全的特征

在耕地资源安全的众多特征中，耕地资源质量安全在以下两个方面表现得尤为突

出:

(1) 稳定性更强

影响耕地资源质量的地形、地貌、土壤、水利等自然因素具有很强的稳定性，不会在一朝一夕发生很大的变化（发生大的自然灾害除外），这一性质决定耕地资源质量安全更加稳定。

(2) 差异性更加明显

形成耕地质量的自然因素是自然界和人类活动长期作用的结果，这使得各个区域的耕地质量短期内不可能因为人类的活动发生巨大的变化，从而使得区域之间耕地差别更加明显。

（二）耕地资源质量安全的影响因素

影响耕地质量安全的因素主要可分为两个方面，一是自然因素，二是耕地利用的社会经济因素。

1. 自然因素

如前所述，耕地质量可以分为本底质量、环境质量和经济质量。本底质量是耕地质量的基础与根本，本底质量是由先天性自然条件所决定的，因此，自然条件是决定耕地资源质量安全的基础。一般来讲，耕地自然条件的优劣为耕地资源质量安全奠定了基调，自然条件好的区域耕地资源质量安全就高；反之，安全程度就低。自然条件对于耕地资源质量安全具有决定性的意义。

2. 耕地利用的社会经济因素

（1）利用方式

耕地利用方式是影响耕地资源质量安全的重要因素。耕地利用方式的好坏直接影响耕地资源安全程度的高低。好的利用方式可以有效改善耕地质量，提高耕地资源质量安全。例如，耕地整理通过对田、水、路、林、村的重新布局和安排，不仅可以增加有效耕地面积，更能改善耕地质量，提高耕地资源质量安全程度。反之，不良的耕地利用方式会使耕地资源质量安全状况恶化。目前耕地利用中一个非常突出的问题就是只种不养，从而造成耕地养分严重失衡，土壤贫瘠化等问题出现，耕地利用方式是导致耕地资源质量安全变化的重要因素。

（2）利用效益

耕地质量直接决定耕地利用的效益，而耕地利用的效益又会反过来影响耕地质量安全。耕地利用效益高时，人们就会注重对耕地质量的保护，并会投入一定资金和人力来保护和改善耕地质量，提高耕地资源质量安全；当耕地利用效益低时，人们就会提高耕地利用的程度，加大农药化肥的使用量，造成耕地自然质量的进一步恶化，从而降低耕地资源质量安全程度。

（3）政策因素

耕地保护政策也是影响耕地资源质量安全的重要因素，合理的耕地保护政策不仅仅只是保护耕地资源数量不减少，更要保证耕地质量和耕地综合生产能力不下降。中国当前的耕地保护政策号称是世界上最严厉的耕地保护政策，但其实质只是保障耕地数量的不减少，对耕地质量的保护只是停留在理论倡导上，没有制定实质的耕地质量保护措施。

（4）其他因素

自然灾害、耕作习惯、传统观念等因素也是限制耕地资源质量安全的重要因素。在中国的东南沿海地区，台风灾害对耕地质量构成严重威胁，而在西北的黄土高原，水土流失、沙尘暴也同样威胁着耕地资源质量安全；就耕作习惯而言，一些山区坚持使用有机肥，而拒绝使用化肥，这一耕作习惯有利于维持耕地土壤中的养分平衡；同时，一些传统观念认为耕地是上天赐予人类的礼物，无须进行保护，因此不断加深耕地利用程度，不注意对耕地的养护，造成耕地自然质量的下降。上述这些因素都会威胁到耕地资源质量安全。

第四节 中国耕地资源生态安全

一、耕地资源生态安全及其特征

（一）耕地资源生态安全

如第二章所述，生态安全是指在一定时间尺度内，生态系统处于保持自身正常结构功能和满足人类社会经济可持续发展需要的状态。参照生态安全的定义，我们可以将耕地资源生态安全的定义表述为：在一定的时间和空间尺度内，耕地资源生态系统处于保持自身正常功能结构和满足社会经济可持续发展需要的状态。它包括三个方面的含义：耕地资源环境安全、耕地资源生态系统安全和耕地资源社会经济安全。

1. 耕地资源环境安全

国内外有不少学者将环境安全与生态安全等同起来，认为环境安全就是生态安全，笔者认为这种观点有失偏颇。资源环境安全只是生态安全的一个方面。耕地资源环境安全可以认为是人类赖以生存和发展的耕地资源环境和生物环境处于安全或不受威胁的状态，它是实现耕地资源生态安全的前提与基础。

2. 耕地资源生态系统安全

耕地资源生态系统是指以耕地资源为基础，利用农作物的生长繁殖来获得物质产品而形成的半自然人工生态系统。耕地资源生态系统安全应该包括两个方面的含义：一是耕地资源生态系统自身的安全,即系统内部结构是否遭到了破坏;二是相对于人类发展而言,耕地资源生态系统是否能够满足人类生存发展的需求。比较而言,自身安全是基础,后者则是目的。耕地资源生态系统的安全是实现整个耕地资源生态安全的关键,耕地资源生态系统安全的丧失,耕地资源生态安全将失去其基本立足点。

3. 耕地资源社会经济安全

越来越多的学者认为,生态安全的实质是社会、经济、发展的安全,并进一步指出,无论生态安全定义如何,始终包括两个方面的含义:一是人类的生态安全;二是人类的发展安全。耕地资源社会经济安全就是要利用耕地资源的功能与特点实现社会、经济、发展的安全,耕地资源社会经济安全是耕地资源生态安全的最终实现目标。

(二)耕地资源生态安全的特征

耕地资源生态安全除具备耕地资源安全和生态安全的基本特征外,在以下几个方面的特征更为突出。

1. 公共性

耕地资源安全的公共性很大程度上是由耕地资源生态安全的外部性所决定的;耕地资源的数量和质量直接决定着其产出物的数量和质量,因此受到极大的关注;耕地资源生态环境虽然也影响着产出物的产量和质量,但这种影响是缓慢的,并不是直接表现出来的,耕地资源生态安全成为一种公共品,人们缺乏对之进行保护的意识,这也是导致耕地资源生态安全危机的主要原因。

2. 潜

相比较于耕地资源数量安全变化而言,耕地资源生态安全的变化是缓慢而隐蔽的,耕地资源生态安全从安全状态到不安全状态的变化往往需要较长时间;同时,它的这一变化过程也是让人难以觉察的,而当我们觉察到变化时,耕地资源生态安全状况已经发生了质的变化。

3. 重要性

众多研究表明,生态安全、军事安全、经济安全和政治安全共同构筑了国家安全体系,生态安全在社会经济可持续发展过程中,具有至关重要的战略意义;耕地资源生态系统在整个生态系统中占据着重要地位,其重要性也就不言而喻。

二、中国耕地资源生态安全的影响因素分析

根据中国耕地资源生态安全被影响的途径和方式的不同,可以将其影响因素划分为三大类:第一类是直接对耕地生态系统产生影响的因素,如农药、化肥过量施用对耕地生态系统的污染和破坏,我们把这类因素称为直接影响因素。第二类是指间接影响因素。这类因素首先对整个生态安全产生影响,转而间接影响到耕地资源生态安全,如工业"三废"、生活污水以及粪便等污染源的不合理排放,首先对整个生态系统产生污染,进而间接地降低了耕地资源生态安全。第三类是社会经济因素,如财政支农投入水平、社会的耕地资源生态安全保护意识,这些因素也对耕地资源生态安全产生着非常重要的影响。在三类影响因素中,直接影响因素的作用程度最大,在耕地资源生态安全影响因素中占据着主导地位,决定着耕地资源安全程度的高低。

(一)中国耕地资源生态安全的直接影响因素

1. 化肥的不合理和过量施用

改革开放的 30 年来,中国化肥施用量一直处于刚性增长状态,不管是化肥施用总量还是单位耕地面积的化肥施用量,都出现了巨大的增长。大量施用化肥提高了粮食产量,但同时也将大量有害化学物质遗留在耕地土壤中,给耕地资源生态环境造成极大的危害。

2. 化肥施用的品种结构不合理

一直以来,中国所施用的化肥品种主要有氮肥、磷肥、钾肥和复合肥。随着化肥施用总量额增加,各品种肥料的施用量也逐年增力口,2004 年氮肥、磷肥、钾肥和复合肥分别比 1981 年增加了 2.36 倍、2.49 倍、11.48 倍和 21.27 倍,年均增长率分别为 3.81%、4.05%、11.20% 和 14.21%。

从各品种化肥占总量的比重来看,氮肥、磷肥所占比重正在逐年下降,其中氮肥比重从 1981 年的 70.43% 下降到 2004 年的 47.92%;磷肥比重也从 1981 年的 22.14% 下降到 2004 年的 15.87%。而同期钾肥、复合肥比重却逐年上升。2004 年钾肥比重比 1981 年上升了 7.02 个百分点,2004 年复合肥比重也比 1981 年上升了 21.72 个百分点。

虽然中国化肥品种趋向合理化调整,但化肥品种结构仍不太合理,氮肥所占比重始终较高。氮肥比重过高,而其他肥料比重过低,势必会造成耕地土壤中氮营养素过量而富集,而磷、钾等营养元素则相对不足,造成整个耕地资源生态环境的营养失衡,对耕地资源生态安全构成严重的威胁。

3. 农药的不合理施用

中国农药施用总量呈明显增加趋势。我国农药施用量为 138.6 万吨,比 1984 年增长了 2.99 倍,年均增加 7.16%;同期单位耕地面积农药施用量也增长了 3.34 倍,年均增加 7.62%。

农药残留对耕地资源生态安全造成严重威胁:一方面,它直接影响土壤中动物的种类和数量,降低农田生态系统中敏感物种数量和种类,减少土壤中动物的生物多样性,破坏土壤细菌数量、土壤微生物呼吸、土壤硝化等功能,导致重金属在土壤中的富集而引起植物中毒。此外,土壤中残留的农药也是地下水污染和农作物体内累积毒素的主要来源。另一方面,农药施入农田以后,一部分洒落在农作物表面而残留下来,或者是渗入植物体内移动,并随作物一起被人或动物摄取;另一部分农药直接落在土壤中,除挥发和径流外,其余可以被作物直接吸收,在作物体内残留,严重影响作物品质。此外,农药通过各种方式造成地下水和地表水的污染,也间接地影响耕地资源生态安全。

4. 农地膜污染

中国农地膜广泛地被用于育秧、育苗等众多领域,2004年农地膜的使用量为93.15万吨,与1995年相比,增长了1—98倍;同期单位耕地面积农地膜的使用量更是增长了2.1倍。

不可否认,农地膜的使用在提高粮食产量、抵抗冻害等方面发挥着的作用,但同时也产生了大量"白色污染",破坏耕地土壤结构,对耕地资源的水体环境造成严重污染,农地膜生产过程中所添加的增塑剂(邻苯二甲酸二正丁酯和邻苯二甲酸二异戊酯)也会对耕地资源生态安全造成严重威胁。

(二)中国耕地资源生态安全的间接影响因素

1. 生活污水污染

2004年中国生活污水排放总量为261亿吨,比1981年的59.09亿吨增长了3.42倍,年均增长率为6.67%;同期单位耕地面积生活污水承载量也从1981年的43.97t/hm^{2}增长到2004年的213.16t/hm^2,23年间增长了3.85倍,年均增长7.1%。生活污水中含有大量有害化学物质和重金属元素,虽然经过处理和沉淀,但仍然有大量有害物质排放到农田,对耕地资源生态环境造成污染。与此同时,随着经济和城镇化的发展,农村居民生活污水排放也不断增加,由于农村和小城镇没有专门的生活污水排放管道,污水直接排放到农田中,对耕地资源生态环境的污染比城市生活污水所带来的污染更加严重。

2. 人畜粪便的不合理排放

人畜粪便的不合理排放是造成耕地资源生态环境恶化的重要因素。中国人畜粪便的排放形式可以分为两类:一是农村人畜粪便直接当作肥料施放到农田;二是城镇或养殖场的人畜粪便通过下水道等途径间接排放到农田。

不可否认,人畜粪便可以作为肥料培肥耕地土壤,粪浆也为土壤提供必要的水分,经常施用有机肥能够提高土壤抗风化和水的侵蚀能力,改变土壤的空气和耕作条件,增加土壤有机质和作物有益微生物的生长。但也应该看到,过度使用粪便会降低地表水和地下水水质,并引起土壤溶解盐的积累,导致土壤盐渍化;粪便中的重金属和有害细菌也会严重威胁耕地资源生态安全。

3. 工业"三废"大量排放

近年来,随着中国工业化进程的不断加快,工业"三废"的排放量也逐年增加。

工业"三废"的排放看似与耕地资源生态环境无关,但它却间接地威胁着耕地资源生态安全。工业"三废"中,特别是工业废水,含有大量有害化学物质和重金属元素,它们沿着地表径流逐步流到耕地土壤中,从而对耕地资源生态环境造成污染。

4. 环境污染与破坏事故

环境污染与破坏事故对耕地资源生态环境的影响是剧烈的,特别是水污染事故,往往一次污染就会对整个耕地资源生态环境造成毁灭性的打击,使耕地资源的土壤结构、水体环境急剧恶化,耕地资源生态安全程度发生质的变化。

(三)影响中国耕地资源生态安全的社会经济因素

除了直接和间接影响因素外,一些社会经济因素也会对耕地资源生态安全产生有利或不利的影响。

相关研究表明,森林覆盖率和耕地垦殖率与耕地资源生态安全存在着正相关关系,森林覆盖率和耕地垦殖率越高,越有利于改善耕地资源生态系统。

农民收入和财政支农力度也会对耕地资源生态安全造成一定影响。可以设想一下,农民在温饱问题没有解决的情况下,是不会去考虑保护耕地资源生态环境的,许多贫困地区耕地资源生态环境状况不断恶化也充分印证了这一点。同时,当前仅仅依靠农民自身力量去保护耕地资源生态安全不太现实,财政支农力度仍是改善和保障耕地资源生态安全的关键。

社会的耕地资源生态安全保护意识也是影响耕地资源生态安全的重要因素。在一个耕地资源生态安全保护意识较强的社会中,各项耕地资源生态安全保障措施因为能够得到社会各个阶层的支持而被很好地贯彻执行;相反,在一个耕地资源生态安全保护意识较差的社会中,耕地资源生态安全保障措施往往会受到人们的抵制而得不到实施。改革开放以来,中国耕地资源生态安全保护意识得到了逐步加强,值得注意的是,在经济发展水平越高的区域,生态安全保护意识越强,而在经济发展水平较低的区域,生态安全保护意识就越弱。

第四章 耕地保护政策与制度

第一节 耕地保护政策的基本理论

一、耕地保护政策的相关概念

（一）耕地保护概念的界定

耕地保护是指人们为实现耕地资源的可持续利用，根据耕地资源的功能与特点，依据一定的社会经济目的，保持农业、经济社会的稳定、和谐、健康发展而采取的一系列措施和行动。对耕地保护可以采取一系列的经济手段、行政手段、技术手段、法律手段等。对耕地的有效保护主要侧重于保护耕地的数量、质量和生态三个大的方面。其具体内容如下：

1. 耕地的数量保护

我国耕地保护的最低目标就是保证全国的耕地面积不低于18亿亩，这是政府设定的一条耕地面积红线，也是保障国家粮食安全的一项重要指标。因为在我国从事第一产业的人口众多，耕地是农户们的基本生存保障。现如今，我国的社会保障体系还不十分健全，耕地是维护国家稳定、保障国家粮食安全的重要因素。耕地的数量保护主要体现为人均耕地数量的保护和耕地总量保护。针对目前我国耕地后备资源数量严重短缺的现状，加之我国大部分的耕地后备资源都位于西部及西北部土质较差的地区，包括大片的沙漠地带，同时面对我国城镇化土地激增，城镇化外围迅速扩张的现状，要把我国整体耕地维持在一定的数量之内具有一定的困难。我国由于人口数量众多，人口基数较大，要把耕地的人均数量维持在一定水平具有较大困难。就目前来看，我国人口的自然增长率要远远大于我国耕地的复耕率，这样要实现耕地的人均面积不再减少比较困难。

2. 耕地的质量保护

在我国，耕地保护的重点就是保护耕地的质量，我国长期以来一直关注着对耕地质量的保护，使之成为高产保收的优质耕地。之所以要保护耕地的质量就是要保护我国国家的粮食安全，所以不仅要维持耕地的数量更应该提高耕地的产出率。从古至今，我国耕种一直以畜力为主，机械化水平较低，精细化耕种，这就保持了我国相对较好的耕地质量。高产良田是农民耕种的结晶。我国的基本农田制度就是根据耕地的质量而界定的。但是在很多地方政府当中，在对耕地质量上往往实施不到位，经常出现"划远不划近、划劣不划优"的现象，更为严重的，建设用地只占优质地，而以劣质耕地补充，这就造成了耕地质量的下降。因此，必须在保证耕地数量具有一定水平的同时，加大对劣质耕地质量的改良和开发整理，不断提高耕地的总体质量水平。

3. 耕地的生态保护

耕地的生态保护是耕地保护的基本内涵。土地作为生态环境的重要组成部分，耕地作为土地的精华。基于此，保护生态环境的重要内容是要保护耕地，而保护耕地的前提就是保护耕地生态环境。可以说保护耕地与保护生态环境之间有非常紧密的联系。耕地生态环境保护的起因是耕地在不断地退化。倘若没有耕地退化情况，也就没有人类保护土地的实践，因此，耕地生态环境保护是伴随耕地退化而发生的。

（二）耕地保护政策概念的界定

政策具有广泛的概念和丰富的内容，如何准确把握政策的含义，对于准确理解耕地保护相关的政策至关重要。政策是指国家政权机关、政党组织和其他社会政治集团为了实现自己所代表的阶级、阶层的利益与意志，以权威形式标准化地规定在一定的历史时期内，应该达到的奋斗目标、遵循的行动原则、完成的明确任务、实行的工作方式、采取的一般步骤和具体措施。政策具体包括一系列的措施、办法、条例、指令等。

耕地保护政策是我们国家的一项基本国策，跟节约资源、环境保护、计划生育组成了我国四大基本国策。国家耕地保护政策的有效制定对保护生态平衡，维护社会可持续发展发挥着巨大作用。我国现行的耕地保护政策主要包括以下4大政策：一是法律制定政策。该政策专门用法律法规的形式来规范耕地保护；二是行政审批政策。该政策通过行政审批的方式来保护有限的耕地资源；三是行政责任政策。该政策规定了违反耕地保护法律法规及行政规章应当受到的处罚；四是经济增长政策。该政策主要体现了保护耕地的根本目的也是为了促进我国的经济增长。

二、耕地保护政策的理论基础

（一）耕地稀缺理论

就物质生产而言，生产的基本要素之一即为土地。土地在农业生产和采矿业中起着生产资料的作用，在工业、交通业、建筑业及商业、服务业中起承载作用。早在17世纪，英国古典政治经济学家威廉·配第（William Petty）就指出："土地是财富之母，而劳动则为财富之父"。人类的一切活动都离不开土地，而地球上的土地数量是有限的。地球表面积为5.1亿 km^2，其中海洋为3.61亿 km^2，占地球表面积的70.8%；陆地为1.49亿 km^2，占地球表面积的29.2%。在陆地上，除了大部分为难以利用或无法利用的土地外，适于人类利用的土地仅有7000万 km^3，而耕地在其中的含量就更少了。美国地理学家贝克的研究表明，世界约有占陆地为17.5%的土地可作为耕地，现已作为耕地面积超过10.1%。因此，土地是不可再生的有限资源，耕地更是土地资源之宝，大力保护好有限的耕地已成为当今世界人类的共识。随着人口的增加，社会产业的规模和种类的发展,不仅需要更多的耕地为人类提供食物,各项建设也需要占用包括耕地在内的非建设用地,建设用地主要由农用地和未利用地转化而来。人类经过几千年的发展,对未利用地的开发程度已很高,从世界各国的实践看,建设用地的扩张以占用农用地尤其是耕地为主。

(二)人地关系协调理论

人地关系论的产生和发展经历了漫长的历史过程。出现过各种人地关系的理论。在古代人地关系的认识中,中国有以"天命论"为基础的神怪论和不可知论,也有以"人定胜天,天定胜人"为代表的朴素的人地相关思想。西方既有埃拉托色尼等为代表的把地球作为人类家乡的观点,也有神的干预和上帝主宰一切的思想。欧洲文艺复兴和资本主义出现以后,J. 博丹和孟德斯鸠等学者开始提出气候对人类活动的影响的思想。随着欧洲18~19世纪包括近代地理学在内的科学技术的发展,人地关系论逐渐系统化,成为地理学重要的理论概念。F. 拉采尔详细探讨了地球表面居民分布、人类迁移和民族特性等对于地理环境的依赖关系,并将C.R. 达尔文的生物进化学说引入人文地理学,认为各地区人类活动的特征决定于各地地理环境的性质。以后这种思想被E.C. 森普尔和E. 亨廷顿等学者片面地夸张,进一步发展成为环境决定论,也有人称之为"决定论"或"必然论"。20世纪上半叶,欧美地理学界还出现了适应论、生态调节论、文化景观论等观点,从不同的角度研究人地之间的相互关系。60年代以来,地理学数量化的发展,方法手段的革新,使人文地理学的研究更深入到人地关系的微观领域,进行人文与自然统一的综合性研究,人地关系论又有新的发展。在文化景观论和生态论基础上发展起来的地理系统论,强调地理环境系统与人类社会系统的动态联系。人类对人地关系的认识,是一个逐步深入的过程。人地关系论各种学说的发展,就是这种认识过程的反映。

(三)可持续发展理论

可持续发展理论的提出是人类关于处理人与自然之间关系的重大进步。它在20世纪末期一经提出,就在世界范围内引起了广泛的关注。可持续发展理论认为发展就必须平衡现在与将来之间的资源配置,在不损害后代人发展和利用资源的基础上,但又要满足当代人的发展需要的一种发展模式。它是人口、经济、社会、环境和资源的协调发展,是一种科学的发展。可持续发展能满足当代人的需要,又不对后代人满足需要的能力构成危害,达到人口、经济、社会、环境和资源的协调发展。耕地保护走可持续发展的道路是我国的必然选择。我国人地关系紧张,耕地的质量下降严重,有的地方更是不顾后代子孙的利益进行掠夺性的开发,已经危机到了我国社会经济的可持续发展。耕地资源具有稀缺性,并对我国的粮食安全、社会稳定和生态环境都有一定的影响,所以我国在耕地保护工作中一定要以可持续发展的理论为指导,力求达到耕地资源与经济发展、环境之间的稳定、持续和健康的发展。

第二节 耕地保护政策具体实践

一、耕地保护政策

耕地是重要的农业生产资料，是自然提供给人类最基础的资源，在人们的生产和生活中起到重要作用。它是保障粮食安全、保护生态环境、维持社会稳定以及促进城乡协调发展的重要物质条件。保护耕地，一方面要保证其经济产出价值，另一方面有助于实现耕地的社会保障价值"。在世界各地耕地都是非常重要并且稀缺的资源，对于中国这样一个耕地资源紧的发展中国家来说更是如此。为了落实土地管理法以及更好地完成土地利用规划，政府出台了许多土地保护方面的政策，因此政策层面的内容涵盖较广，尤其是耕地保护相关政策所占比例非常大，也是本研究重点关注和讨论的层面。与耕地保护相关的政策主要有基本农田制度、退耕还林政策、占补平衡政策以及土地整理开发复垦等。下面主要分为数量保护主导、质量保护主导和生态保护主导的三类政策来探索。

（一）耕地数量为主导的保护政策

国家在对耕地数量保护上实施了许多政策，最基础也是最重要的是土地管理法和土地利用规划，具体的政策主要是占补平衡政策，另外国家还划定了18亿亩耕地红线，旨在通过强制性的数量控制保护稀缺耕地资源。

伴随着我国快速推进的城市化和工业化，在各类用地的激烈竞争中，耕地资源大量流失，尤其是优质耕地迅速减少，给耕地保护工作带来了极大的压力。常见的耕地减少去向是建设占用和生态退耕，农业结构调整和一些自然或人为的灾害同样会造成耕地灭失也会带来耕地面积的减少。自改革开放以来，耕地保护工作就被写了中国的政府工作报告中，国务院开始着眼于耕地保护，制定不同层级的土地利用总体规划，不断完善和调整《土地管理法》，通过法律、行政和经济等多种方式保护耕地。那么这些政策能否真正解决中国粮食安全，城市化和土地利用的困境呢？

《土地管理法》和土地利用规划是保护耕地非常重要的手段，尤其是在中国这样一个公有制的国家，战略层面的《土地管理法》和土地利用规划能够起到总领全局的作用。对于通过强制性维持耕地数量的土地法和土地总体规划，学者们对其意义提出了肯定看法，在我国过去的一定时期内做出了巨大的贡献，是在快速经济发展期间维持耕地面积不减少的有力手段。但不免存在法律制度不完善，政策不成系统、不成熟，规划指标不科学等问题。尤其是与社会发展紧密相关的土地利用规划，L XU、PKuai、苏黎馨等通过对其指标合理性、生态保护功能、对其他资源的影响和实施监管机制等方面的研究表明我国的土地规划还存在制定和实施上的不足。尽管我国的土地法需要不断地完善，土地规划中遇到和其他规划相冲突、不合理的情况出现。但是《土地管理法》和土地利用规划是在耕地保护中不可缺少的，也是制定其他耕地保护政策、规程、技术的基础和重要依据，并且在实践中不断地完善和进步。

占补平衡的实施确实能够极大的覆盖被城市化占用的耕地面积，支持者认为占补平衡能够有效保证我国耕地资源的数量和质量，同时能够对生态安全带来一定的保障。但是也有不少学者提出了占补平衡政策在实施中出现的各种问题，占补平衡政策本身在实施中仍存在许多困境亟待破解。大部分的学者对占补平衡政策提出了质疑，认为耕地保护仅仅只在数量少保持了平衡，而在耕地质量上缺少保护力度。耕地占补平衡不仅在耕地保护上没有达到目的，对其他土地利用类型（如造成林地资源流失）产生了一定的影响。与耕地占补平衡政策相似的还有城乡建设用地增减挂钩，也是通过强制性的手段维持耕地数量与建设用地之间的平衡。国土资源部出台《城乡建设用地增减挂钩试点管理办法》，对城市和农村的土地利用进行优化，旨在保护农田，提高农民的生活水平，支持区域经济发展，实现城乡一体化发展。但由于政府在实施过程中大部分会考虑自身的利益，导致增减挂钩的实施效率大幅降低。需要规范利益相关者的行为，保持过程的有效、效率和透明度。

耕地数量保护主导下制定的占补平衡、增减挂钩等政策实施衍生出了许多社会问题，政府和企业不断寻求更低的占地成本，占优补劣、占多补少，导致占地农民的不公平补偿，滋生了一些贪污腐败的现象；为不突破18亿亩红线，大多数情况是占优补劣、占多补少，政策的约束力度不够，异地交易机制不健全、监管不力等。肯定了占补平衡对耕地数量保护成效，但随着对耕地保护的认识不断加深，单纯的针对耕地数量的保护很难实现可持续的发展，学者们认为占补平衡政策实施对耕地的质量和生态保护没有得到落实。

（二）耕地质量为主导的保护政策

我国的耕地资源禀赋差异大，全国约有2/3的中低产田，能够利用的优质耕地数量极少。且优质耕地的空间分布不均衡，东部沿海耕地质量高，耕地质量偏低的耕地往往分布在西北部。东部和南部的经济发展强劲，城市化建设区域与耕地保护区域出现重叠，为了满足城市发展，近郊区大面积优质耕地被征收用于城市建设，优质耕地面临不断流失的局面。国家规定到2020年全国耕地地力平均提高0.5个等级。对于新建成的8亿亩高标准农田要求其耕地地力平均提高个等级以上。全国耕地土壤有机质含量平均提高0.2个百分点，耕作层平均厚高于25cm。要达到这样的要求不仅只是对耕地数量的保护，更要从耕地的质量保护入手，采取综合性的措施实现土地资源的可持续发展。保护耕地的手段不仅是农业层面，我国在耕地质量评价成果信息化建设尚不成熟，还需要在管理方式上实现信息化管理，对管理体制进行改革创新，用科学的手段保护耕地质量不受损。

面对众多的制度问题、民生问题和发展问题，破解耕地保护困境迫在眉睫。基本农田保护制度在这个时点应运而生，是为了落实耕地保护，对质量好的耕地实施特殊保护而建立的。《中华人民共和国农业法》提出了，各县级政府应当划定区域内的基本农田保护区，对其实施特殊的保护。国务院出台了《基本农田保护条例》，基本农田保护的最根本目标是保护耕地，为保证其实施，又持续发布了关于基本农田保护相关的行政和技术措施，基本农田的划定能够有效阻止耕地的减少。

基本农田制度的实施无疑是极大地加强耕地保护力度，严格控制优质耕地不再流失。学者对基本农田制度的研究大多集中在其科学划分的问题上，分析耕地建设条件和潜力，选定区域划分为基本农田保护区，对其进行规划建设。这其中牵涉到耕地与城市建设用地之间的矛盾。基本农田保护制度实施初期出现了概念体系不完善、缺乏科学有效的评价指标，基本农田区划不断修改调整导致政策实施不稳定等问题。导致问题出现的根本原因是在划定基本农田保护区存在问题，如何在平衡好城市发展和耕地保护的基础上划分基本农田保护区，是基本农田制度实施以来一直被集中关注讨论的话题。随着政府对实施手段的不断调整和学者们在科学区划方面的努力探索，基本农田实施的障碍逐渐减少。基本农田建设的重心逐渐转移到与其他耕地保护政策如占补平衡之间的协调，同时加强高标准基本农田的建设，提高基本农田的质量和生态安全。

基本农田建设已经从最初的概念体系不完善，缺乏合理评判标准，规划滞后，后续保障不足的状态，发展到成熟完善的阶段，并逐渐转向对高标准基本农田的建设。张凤荣、钱凤奎等对基本农田的划分和补划的条件及划定方法做了讨论，陈美球、薛剑、朱传民等强调了对高标准基本农田的建设，减少农田破碎度和坡度，提高土壤养分含量和平坦度，形成集"建设—管护—利用"为一体的建设标准。基本农田的建设无疑是对我国目前粮食生产格局和供求态势具有积极推动作用，在实施时与其他政策有一定的冲突，但由于政府要保证自身的利益，在实施力度上稍有削弱。为了严格保护优质耕地，实现耕地可持续发展，政府应该将基本农田包括永久基本农田和高标准农田建设作为耕地保护的核心政策。

另外还有土地整理和复垦能够提高土地质量。要想突破土地面积的限制实现更好的发展，需要合理规划土地利用、合理分配土地资源和提高土地利用效率。开发后备土地资源，对已利用但不合理土地进行整理，对利用效率低下或遭受损毁的土地进行整治复垦，通过这些途径能够有效增加耕地面积。有学者预测未来将不可能维持12000万公顷的耕地。国家必须要通过土地开发，土地整理，土地复垦工程来提高耕地数量，加大对基本农田的保护力度，保护好粮食生产能力高的土地。土地整理可以减少耕地的破碎化，土地复垦能够恢复损毁土地，使不能利用的土地恢复种植功能，但我国对土地整理和复垦的重视不够。在土地开发整理复垦的投资额方面，宋敏未认为投资成本由高到低依次为土地开发项目、土地复垦项目、土地整理项目,因为投资成本除了工程方面的显性成本,成本占据更多的投资份额,用于购买土地产权,补偿耕地资源价值损失等。在实践中,主要用指标法测算土地开发整理项目的经济效益,但成本所包含的范畴和内涵还有需要进一步的规范,形成更加准确和科学土地开发成本计算方法。土地开发整理复垦的概念和实施有了清晰统一的规定,有助于在全国范围内继续推广土地开发整理复垦,这种良性的土地利用类型转换对城市化和经济发展是必要的。土地整理和扩大机械化能够进一步提高农地生产效率。通过开发整理复垦的途径增加耕地,能够提升我国耕地质量,实现耕地资源的可持续性。

(三)耕地生态为主导的保护政策

对耕地生态进行保护也就是对其物质生产能力的进一步提高,并且防治耕地对外部环境产生污染。人类活动对土地的加剧利用威胁着粮食安全,同带来了生态环境退化问题。在水土流失、风沙、沙漠化现象频发之际,中央政府在城市化的进程中启动了最大的生态保护计划——退耕还林还草工程。

第三节 基于粮食产能的耕地保护政策响应

一、耕地保护政策响应假设

根据前面研究的结果我们可以发现过去的耕地保护政策并没有很好地实现耕地保护的作用,中国的工业化和城市化,消耗了大量优质耕地资源,耕地占补平衡政策继续推进可能会造成耕地质量更加严重的损坏,为了保证足够的粮食播种面积,还牺牲了草原和珍贵的湿地资源,对我国生态安全带来了不小的损害。要提高土地资源利用效益,应对土地应该进行综合开发,增加相邻区域间土地利用的而密切合作,占补平衡一定程度上违背了土地这一特性,占了某一地区的耕地,再到另一地区补充耕地,影响区域土地利用结构,如果没有很好的土地利用规划,甚至会破坏区域土地平衡。不论是在补充耕地数量还是质量上,占补平衡制度具有许多约束条件,为了争取更多的非农建设用地,补充了许多低质量的耕地,并且占用了生态用地。既然要保护耕地,需要关注耕地的数量和质量,若质量为主导来实施耕地保护政策,是否能够带来更高的粮食产量和更少的投入。

全国有 18.26 亿亩的耕地,在区域层面上单产高于平均水平的高产田仅占 30%,有大量的田块属于中低产田,因此改造中低产田、提升农地生产率、建设高标准农田是解决粮食安全十分艰巨的任务。吴宇哲分析了占补平衡和基本农田分区的管理效率。证据表明,永久性基本农田的划定是可行的,并且通过先进的技术和管理的实践,能够促进农业中间体如化肥、灌溉、种子等的大量投入,从而提高粮食产量。

定性分析来看实施基本农田保护制度，在保障耕地数量的同时还能实现耕地质量的提升。那么从经济的角度考虑，以数量为主导的耕地保护政策和以质量为主导的耕地保护政策哪一种更为可行，下面就以占补平衡政策和基本农田建设为两种保护模式的代表，分别计算其实施所产生的经济成本，并进行比较。

二、数量为主导的保护成本

研究从省级层面计算了在 2025 年耕地占补平衡实施所需的成本和基本农田建设所需成本，初步估算了两个政策所需要的投入，与其带来的收益进行比较，探究按照本课题设想的政策调整来实现我国耕地保护、粮食安全和城镇化发展，同时带来社会经济生态效益。由于数据收集的工作量，本研究仅选择了浙江、新疆、四川、辽宁、山东、福建和海南 7 个省份来进行成本的计算和对比分析。这 7 个研究点较为的平均分布与全国，能够大致反映出两种政策在我国耕地保护效应上的成本差异。

三、质量为主导的保护成本

基本农田质量提升的方式主要是从"田、水、路、林、电、技、管"这几个方面的工程进行等级提升。灌溉保证率、田块平整度、土壤质量以及田间工程是大部分基本农田建设的主要内容。不同地区在建设高标准农田资金投入受到工程设施建设、自然资源条件、劳动力成本、社会经济发展状况等多因素的制约和影响。根据全国高标准农田建设总体规划的初步估算，建设高标准农田的投资为 1000—2000 元/亩。研究根据已经进行过的耕地质量提升工程收集了各个省份的耕地质量等级提升成本，主要根据当地国土资源局公布的耕地质量提升标准为主，个别省份没有制定质量提升费用，采用过去的实际案例计算其耕地质量提升成本。由于各个地区社会经济发展水平以及资源禀赋有所不同，因此耕地质量提升的综合成本略有差异。针对不同质量水平的耕地其提升成本也有所差异。总的来说，上下浮动在 1000—5000 元/亩。

国家发展改革委会同国土资源部、农业部、财政部、水利部、国家统计局、国家林业局、国家标准委等部门，在调研基础上组织编制了《全国高标准农田建设总体规划》。将我国基本农田建设划分为八大区域，分别明确了具体的建设要求。对高标准基本农田建设带来的经济、社会和生态效益做出了详细分析并提出了确保规划顺利实施的保障措施。总体目标是到 2025 年要建成高标准农田 8 亿亩，每亩耕地的粮食产能至少提高 100 公斤。

综合考虑工程设施与耕地质量等因素，《规划》初步估算高标准农田建设的每亩所需投资为 1000—2000 元，在我们收集的案例点的数据范围内，因此计算采用国家给出的投资标准。在全国高标准农田建设总体规划中，展望了农田地力提升后给经济、社会和生态三方面带来的效益。规划实施的经济效益预计为：耕地地力平均提高 0.5 个等级以上,粮食生产能力平均每亩提高100公斤左右。按照现行市场粮食的平均收购价格计算,每亩耕地可增加产值约200元。除了经济效益,还能带来水资源节约、肥料利用率提升、农民增收、农业现代化推广等生态和社会效益,但由于缺少量化指标,在计算中我们仅计算高标准基本农田建设带来的直接的经济效益。

四、潜在保护政策建议

(一)实现数量质量双重保护

的争夺非常激烈。土地出让收益占政府可支配财政收入的20%—50%,在部分地区超过80%,这对地方经济建设起到了巨大的推动作用,因此政府也乐忠于征地、卖地,借此提高地区的经济水平。在市场机制下,地价水平不断上升,占补平衡的成本明显高于其他地区。山东一直以来就是我国的粮食生产大省,土地利用率达到90%。为了保护珍贵的耕地资源,政府加大了征收土地的赔偿力度,提高占用优质耕地的成本。与之相反的是新疆,可以明显看出新疆的补充耕地成本小于耕地质量提升费用。因为新疆行政区域面积大,拥有大量的草地,是充足的耕地后备资源,因此新增耕地的成本低,新疆也成了维持全国耕地数量平衡的重要区域。新疆等西北部地区尽管有丰富的耕地后备资源尚未开发,但由于种植大部分粮食所需的水热条件不能得到很好地满足,只有一些适应能力强、抗干旱的作物可以种植。

(二)进一步实行耕地生态保护

早期的土地政策对粮食安全,经济发展和生态环境保护并没有同等重视。通过以往的实践经验来看,中央政府试图用严格的耕地保护政策来控制发达地区的总面积,这种严格的限制反而人为地增加了发达地区土地的稀缺性。削弱对耕地数量的强制性要求能够减少对湿地和林地、草地等土地资源的占用,因为一旦将珍贵的湿地资源转换为耕地,就很难再恢复,这样的转变是不可逆的。

第四节 完善我国耕地保护政策的建议

一、完善我国耕地保护政策的建议

(一)完善耕地保护激励政策

保护耕地资源要在合理使用时加以保护,使用和保护并行,在满足城镇经济发展的同时还要注重环境保护。现如今我国各地城市化建设突飞猛进,一些地方政府为了眼前的经济利益,为了GDP排名不惜牺牲耕地资源,这样的行为是不可取的,地方政府不能以发展地方经济为借口来破坏耕地。要想切实有效的保护耕地资源,地方政府扮演很重要的角色,地方政府应该适合控制建设用地面积,设定地方耕地面积红线,以保证地方耕地安全，同时还要注重耕地的质量，不能只注重数量不注重质量。当然，中央政府也要考虑地方政府的难处，不能单纯地搞 GDP 排名，使得地方政府只注重一时的经济利益。中央政府应在政策上给予地方政府支持，建立补贴机制，转变地方政府被动保护耕地的状态。

中央政府建立耕地资源保护机制可以学习欧美国家的先进经验，首先，中央可以通过财政拨款向地方政府发放耕地资源保护费，补贴金额应该不低于当地地方政府将耕地用于非农业用途的收入，与此同时加强对耕地面积以及耕地质量的保护、监督与管理工作。中央在进行财政补贴工作时，应考虑到我国各省份间经济发展不均衡的情况，要将补贴工作做到公平公正。其次，建立长效的奖惩机制，对于那些保护效果好、成绩突出的地方政府及个人要给予表扬和经济奖励，对于一些非法使用耕地的政府官员及个人要严格处理，进行罚款。最后，要充分调动农民保护耕地的主观能动性，要让农民意识到耕地对于个人和国家都是十分重要的，不要因为眼前的补偿款而放弃祖祖辈辈赖以生存的土地，加大农民保护耕地的积极性和决心。

（二）制定清晰的耕地产权保护政策

我国要尽快明确现有耕地的属性，完善相关法律法规，切实的保护好现有耕地并保证安全耕地面积，以实现耕地资源高效利用的目的，从而保证了国家粮食安全，保护农民的合法权益。

1. 要明确耕地产权保护我国耕地资源

明确耕地产权首先应该遵循"建立产权明晰、权责分明、制度严格"的原则，优化现有的土地制度，明确我国农村耕地产权结构，设定我国耕地面积红线，保护农民的切实利益。耕地产权的所有者不能只是乡镇政府或者是村委会，所有农民都应该拥有耕地产权，确立农民耕地的权责问题，从各个方面保障农民的权益，如果涉及征地，不能进行强拆，要尽快完善征地补偿制度。地方政府在进行耕地征用时应该尽量考虑农民的实际困难和需求，尊重农民的意愿，不得强行占地，要与农民进行协商，保护农民的合法权益，让农民有尊严的生活。做好土地赔偿工作，按照耕地的年收益为补偿依据，早日明确农民的耕地财产权，确立、补充农民承包耕地的"占有、使用、收益、处置"的一整套耕地使用权制度。从某种意义上说，农民的集体耕地权利就是农民集体的财产权，是农民的财产。但现有的耕地征用赔偿标准是依照耕地年产值计算的，这种方法不科学也不合理，没有真正地体现耕地价值。随着城市的不断扩建，城市周边的土地不断被占用，建立有效的征地赔偿标准已经刻不容缓。地方政府应该提高补偿金额，做好百姓安置工作，及时足额的进行补偿，对于生活困难的群众要给予更多的照顾，建立高效的补偿机制。

2. 设立高效的耕地流转机制

我国农村耕地流转不仅仅是建设新农村，发展农村经济的重要手段，同样也是国家进行农业结构调整，转变现有的农村生产经营模式的方法。建立高效的耕地流转机制可以更好地促进农业科学化、机械化生产，优化农村生产资料的资源配置。

具体工作内容包括：首先，确立高效的农村耕地流转体系，做好农村耕地流转的一系列管理工作，要做到公平公正。其次，各个地方政府要根据本地的实际情况，完善相关的法律法规，切实维护流转土地农民的利益。再次，各地方要利用好网络这一平台，运用网络技术，建立土地流转信息，提高土地流转效率，减少土地流转成本。最后，要注重农村土地流转的人才培养，使得农村土地流转更加科学、高效。

3. 健全耕地保护补偿机制

想要更好的保护耕地就要完善耕地补偿机制，确立耕地补偿的原则，最大限度的保护耕地，保护农民的利益。对于占有耕地的开发方，必须要支付经济补偿款，对于保护耕地的一方，政府应该给予一定的经济奖励。完善农村土地保护补偿制度，一方面要确立补偿对象，另一方面细化补偿标准。

实施耕地补偿机制就是要对农村土地的保护来进行奖励，通过补偿机制合理分配耕地保护者与受益者之间的利益。这就要求中央尽快完善补偿机制，首先要对耕地保护者进行奖励，补偿为了保护农村耕地，保护国家粮食安全而放弃开发农村耕地，引进投资项目的地方政府；补偿在保护耕地工作中的单位及个人，是他们的执着和坚守才保护了农村的耕地，保护了农民赖以生存的土地。其次，要奖励节约耕地使用的个人及集体，对于那些已经开工的项目，如果能在建设的过程中节约使用耕地，增加土地利用率，那么政府也要给予一定的奖励，从而激发人们保护耕地的积极性。最后，对于那些占用农村耕地，不珍惜耕地资源的人，要进行严格的处理和罚款，加大其占用耕地的成本。

二、增强耕地保护政策执行力度

（一）强化政府耕地保护政策的依法执行

我国自新中国成立以来就十分注重保护耕地，相继出台一些行之有效的法律法规，控制了耕地流失的现象，也保证了粮食产量。但是，自从改革开放后，城市化建设突飞猛进，城市不断向周边农村扩张，占用了原有的耕地。我们不仅仅要注重经济发展，还要关心耕地面积及质量问题，要完善现有的耕地保护政策。

加强耕地保护执法力度，要真正进行检查和处罚，不能走马观花，更不能充当恶势力的保护伞。对于违法行为一经查处就要向社会公开案件，处罚相关单位和个人，下定决心打击违法侵占农村耕地的行为。在违规案件的处理上要端正态度，依法办事，切实的保护农村耕地，保护国家粮食安全，保护广大农民的合法利益。

控制占用耕地的面积，严格考核占用耕地用途。尽量减少对耕地的占用，相关部门在审批时要严格遵守国家的相关规章制度，认真审核占用耕地的用途。对于那些已经批准占用的项目，应该尽可能地减少占用耕地的面积，并建立相关的奖惩制度，以达到自觉减少耕地使用面积的目的。

（二）完善政府耕地保护公共责任机制

1. 明确各级政府保护耕地的责任

我国的各级政府都对本行政区域内耕地保护工作负总责，其主要领导为第一责任人，分管领导为具体责任人。无论是中央政府还是地方政府都要将保护耕地工作作为农村工作中的重点，把耕地面积和质量作为一项考核政府工作的指标，加强相关领导的意识，转变其工作作风。国家要划定最小耕地面积的红线，再逐个省市的分配指标，各级政府都要确保本行政区域内的耕地面积不低于中央给当地划分的耕地红线值。各级政府要一级级的签订责任书，以免出现管理真空或管理不严的现象，动用一切可以动用的力量来保护我国耕地面积。

2. 明晰各政府部门的耕地保护责任

各级政府的有关机构都要肩负起保护耕地的责任，完成中央政府交给的任务。国土资源部门要坚决地、认真的依法保护农村耕地，完善耕地开发使用的相关规定，对开发耕地申请要进行严格的审查，加强监督管理力度，保护好我国的农村耕地资源。发改委应该依据我国的经济发展方向以及发展规划来对准备占用农村土地的项目进行严格审查，控制耕地的占用面积，加大占地方的申请难度。住建部应充分发挥其部门职责，利用科学手段，对城乡建设工作进行更好的规划及管理，对于拟建项目尽量不选择占用耕地的方式。人力资源和社会保障部要做好相关的工作，引导失地农民进行就业或创业，让他们重新自食其力，不单纯的靠补偿金度日，利用政策尽可能的保障他们日后的生活，缓解失地农民的不安情绪。农林部门要保护现有耕地的面积以及质量，不能出现耕地流失或者以次充好的现象，保护国家耕地资源，保证粮食产量；农业部门还要加强农田基本建设工作，提高亩产量也提高农民的经济收入；规范农业生产用地的承包行为，切实保护承包与被承包者双方的利益，提倡大机械化生产，加强对于农村生产的监督管理工作。总之，我国的各政府部门要权责分明，共同保护农村的耕地资源，各司其职，秉公执法，坚决保护国家粮食安全，加强耕地保护的管理工作。

三、建立耕地保护政策的评估标准

我国应尽快建立耕地保护评估标准，并将评估标准作为政策评估的参考，对保护耕地的相关政策进行评估。评估标准应含有技术性标准和社会性标准。

（一）建立耕地保护政策评估技术性标准

耕地保护政策评估的技术性标准含有保护农村土地的效率、成本的投入情况、绩效考核标准等指标。对各地方政府进行保护耕地工作评估时不能单纯地看工作效果，还应该考查地方政府对于中央政策的执行力度、进行耕地保护工作时所投入的成本、工作计划的完成情况等指标。对耕地保护工作进行评估一定要本着实事求是的原则，不能做面子工程，更不能弄虚作假。

对于耕地保护工作中的成本投入指标主要是指在保护工作进行的过程中，一切资源以及人力的投入。这一指标的设立是为了对成本的投入与保护耕地的成果进行比较，以得出在资本投入的情况下完成保护耕地工作计划的情况。该指标是为了检测政策的完成情况和效果、出台的政策是否合理以及在政策的执行过程中各级政府的工作是否高效。避免出现投入过高但效果不好的现象，充分调动各级地方政府的工作积极性。绩效考核指标是要考察地方政府对耕地保护工作的情况，激励地方政府自觉提高工作效率。耕地保护政策评估的技术性标准就是要通过一项项指标来检验耕地保护政策的科学性、可行性，各级政府对于耕地保护工作的态度和完成情况，这样既有利于相关政策更好的实施，同时又能提高地方政府的工作效率和工作积极性。只有提高工作效率才能切实的保证我国的粮食安全，保护耕地。

（二）建立耕地保护政策评估的社会性标准

政策评估的社会性标准是指根据各级政府对耕地保护政策的执行情况进行社会分析的评估方式。这一指标的考核内容包括政策的颁布与实施是否合理、政策内容能否破坏了社会公平。政策目标的设定十分关键，如果目标设置过高会增加各级政府的工作难度，打击他们的工作的积极性，但如果目标设置太低会出现工作效率低下的现象，影响耕地保护的效果，不能充分发挥政策实施的意义。所以，政策目标应该科学设置，既能达到政府的治理目标又能激励工作人员的工作积极性。

政策实施后的评价也很重要，这是检验政策制定的合理性与科学性、政策在执行过程中对资源的使用情况以及政策达到的效果。对于资源分配问题只能做到相对公平，不可能达到绝对公平，绝对公平反而会影响工作效率。将社会性指标作为评价标准，可以衡量政策施行后对社会的影响，判断这一政策能否与社会需求相契合。社会性指标应用范围很广，只要是会对社会现状产生影响的政策都可以使用这一指标，有助于检验政策制定的科学性，也可以检验政策是否符合社会需求。

四、建立耕地保护执法监管长效机制

（一）建立耕地违法预防发现机制

耕地保护工作的重点应该放在预防监管工作上，各级政府都要做好预防工作，在耕地被非法侵占之前进行检查工作。注重事前监管，严格执法，各级政府都要肩负起自身的责任，建立行之有效的考核制度。加强实地巡查工作，如果发现非法侵占耕地的要第一时间进行上报，迅速展开执法工作，及时制止非法占用耕地的行为，保护我国农村耕地不流失。

（二）完善耕地占用全程监管制度

在批准耕地被占用后也要对占用耕地的整个过程进行监督管理，对占用耕地的项目在立项、计划、实施及补偿进行考核和监督，并设立相关的考核指标。地方政府有时比较注重对耕地占用前的审批工作，不重视对耕地占用全过程的管理，由于管理意识的松懈，往往在这个过程会出现一些问题。占用土地的一方要严格执行自然资源部"占一补一"以及"补偿先行"的制度，抓好补偿工作，一方面督促占地方节约用地，保护国家的耕地资源，另一方面对失地农民进行更好的补偿。但从近几年来的调查研究表明，我国的一些地方，尤其是偏远贫困地区存在占多补少、先占地后补偿、补偿迟迟不兑现的现象，所以，要加强对耕地占用全程的监督管理工作。

（三）加大耕地违法案件查处力度

地方政府要加强巡查力度，对于违法占用耕地的现象要严厉查处，发现一处查出一处，加大巡查力度，增加巡查次数。各级政府的执法部门都要严格执行中央的有关规定，建立长效的巡查制度，既实行定期检查又采取不定期抽查的方式。要注重执法人员的工作作风，为防止滋生腐败行为发生，可以经常更换巡查人员，甚至调换不同地区间的工作人员进行互查。由于巡查工作的局限性，地方政府可以在基层鼓励村民进行举报，对于举报情况真实有效的要给予预报人一定的经济奖励。在执法过程中，工作人员一定要秉公执法、执法必严，不能出现徇私枉法的现象，加大处罚力度，提高违法侵占耕地人员的违法成本。加强业务能力的同时也要注重执法队伍形象建设，提高队伍的整体素质，为国家守护好耕地，保护农民的合法权益。

第五章 惠农政策与耕地保护

第一节 惠农政策的简要介绍

一、粮食直补

国家关于惠农政策中粮食直补的工作经费，原则上是由地方财政预算安排，中央财政适当补助。粮食直补工作经费中央补助资金的分配，要向粮食主产区倾斜，并兼顾非主产区。粮食主产区按直补工作量分配，直补工作量结合测算直补面积、补贴资金量和受益农户等因素考虑；非粮食主产区按直补工作量或收集、报送粮食财务信息资料的工作量分配。也就是说这部分资金是由两部分组成：中央财政补助和地方财政预算。补贴的标准是按实际测算的粮食种植面积计算。目前，对通过何种方式进行直补，全国没有统一的方式。

二、良种补贴

良种补贴是指国家对农民选用优质农作物品种而给予的补贴。农作物良种是指通过国家或省级品种审定委员会审定，有生产和市场需求的农作物品种。一般是指水稻、小麦、玉米、大豆、油菜和棉花等。目的是支持农户积极使用优良作物种子，提高良种覆盖率，增加主要农产品特别是粮食的产量，改善产品品质，推进农业区域化布局、规模化种植、标准化管理和产业化经营。

良种补贴区域为全国种植区域内全覆盖或部分种植区域内覆盖。在补贴区域内，补贴资金按照补贴农作物实际种植面积核定。种植面积的核定要坚持农户据实申报、登记，逐级审核汇总上报。良种补贴标准分不同作物，按照当年国家确定的标准执行。农业部门负责补贴作物优良品种的推介，要按照《全国优势农产品区域布局规划》的要求，省级农业部门负责推介并发布适宜本地区种植的农作物优良品种，报农业部备案，严禁省级以下农业部门推介。

三、农资综合补贴

农资综合补贴是指政府对农民购买农业生产资料（包括化肥、柴油、种子、农机）直接补贴制度。在综合考虑影响农民种粮成本、收益等变化因素，通过农资综合补贴及其他各种补贴，来保证农民种粮收益的相对稳定，保障国家粮食安全。

国家对种粮农民实行农资综合补贴政策，根据化肥、柴油等农用物资价格上涨情况，相应地及时安排农资综合补贴。补贴资金通过"一卡通"或"一折通"的形式，直接发放到农民手中。国家开始实施补贴动态调整机制，按照"价补统筹、动态调整、只增不减"的基本原则，确定每年农资综合补贴的规模，合理弥补农民种粮的农用物资增支，保护农民利益，平均每亩粮食中央补贴为 47 元。

四、农机购置补贴

国家开始实施农机具购置补贴政策，目的是为了提高我国农业装备水平，优化农机装备结构，加快农机化发展进程。该政策覆盖全国所有农牧业县，补贴对象为购买《农机购置补贴产品目录》中农机具的农牧渔民（含农场职工）、直接从事农机作业的农业生产经营组织，以及取得当地工商登记的奶农专业合作社、奶畜养殖场所办生鲜乳收购站和乳品生产企业参股经营的生鲜乳收购站等。在申请补贴人数超过计划指标时，优先补贴符合国家规定优选条件和没有享受过补贴的农户，条件相同或不易认定时，根据申请的先后排序或农户接受的其他方式确定补贴对象。目前，补贴机具品种有 12 大类 38 小类的 128 个品目。补贴标准是全国总体上执行 30% 的补贴比例，血疫防区"以机代牛"和汶川地震重灾区县补贴比例为 50%；单机补贴额最高不超过 5 万元，根据实际需要，100 马力以上大型拖拉机等机具补贴限额为 12 万元。

五、生猪补贴

中央加大对生猪生产发展的扶持力度，继续实施能繁母猪补贴与保险、生猪良种补贴、调出大县奖励和发展生猪标准化规模养殖等扶持政策，各地政策落实进展顺利，成效明显，对生猪生产的快速恢复和发展起到了十分关键的作用，有效保障了城乡居民的猪肉供给。

六、家电购置补贴

"家电下乡"政策是当前经济形势下扩大内需的一项重要举措，也是财政政策工具及运作机制的一项创新，是一项利国、利企、利民的民生工程。通过对农民购买家电予以一定比例的财政补贴，有利于提高农民消费能力，扩大农村消费，改善农民生产生活条件，有利于带动家电企业生产，促进产业结构优化与升级，完善农村流通体系。

家电购置补贴的品种为彩电、冰箱、手机、洗衣机、电脑、空调，补贴的标准为销售价的 13%。享受补贴的每类家电下乡产品每户农民限购 2 台（件）。中央财政和省级财政安排的，对农民购买家电下乡产品给予产品销售价格 13% 补贴的资金。农民凭①购买产品的发票；②购买人居民身份证和户口簿（或公安户籍管理部门出具的证明）；③家电下乡产品标识卡；④购买人粮食直补专用存折就可以去乡镇财政所兑换。

七、退耕还林补贴

国家自开始实行退耕还林补贴政策，现金补助标准为每亩退耕地每年补助 20 元。

现金补助年限，还生态林补助8年，还经济林补助5年，还草补助2年。退耕还林实施单位可向退耕户一次性发放年度现金补助，并实行按户建卡制（登记卡、检查验收卡制），退耕户凭卡领取现金。

第二节 农户耕地保护行为对农业补贴政策的响应理论分析

农业补贴政策是国家加大耕地保护社会化扶持的重要手段。深入认识农业补贴政策与农户耕地保护行为之间的内在关联性，在理论上把握农户耕地保护行为对农业补贴政策的响应机制，对于调动农户耕地保护积极性的农业补贴政策完善具有积极现实意义。

一、农户的耕地保护行为及其影响因素

耕地保护包括耕地数量保护和耕地质量保护两个方面，在现行的土地使用制度下，农户在耕地数量保护上缺乏话语权，相反在耕地质量保护上却发挥着绝对关键的主体作用，这是因为耕地质量与土壤培肥、农田基础设施、耕作制度选择、污染防治等具体耕作行为密切相关，而这些都离不开农户的直接参与。依据农户在耕地耕作中具体实践与耕地质量变化的相关性，可把农户的耕地保护行为归纳为以下六个主要方面。一是劳动力投入。劳动力投入的多少直接影响着农户对耕地耕种是否精耕细作，是否能充分考虑耕地质量日常维护与管理的需要。一般而言，投入的劳动力越多，耕种越是精耕细作，越有利于耕地的质量保护。二是农田基础设施建设投入。完善的灌排水利系统、农田道路等农田基础设施，不仅是现代农业生产的必备条件，也是确保耕地质量的重要前提，尤其是农田水利，"旱能灌、涝能排"是衡量耕地质量好坏的最重要的指标之一。农田基础设施建设，除了一次性的项目建设外，还离不开农户的日常维护。特别是在家庭联产承包责任制下，以农户为单位开展农事活动，很难进行统一的农田基础设施建设，这样，农户对农田基础设施的管理与维护投入更显重要。三是耕作制度。耕作制度是以农业熟制和作物布局为主要内容的耕地耕作体系。不同的前、后茬作物搭配，对耕地的养分平衡影响很大，科学的耕作制度，能做到用养结合，保证土壤养分的相对平衡，从而维持土壤的肥力。四是肥料选择。主要体现在农户对化肥与农家肥的选用上，众所周知，化肥养分含量高、分解快、植物吸收快，但肥效持续时间短、养分较单一、容易造成土壤板结，还容易产生农业面源污染。而农家肥大多是完全肥料，虽养分含量低、肥效慢，但肥效持续时间长，可调节土壤酸碱性和改良土壤结构，还能促进微生物活动，提高土壤活力。很明显，农家肥的使用更有利于耕地的质量保护。五是病虫害防治方法的选用。是使用高效、低毒、低残留的无公害农药，还是高效、高毒、高残留的普通农药，或农药使用方法的科学与否，对土壤环境变化都会产生重大影响。在现实中，那些高效、低毒、低残留的无公害农药，往往适用的作物针对性比较强，且价格明显偏贵，要求的使

用方法也相对较严，而普通农药却普适性广，且价格便宜。六是先进农业技术的应用。先进的农业技术不仅能提高农产品产量或质量，而且有利于耕地质量的维护。这是因为一个成熟的先进农业技术，是经过多年的总结与实践检验的，不利于耕地质量保护的技术是不可能推广应用的。

在家庭联产承包责任制下，农户作为一个相对独立的经营主体，他们的耕地保护行为具有很大的自主权。农户能否在耕地经营中自觉采取耕地保护行为受到以下因素影响。

（一）产权制度

产权制度决定着农户对耕地资产所拥有的各种权利与义务，进而影响着农户对耕地经营及其预期收益的稳定性。当农户对耕地资产拥有稳定的经营与收益权时，他们就会从长远考虑，尽力去提升耕地质量，相反，农户对耕地资产拥有的经营与收益权存在不能确定时，他们就会着眼于眼前，"重用地、轻养地""重化肥、轻农家肥"，粗放经营，追求短期经济效益也就在所难免。在我国现行的耕地产权制度下，虽然国家为稳定农户的耕地经营权，反复强调农户的耕地承包经营权长久不变，但政府对耕地征用的随意性和农村实践中的"大稳定，小调整"，还是动摇着农户对承包耕地经营权稳定性的认可。

（二）耕地耕种经济效益

耕地耕种经济效益是耕地经济功能的基本体现。对传统农户而言，耕地是他们的生计之本，能否依赖耕地耕种养活全家，直接决定着农户对耕地资源的珍惜程度，进而影响着耕地保护行为。一方面，中华人民共和国成立以来，长期的工农产品价格"剪刀差"，导致耕地经营的比较收益偏低，一直在挫伤农户耕种耕地的积极性，有能力从事非农产业的农户基本上不愿种地，结果造成"386199"部队成为农村劳动力的现状，严重影响了农户耕地保护的劳动力投入。而另一方面，耕地非农化带来巨大土地增值的社会现象，也在动摇着农户守护耕地的信心，很多农户认为陷入了"保护耕地就是维持贫困"的尴尬局面。事实上，希望自己耕地被国家征用，进而获得一笔可观的补偿金的农户占一定比例。

（三）兼业因素

兼业是当代农户的突出特征，也是现代农户增加收入的重要途径。面对耕地经营的比较收益偏低的现实，只要有能力和机会，农户一般都会选择非农行业，但农户不会放弃耕地，在缺乏耕地流转氛围的情况下，不少农户只能是"农忙回家务农，农闲外出打工"。一般而言，农户的兼业程度直接影响着农户的耕地保护积极性，兼业程度越高，农户收入对耕地经营收益依赖越低，对耕地的珍惜程度和保护积极性就可能越低，耕地保护性投入就越少。

（四）农村社会保障水平

从社会学和经济学不同角度看，耕地具有社会保障和资本两大功能，不同的功能定位，密切影响着农户对耕地利用与保护的行为。当耕地发挥社会保障功能为主时，农户理性原则是以生存安全第一，而不是经济产出，即使是耕地利用经济效益很低，其宁肯抛荒，也不愿放弃对耕地的使用权；而当把耕地作为资本功能运作时，则以经济效益为核心，追求耕地最大经济产出，在产权关系明晰的前提下，农户就会自觉地去协调好耕地利用的经济效益和土地质量保持的关系。由于我国农村社会保障体系建设的相对滞后，现阶段耕地在很大程度上还承担着粮食供给、就业、养老等基本的社会保障功能。与人少地多的西方国家鼓励农地休闲保护不同，我国人多地少，必须强调耕地在利用中得到保护，在耕地承担农村主要社会保障功能的情况下，农户对耕地保护投入积极性大大降低。

（五）农村社会化服务体系

在当前社会主义市场经济大潮中，农户的耕地耕种行为处于明显的非均衡状态，既不存在灵敏的价格体系，更缺乏农户对市场信息的把握能力。各家各户分散的经营形式，对农村社会化服务体系的需求更显迫切，需要社会中介组织为农户提供信息服务，帮助农户提高抵御市场风险的能力。因此，区域农村社会化服务体系越完善，为当地农户提供的信息越丰富，就越能帮助农户适应社会主义市场经济的环境，越有利于调动农户的耕地保护积极性，激发农户的耕地保护行为。然而，我国广大农村目前社会化服务体系普遍不健全，服务项目少，服务信息不多，除了农用生产资料的供应服务外，作物生产的产前、产中、产后服务相对缺乏，难以确保农户耕地经营的实际需求，这在一定程度上制约了农户耕地保护行为的积极性。

二、农户耕地保护行为对农业补贴政策的响应分析

农业补贴政策是世界上为保护农业发展而普遍采取的手段，尤其在保障粮食安全、城乡统筹发展方面能发挥出至关重要的作用。中华人民共和国成立以来，我国从对农业的负补贴逐渐转为正补贴，经历了从"农业受损、工业受益""农民利益受损、城市消费者受益"到"工业反哺农业、城市支持农村"的重大转变。特别是进入21世纪后，我国迈入以科学发展观为指导的城乡统筹发展的新时代，逐步进入了以工促农、以城带乡的发展阶段。目前，我国已形成以粮食直接补贴和农资综合补贴为主要内容的综合性收入补贴、以良种补贴和农机购置补贴为主的专项生产性补贴和粮食最低收购价、农业税减免相结合的农业补贴政策体系。农业补贴政策的实施，在提高农民种粮的积极性、加快农民增收速度、确保国家粮食安全方面已取得了明显成效，但是否能真正激发农户耕地保护行为，利于耕地保护战略目标的实现，还需要从农户行为学的角度，深入剖析农户耕地保护行为对农业补贴政策的响应。

（一）农户耕地保护行为对农业补贴政策响应分析的理论假设

理论假设一：农户的耕地保护行为可通过各种生产要素投入的选择来衡量，而农户的家庭可供选择的总投入能力是有限的，由于耕地经营是自然风险和市场风险交织叠加的弱势产业，农户在生产要素投入分配时，预期收益的稳定性是重要考虑因素。

理论假设二：农户从事耕地经营的农产品，兼顾自身消费与商品出售双重性，在农业生产比较效益偏低现状难以彻底改变的前提下，农户对农产品的处理符合满足自身消费需求的前提下出售、实现农产品的商品价值规律。

理论假设三：现阶段耕地所承担的社会保障功能，决定了农户对承包耕地经营的稳定性要高于经济效益的追求，特别是在耕地流转机制不够健全、耕地经营价值难以在流转中体现的情况下，耕地的粗放经营，甚至"抛荒"，在所难免。

（二）农户耕地保护行为对农业补贴政策响应的分析框架

农户对耕地经营的投入，在很大程度上取决于耕地经营在家庭收入的地位。对耕地经营收入依赖越强，则对耕地投入的各类生产要素就越多。改革开放以来，随着城乡之间劳动力市场的开放，农户收入来源逐渐多样化。为了便于差异性分析，本书根据农户主要收入来源，将农户分为打工农户、专业农户和兼业农户三类：打工农户是以打工经商为收入来源，几乎不从事耕地经营生产；专业农户是专门从事耕地经营生产或其收入几乎全部源于农业，主要为种粮大户；兼业农户则是指既进城打工又从事农业生产，即农闲外出打工、农忙回家务农，往往是现金收入来源于打工，粮食、蔬菜等基本生存物质保障来源于耕地。

不同类型农户耕地保护行为，对不同农业补贴政策的响应也不同，由于打工农户几乎不进行耕地经营生产，农业补贴政策对这类农户的影响很小，为此，仅按专业农户和兼业农户的劳动力投入，农田基础设施建设投入，耕地制度变化，化肥与农家肥的选用，病虫害防治方法的选用和先进农业技术的应用具体耕地保护行为对不同农业补贴政策的响应和分析框架来展开，农业补贴政策主要分析粮食直补、良种补贴、农机购置补贴和农资综合补贴四种。

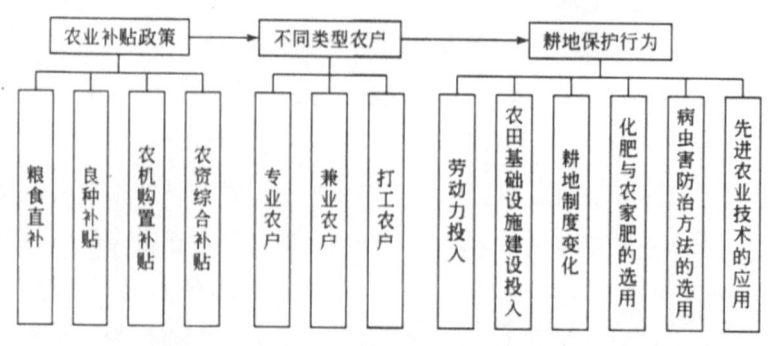

图 5-1 不同类型农户耕地保护行为对农业补贴政策响应的分析框架

三、不同类型农户对农业补贴政策响应分析

（一）专业农户对农业补贴政策响应

1. 专业农户对粮食直补政策的响应

粮食直补是政府直接给予种粮农户经济补偿的转移性财政补助，粮食直补资金与实际种粮面积成正比，而专业农户往往粮食种植面积较大，直接收入会明显增加，有利于激励专业农户扩大粮食耕种面积规模，会积极推广应用粮食生产有关的先进农业技术，但由于这些专业农户所经营的耕地大多是通过流转所获得的，且租赁期偏短、稳定性较差，经营农户在化肥与农家肥的选用和病虫害防治方法的选用上，甚至在农田基础设施建设投入上，还是会偏重于短期利益，同样，在耕地制度安排上，考虑更多的是用地而不是养地。

2. 专业农户对良种补贴政策的响应

良种补贴的目的是支持农户积极使用优良作物种子，提高良种覆盖率，改善农产品品质。对专业农户而言，由于种植规模较大，他们对良种使用的积极性要比分散的农户高得多，与良种相配套的先进农业技术也更容易推广应用，但对劳动力投入，农田基础设施投入，耕地制度变化，化肥与农家肥的选用，病虫害防治方法的选用不会有明显的促进作用。

3. 专业农户对农机购置补贴政策的响应

农机购置补贴是指国家对购置和更新农业生产所需的农机具给予的补贴，其目的是提高农业机械化水平和农业生产效率。专业农户多以规模经营为主，适应使用农机具，他们无疑是农机购置补贴政策的最大受益农户，落实到具体的耕地保护行为看，不少农机具的使用可促进先进农业技术的推广应用，也可在一定程度上替代劳动力的投入，如果允许补贴用于农田基础设施建设的相关机械，则也能调动专业农户对农田基础设施建设的投入，但对耕地制度变化，化肥与农家肥的选用，病虫害防治方法的选用影响不大。

4. 专业农户对农资综合补贴政策的响应

农资综合补贴是指政府对农户购买农业生产资料的一种直接补贴制度，其目的主要是确保农户种粮收益的相对稳定。专业农户的耕地经营具有一定的规模，其农业生产资料的需求量也比较多，所得到的农资综合补贴也拥有一定的数量，对确保种粮收益平衡效果显著。由于农资综合补贴完全属于农业生产成本的直接核减，这一政策对激励农户耕地保护行为影响不大。

（二）兼业农户对农业补贴政策响应

兼业农户对粮食生产主要立足于粮食的自给，而不是追求经济效益，只要种植粮食作物并使用了良种就能得到粮食直补和良种补贴，购买了农业生产资料就能得到相应

的农资综合补贴，因此，粮食直补政策、良种补贴政策和农资综合补贴政策对兼业农户而言，很难对其耕地保护行为产生影响，相反，可能还会在一定程度上阻止耕地的合理流转，因为自己耕种粮食能得到相应的补贴。至于农机购置补贴，兼业农户大多满足于耕地的粗放经营，对农机具的需求很小，基本上没机会享受这一政策补贴。

第三节　农户耕地保护行为愿意及其对惠农政策的响应实证分析

利用惠农政策专题调研获取的380份有效问卷，以自愿增加农田基础设施建设、粮食生产积极性和耕地保护积极性三个问题为代表，将受访对象分别按人口（家庭人口、劳动力人口或者外出打工人口）、耕地面积（承包面积、实际耕种面积或者粮食播种面积）、粮食年总产、家庭收入、种粮效益等方面，结合实际情况，分成几个层次进行深入分析。

一、农户自愿增加农田基础设施建设的愿意分析

在20世纪60～80年代，我国曾开展了大规模的平整田地、水利条件配套、病虫害综合防治体系配套等基础设施建设工作，并取得了显著成效。在我国家庭联产承包责任制逐步实施的过程中，这些基础设施条件发挥出了巨大的基础支撑作用，为我国当时农业的发展做出了巨大的贡献。但是，由于分散经营和管理不当的原因，很多地区的连片性农田、水利基础设施、农业机械、植物保护体系、农田防护林体系及道路体系等均受到了不同程度的破坏，这极大地制约了我国农业的发展。因此，如何调动农户开展农田基础设施建设的积极性，对于耕地保护，特别是耕地质量保护非常重要。为此，本书特意设计了农户自愿增加农田基础设施建设的愿意调查。

由表5-1可知，即使农户所承包的耕地永久不被国家进行调整，也只有仅占被调查总数的7.89%（30户）的农户愿意对自家农田基础设施建设增加投入，而当国家采取相关政策，使农产品价格大幅度上升，和国外农业收入一样，工农产品的价格"剪刀差"被消除时，农户才会觉得有利可图，从而愿意增加农田基础设施建设，这部分农户占总调查对象的比例为23.68%（90户）。耕地向规模经营集中是我国积极推进城乡一体化建设进程中"三个集中"的重要组成部分，只有把农户所承包的耕地集中在一起，才能加速农村土地流转并打破一家一户的生产经营模式，最终探索出土地集约经营和规模经营的新方式，达到提升农业产业化发展水平和增加农户收入的效果。因此，当政府及其他经济组织将农户所承包耕地集中在一起进行规模经营时，有129户农户（占总调查对象的33.95%）愿意增加基础设施建设投入，这与靠提高农产品价格来增加基础设施建设的农户相比，其主动性和积极性更高。在以上几个方面的比较分析当中，农户愿不愿意对其农田基础设施建设增加投入，关键就在他们能否从农田当中获得自己较为满意的

收益,也就是说经济利益是影响农户对农田基础设施进行增加投入的实质性因素。因此,当耕地经营经济效益高于非农产业外出效益(如打工效益等)时,农户增加农田基础设施建设的积极性最高,在被调查的农户当中,有131户家庭(占总调查对象的34.48%)认为在耕地收入在足够高的情况下,增加农田基础设施的投入能够获得自己较为理想的回报,对农田的投入有可能会进一步增加。

表5-1 农民自愿增加农田基础设施建设的情况调查表

项目	户数(户)	占总农户数比例(%)
所承包的耕地永久不被国家进行调整	30	7.89
农产品价格大幅度上升,和国外农业收入一样,工农产品的价格"剪刀差"被消除	90	23.68
所承包的耕地集中在一起进行规模经营	129	33.95
耕地经营经济效益高于非农产业外出效益	131	34.48
总计	380	100

从表5-1数据及分析来看,农户对农田基础设施建设投入增加与否,积极性的高低,关键在农田基础设施建设投入的增加能否给农户带来较高的收益。当农户能够获得较高收益时,农户对农田基础设施建设投入增加的积极性就越高,欲望也就越强烈。

二、影响农户粮食生产积极性主要原因的实证分析

从粮食价格、农地经营规模、农田基础设施及惠农政策等因素进行分析影响农户粮食生产积极性。

由表5-2可知,此次调查将影响农户粮食生产积极性的因素分成4类:①粮食价格的高低;②耕地经营规模的大小;③农田基础设施投入多少;④惠农政策实施的力度与效果。由于农业与非农业生产的效益之间存在着巨大的反差,21.05%(80户)的农户认为粮食生产积极性的高低与当前粮食价格太低、种粮效益低下有关,"种地不划算"已成为农户耕地保护积极性不高和不愿对耕地加大投入根源;21.05%(80户)农户家庭认为农户粮食生产的积极性主要是因为我国当前的耕地经营规模太小,无法进行机械化作业和规模化耕种,投入的劳动力更多的只是从其他非农行业剩余而来,自身投入到耕地中的劳动力越来越少,而且劳动力的年龄偏大。农田基础设施逐渐变差和投入日益减少已成为我国农田硬件设施方面最为常见的问题,在调研中,有被调查农户家庭中的74户(占整个调查对象的19.48%)认为当前的农田基础设施太差,农田基础设施的投入所得的报酬还抵不上其基础设施投入所消耗的成本,因而不仅不会增加粮食产量,反

而会由于基础设施的减少和破坏造成粮食的减产，农户的种粮积极性日益下降。惠农政策的实施对农户的种粮积极性有一定的积极推动作用，仅仅只有6.84%（26户）的农户认为国家惠农政策力度不够，与此相比，有31.58%（120户）的农户认为国家惠农政策力度还可以，其中8.95%（34户）的家庭认为惠农政策的实施方式较为分散，达不到预期的理想效果而导致粮食生产的积极性较低，这说明只要惠农政策能够得到很好的实施，还是能够得到一部分农户的认可，他们也愿意加大对粮食生产投入。另外，有22.63%（86户）的农户认为目前粮食生产积极性较低的原因在于惠农政策给农户带来的耕地收益增长量却被农业生产资料价格的增长量所抵消，农户并不能明显的从惠农政策中得到较大的利益。由此来看，大多数的农户真正关心的还是自己能从地里收获多少的问题。

表5-2 影响农户粮食生产积极性情况调查表

项目	户数（户）	占总农户数比例（%）
粮食价格太低，国家应进一步提高粮食收购保护价	80	21.05
国家惠农政策力度不够	26	6.84
国家惠农政策力度还可以，主要是方式不对，过于分散	34	8.95
耕地经营的规模太小	80	21.05
农田基础设施太差，不能保证产量	74	19.48
国家惠农政策力度还可以，但农业生产资料涨价太快，抵消了农户耕地的经济收益增长	86	22.63
总计	380	100

农田基础设施逐渐变差和投入日益减少已成为我国农田硬件设施方面最为常见的问题，在调研中有被调查农户家庭中的74户（占整个调查对象的19.48%）认为当前的农田基础设施太差，农田基础设施的投入所得的报酬还抵不上其基础设施投入所消耗的成本，因而不仅不会增加粮食产量，反而会由于基础设施的减少和破坏造成粮食的减产，农户的种粮积极性日益下降。惠农政策的实施对农户的种粮积极性有一定的积极推动作用，仅仅只有6.84%的农户认为国家惠农政策力度不够，与此相比，有31.58%（120户）的农户认为国家惠农政策力度还可以，其中8.95%的家庭认为惠政策的实施方式较为分散，达不到预期的理想效果而导致粮食生产的积极性较低，这说明只要惠农政策能够得到很好的实施，还是能够得到一部分农户的认可，他们也愿意加大对粮食生产投入。另外，有22.63%（86户）的农户认为目前粮食生产积极性较低的原因在于惠农政策给农户带来的耕地收益增长量却被农业生产资料价格的增长量所抵消，农户并不能明显的从

惠农政策中得到较大的利益。

针对农户粮食生产积极性的影响因素，结合数据样本特征分析，研究还将受访对象分别按劳动力人口数量、外出打工人口数量、粮食播种面积及种粮效益分成三个层次组进行分析（表5-3）：劳动力人口数量分别为每个家庭有2个及以下劳动力（包含家中无劳动情况）、3~4个劳动力、5个及5个以上劳动力三组；外出打工人口数量分别按1人及以下在外打工（包含家中无外出打工情况）、2~3人在外打工、4人及以上在外打工来分；粮食播种面积分别分成≤4亩、4~12亩、≥12亩；种粮效益分别分成≤500元/亩、500~1000元/亩、≥1000元/亩。

表5-3 样本数据分组表

组别层次名称		具体含义
劳动力人口数量组别	低劳动力组	2个及以下（含家中无劳动力情况）
	中劳动力组	3~4个
	高劳动力组	5个及以上
外出打工人口数量组别	低外出打工组	1人及以下（含家中无外出打工情况）
	中外出打工组	2~3人
	高外出打工组	4人及以上
粮食播种面积组别	低耕种面积组	≤2亩
	中耕种面积组	2~6亩
	高耕种面积组	>6亩
家庭收入中来自耕地的收入组别	低收入组	2500元/亩
	中收入组	2500-5500元/亩
	高收入组	5500元/亩

三、影响农户耕地保护积极性主要原因的实证分析

由表5-4可知，在被调查的总家庭中，只有4.47%（17户）的农户家庭认为耕地的非私有化是影响农户耕地保护积极性的主要原因，只有耕地归农户个人所有，农户才会不断增加各项投入，才能对耕地的数量和质量进行有效保护。15.00%（57户）的农户认为在当前的发展当中，政府占用大量耕地搞建设太随意，农户保护耕地的积极性由于其保护意愿得不到足够的重视而下降。在此次调查中，占被调查家庭总数的15.53%

的农户从耕地种植的社会地位和经济利益等方面考虑认为耕种耕地不可能有前途,目前的耕地耕作仅仅只是一种"有田不废"的保守思维,基本谈不上何种积极性可言。在国家实施惠农政策的情况下,农户的耕地保护积极性差异较为明显,总体来说对农户的积极还是具有一定的促进作用。一方面,在就"目前国家惠农政策力度还可以,但方式不对,过于分散"对农户进行调查、访谈讨论时,只有3.95%(15户)的调查用户认为目前国家惠农政策力度还可以,但方式不对,过于分散会影响其耕地保护的积极性,从数据来看,这只占极小的一部分。另一方面,25.00%(95户)的农户家庭认为目前国家实施的惠农政策力度还可以,对农户耕地保护的积极性有一定的推动作用,但在国家在实施惠农政策扶持农户的同时,农业生产资料价格上涨太快,幅度较高,从某种程度上来讲这种由于农用物资成本的增长抵消了惠农政策实施下农户耕地的经济收益增长,这种收益的抵消也一定程度地降低了农户耕地保护的积极性;超过被调查农户总数1/3(137户,占调查总数的36.05%)的农户认为即使在目前国家实施的惠农政策下,耕地经营的经济效益太低。

表 5-4 影响农户耕地保护积极性情况调查表

项目	户数(户)	占总农户数比例(%)
耕地不是农户个人的	17	4.47
政府又用大量耕地搞建设太随意,农户保护意愿得不到足够的重视	57	15.00
即使在目前国家实施的惠农政策下,耕地经营的经济效益太低	137	36.05
耕种耕地不可能有前途	59	15.53
前国家惠农政策力度还可以,但方式不对,过于分散	15	3.95
国家惠农政策力度还可以,但农资涨价太快,抵消了农户耕地的经济收益增长	95	25.00
总计	380	100

由此可见,当前影响我国农户耕地保护积极性的主要是经济效益因素,占总调查人数的60%以上,在目前实施的惠农政策下,这种影响程度表现得更加明显。同时,政府的用地行为和农户自身的耕地耕作意识也影响着农户耕地保护的积极性。

针对农户耕地保护积极性的影响因素,结合数据样本特征分析,将受访对象分别按劳动力人口数量、外出打工人口数量、粮食播种面积及家庭收入中来自耕地的收入四个方面分成三个层次组别进行分析:劳动力人口数量分别为每个家庭有2个及以下劳动力(含家中无劳动力情况)、3~4个劳动力、5个及以上劳动力三组;外出打工人口数量分别按1人及以下在外打工(含家中无外出打工情况)、2~3人在外打工、4人及以上在外打工来分;粮食播种面积分别分成<2亩、2~6亩、>6亩;家庭收入中来自耕地的收入分别分成<2500元/亩、2500~5500元/亩、>5500元/亩。

表5-5 样本数据分组表

组别层次名称		具体含义
劳动力人口数量组别	低劳动力组	2个及以下（含家中无劳动力情况）
	中劳动力组	3~4个
	高劳动力组	5个及以上
外出打工人门数量组口	低外出打工组	1人及以下（含家中无外出打工情况）
	中外出打工组	2~3人
	高外出打工组	4人及以上
粮食播种面积组别	低耕种面积组	篇2亩

四、惠农政策所采取的方式对农户粮食生产积极性的影响分析

在被调查"您认为要真正调动农户粮食生产的积极性,国家惠农政策应采取哪种方式最好"时,得到表5-6的统计数据。

表5-6 惠农政策所采取的方式促进农户粮食生产积极性情况调查表

项目	户数（户）	占总农户数比倾%）
目前这种分散平均的方式	9	237
把分散的资金集中奖励种粮大户（即以奖励为主）	108	28.42
把分散的资金集中用于农田水利等基础设施建设	64	1634
大幅度提升粮食价格	179	47.11
承包耕地永久不被调整	20	5.26
总计	380	100

由表5-6可知,惠农政策所采取的方式对促进农户粮食生产积极性而言,不同的方式,农户的种粮积极性表现差异较为明显。从统计数据来看,仅仅只有2.37%（9户）的农户支持继续保持目前这种分散平均的方式,但由于这些方式只代表极少数的主体意

愿，代表性比较差，很明显如果继续采取目前这种分散平均的政策实施方式，农户的种粮积极性将会进一步降低。占被调查总户数的28.42%（108户）的农户认为应当把当前惠农政策中分散的资金统一集中起来对种粮大户进行一定的资金奖励，从物质和经济奖励上来直接刺激农户的种粮积极性，鼓励农户继续加大对粮食的种植力度。同时有16.84%（64户）的农户认为应该把当前惠农政策中分散的资金统一集中起来用于农田水利等基础设施建设，从农田的软硬件两方面着手，提高农田的基础设施条件，改善农田耕作环境，提高农田的生产能力，使农田成为农户真正意义上的重要农业生产资料，农户才有较高的积极性从事耕地耕作与保护。5.26%（20户）的农户认为只有当国家将耕地永久性的承包给自己，他们才会有足够的粮食种植积极性进行粮食生产。同以上促进农户粮食生产积极性所采取惠农政策的方式比较，接近一半的农户（179户，占被调查总数的47.11%)认为大幅度提升粮食价格，直接的增加农户的收益比资金投入的增加、耕地承包权的调整等方面更能推动农户的种粮积极性，这种对农户直接、有效的扶持也更能让农户接受。

第四节 农业补贴政策对农户耕地保护效果激励效果实证分析

利用惠农政策专题调研获取的380份有效问卷，采用数据包络分析的CCR模型，开展农业补贴政策对农户耕地保护效果激励效果实证分析。

一、理论分析与理论假设

从农户角度分析农业补贴政策的耕地保护效果，其衡量指标主要表现在农户的保护性耕种行为和耕地利用效果两方面，其中农户的保护性耕种行为包括劳动力投入、农家肥的使用比例、高效低毒低残留农药使用比例等内容，劳动力投入直接影响着农户对耕地耕种是否精耕细作和对农田基础设施建设的投入与维护；农家肥和高效低毒低残留农药使用比例则直接影响耕地土壤的质量变化；而耕地利用效果可通过粮食单产水平、粮食耕种面积、农田基础设施等内容来反映，粮食单产水平、粮食耕种面积和耕地抛荒直接反映了粮食的保障能力，农田基础设施是维持耕地生产能力的基本条件，用有效灌溉率来表示。

在现实中，农户的保护性耕种行为和耕地利用效果不仅受到农业补贴政策的影响，还受到外出打工环境、农产品价格等各方面的因素影响，为了尽量使本书主题突出，增加推理的逻辑性，本书提出以下四个理论假说。

假说一：由于农机购置补贴的受益对象主要是少数的种粮大户，大部分分散经营的普遍农户基本上都是租用农机具，同样需要支付成本，因此在分析农户耕地保护效果时，不参与分析。

假说二：虽然农业补贴政策要求按实际耕地粮食面积和应用良种面积进行补偿，但各地在具体执行中，基本上按承包地面积发放，为此本书对农业补贴政策力度均采用农户承包地亩均标准。

假说三：虽然农户耕地保护行为和耕地利用效果的各项指标之间客观上存在相互影响的关系，不同的农业补贴政策对农户耕地保护行为和耕地利用效果的影响也可能相互影响，但本书都假设他们之间的相互关系不会对分析结果产生大的影响。

假说四：传统农户和兼业农户对耕地经营的经济依赖性完全不同，其耕地保护行为对农业补贴政策响应存在差异，因此应分别对传统农户和兼业农户的耕地保护行为对农业补贴政策响应进行研究。

二、指标体系的建立

输入/输出指标体系的建立是应用数据包络分析的前提条件，是一项基础而又重要的工作。在评价研究过程中，如果没有运用精确的指标体系，那么评估结果就会偏离实际情况，就不能真正找出现实经济活动中存在的问题。但是，在具体运用过程中，对输入/输出指标的选择，在很大程度上受人类的主观性与任意性的限制，导致评价结果偏离实际；除此以外，输入/输出指标的选择可以提高数据包络分析方法的精确度，降低方法本身对输入/输出指标的数量限制，这就使选择指标工作显得尤为重要，同时也变得更加困难。如果指标选得过粗过少，那么难以真实地反映被研究问题的实际情况，不利于发现系统中存在的问题，不能为管理者作决策提供充分的信息；如果指标选得过多过细，则容易造成大量有效决策单元产生。因此，要想成功运用数据包络分析的方法研究问题，就要选择一个能真实客观地、有针对性地反映研究问题的输入/输出指标。

对于数据包络分析方法用于效果上的评价，学术界探讨了很多。在农业补贴政策耕地保护效果的评价中，对于决策单元的选取，有的选取各个省（自治区、直辖市）为决策单元，有的则以时间为决策单元。鉴于农户在耕地保护中的重要性及本书的研究目的，再加上本次问卷调查也是以农户为单位，因此，本书分别将农户和时间作为决策单元。在农业补贴的前提下，分析农户的耕地保护效果，从而得出农户、农业补贴政策及耕地保护效果之间的关系。

使用数据包络分析方法进行有效性评价主要包括以下3个步骤：

第一，建立输入/输出指标体系；

第二，将观测数据代入模型计算；

第三，分析评价计算结果。

从3个步骤可以看出数据包络分析方法是以一组已知的观测数据集为基础，结合数据建立好的输入/输出指标，评价出结果，其结果直接依赖于所选择的输入/输出指标。因此指标选择是运用数据包络分析方法中关键的一步。

选择指标时一般应遵循以下 5 个原则：

第一，目的性。输入指标与输出指标的选择要考虑到能够实现农业补贴政策下的耕地保护效果，也就是说选取评价指标是为农业补贴政策下的耕地保护效果服务的。

第二，全面性。为了实现评价目的，要求输入／输出指标体系尽可能全面，对农业补贴政策下的耕地保护效果有较大影响的指标都应该包括。

第三，代表性。要考虑到输入指标之间或者输出指标之间的联系，选择不相关的有代表性的指标。如果某输入／输出指标与其他输入／输出指标之间存在较强的相关性，那么可以认为该指标所反映的信息已在较大程度上被其他指标包含，也就不一定再将其选为输入／输出指标了。

第四，多样性。要根据所确定的评价目的，设计多种输入／输出指标体系以供选择。

第五，精简性。根据数据包络分析方法的应用要求，评价指标的数量应尽量精简。过多的输入／输出指标会导致出现大量有效决策单元的情况，从而降低 DEA 方法的评价功能。因此评价指标的数量不可过多。

这 5 个原则可以为评价指标体系的选择和修正提供很好的参考。其中，目的性和全面性界定了指标的选取范围；多样性要求我们反复试验各种指标体系，从中找出更加符合实际的一种；代表性给出了简化指标的定量方法；精简性则说明了简化指标的必要性。

由于在评价工作中考察系统的侧重点不同，选取的指标也就不同。不管选择什么样的指标，它们计算出来的效率值均反映了评价单元在整个系统中的整体投入产出水平。然而，由于数据包络分析方法对指标数量比较敏感，不同数量的指标体系所计算出来的效率值会有很大差异，但是不同指标体系对应的效率值存在着特定的关系。例如，根据代表性原则去掉输入或输出指标中显著相关的指标后，用新指标体系所计算出来的效率值会普遍降低，但两种指标体系计算出来的效率值存在显著的相关性。

选择的效率分析指标分为输入指标和输出指标，①输入指标反映补贴财政投入的力度和标准，包括补贴金额、补贴标准。对补贴标准的设置，由于各省（自治区、直辖市）补贴方式不尽相同，有的以农业税计税面积补贴，如安徽省；有的以粮食实际种植面积补贴，如江苏省；有的则以粮食交售量补贴为主，如湖北省；且各地补贴标准差别较大。为简化起见，本书将补贴方式分为两种：一是按面积进行的补贴，补贴标准单位为元／hm^2；二是按粮食交售量进行的补贴，补贴标准单位为元／kg。考虑到不同品种的补贴标准不一，在此基础上进行两次细分。因此，输入指标包括 4 种农业补贴的金额，分别为粮食直补金额、良种补贴金额、农机购置补贴金额、农资综合补贴金额 4 个指标。②输出指标反映耕地保护效果和农户耕地保护的积极性。由于耕地保护分为数量保护和质量保护，输出指标为耕地面积、抛荒率、粮食单产、有效灌溉面积、单位面积劳动力投入量、单位面积机械使用天数、单位面积农家肥占化肥使用量比例。耕地保护效果在数量上的效果，主要由耕地面积、抛荒率来体现；耕地的质量主要由粮食单产和有效灌溉面积来表示；农户保护耕地的积极性主要由单位面积劳动力投入量、单位面积农家肥占化肥使用量比例来表示。劳动力投入的多少直接影响着农户对耕地耕种是否精耕细作，是否能充分考虑耕地质量日常维护与管理的需要。一般而言，投入的劳动力越多，耕种越是精耕细作，越有利于耕地的质量保护。有研究表明，现在农村劳动力趋向于老龄化，青壮年的劳动力由于农业收入的低下大多选择外出打工或者凭一技之长在家兼业。老龄化的问题是个不容忽视的问题，因为随着年龄的增加，农户对农业的投入有时力不从心，健康状况不如从前，从而影响耕地种植面积和耕作质量。另外，随着农业机械化程度的不断推广，提高了农户作业效率，大大缩短了劳动力投入时间。耕地质量的高低还体现在农户对化肥与农家肥的选用上。众所周知，化肥养分含量高、分解快、植物吸收快，但肥效持续时间短、养分较单一、容易造成土壤板结，还容易产生面源污染。而农家有机肥大多是完全肥料，虽养分含量低、肥效慢，但肥效持续时间长，可调节土壤酸碱性和改良土壤结构，还能促进微生物活动，提高土壤活力。另外，随着科学技术的不断进步，生物肥料逐渐进入人们的视野，生物肥料是指以有机质为基础，然后配以菌剂和无机肥混合而成。生物肥料的主要特点为一是无污染、无公害；二是配方科学、养分齐全；三是活化土壤、增加肥效；四是低成本、高产出；五是提高产品品质、降低有害积累；六是有效提高土壤肥力、改善供肥环境；七是抑制土传病害；八是促进作物早熟。很明显，农家肥和生物肥料的使用更有利于耕地的质量保护。

三、数据处理

为达到实证分析农业补贴政策对农户耕地保护效果的目的，根据农业补贴政策对农户耕地保护效果的分析和理论要求，需要有关家庭农业生产兼业情况、家庭劳动力情况、社会经济发展状况、农业补贴等方面的详细资料。

（一）输入数据的处理

输入的数据处理主要对农业补贴政策包含的粮食直补、良种补贴、农机购置补贴及农资综合补贴数据的整理。

（二）输出数据的处理

从数据包络分析方法的指标体系的选择中，可见农业补贴政策对农户耕地保护效应主要体现在3个方面，分别为农户的耕地保护行为，耕地数量保护及耕地质量保护，主要为劳动力投入天数、农家肥使用比例、种植耕地面积、抛荒面积、粮食单产、有效灌溉面积、机械使用天数。本次的调查问卷也分别从这几个方面加以调研，调查基本情况见表5-7。

表 5-7　农户耕地保护效果基本情况表

年份	种植耕地面积（亩）	抛荒面积（亩）	粮食单产（斤/亩）	有效灌溉面积（亩）	机械使用天数（天）	劳动力投入天数（天）	农家肥占使用比例（%）
2002	966.67	77.01	75534	878.77	1.59	159.17	10.79
2003	973.37	76.21	768.13	882.87	1.59	160.09	10.81
2004	976.60	6430	792.38	891.97	2.61	154.90	10.57
2005	976.41	61.99	808.39	892.09	335	148.92	10.41
2006	961.51	5739	829.74	877.59	3.61	137.82	10.59
2007	952.93	55.05	859.85	865.21	4.24	131.19	9.99
2008	978.73	49.65	885.89	888.11	4.56	130.93	936
2009	1003.63	57.75	90438	91036	4.99	131.29	9.09
2010	1029.65	60.23	926.87	936.93	5.40	131.85	838
2011	977.95	67.93	940.62	881.03	5.78	123.87	8.46

1. 农户耕地数量保护情况

耕地的数量保护主要通过种植耕地面积和抛荒面积情况来体现。

（1）种植耕地面积情况

种植耕地面积说明农户对耕地的利用情况，从正面说明耕地保护在数量上的效果。从调研统计的数据上可以看出，种植耕地面积在实施农业补贴的初期略有所增加，但由于农业补贴的标准不高，农户种粮的积极性不高，随着农业补贴标准的提高，种植耕地面积也随之提高。

（2）抛荒面积情况

耕地抛荒从反面反映出耕地保护在数量上的效果，从统计的数据可以看出，从 2004 年实施农业补贴以后，被调研地区的耕地抛荒现象得到一定程度的遏制，抛荒面积在减少，到 2008 年减到最少 49.65 亩，这说明农业补贴政策在耕地数量保护上起到一定的作用，但是从 2008 年以后，耕地抛荒的现象有所加重。

农户之所以会出现抛荒现象，其原因很多。主要有三点：一是由于农业的多功能型，耕地可被建设用地占用，可被自然或人为毁坏为未利用地，同时耕地还可退耕还林、还草、还湖等；二是粮食的经济收益不高，在调查的问卷中发现，农业收入占家庭总收入的比例不到20%。将农业收入作为家庭唯一收入的农户占5%，所有的农户都是年长的老人，因为年轻的都在外面工作，收入明显比农业收入高；三是由于土地的报酬递减规律，农户投入和产出不一定成正比，而且产出持续的时间长，因此会出现抛荒现象。

2. 耕地保护质量情况

反映耕地质量状况的指标很多，根据耕地质量的最终表现形式和数据的可获取性，选用了单位面积粮食产量增长率和耕地的有效灌溉率来反映耕地的质量水平。

土地利用变化，导致土地管理措施改变，从而影响土壤中一系列的变化。这种变化作用到耕地上，主要表现为土壤养分、土壤水分、土地生产力、土壤中生物多样性等的变化，甚至会引起土壤污染等。农户耕地保护质量衡量的指标有粮食单产，有效灌溉面积。

（1）粮食单产

粮食产量是耕地生产力最直接的体现。耕地的质量主要是耕地的生产力体现。耕地生产力又是耕地质量和各项管理措施与投入的综合作用的结果。同一区域条件下，如果管理措施相同，那么单位面积农作物产量的大小主要与耕地质量有关；同样，在耕地质量相差不大的情况下，单位面积农作物产量则与农户管理措施有关。单位面积产量既能反映土地本身的质量高低，又能体现农户管理措施的好坏。因此，可以选取单位面积产量作为耕地质量的评价指标之一。影响粮食单产增加的原因有很多，主要有土壤自身的肥力、种子、化肥的使用量、日常的田间管理等。但本书了解到，多数是由于农业补贴政策中的粮食直补，良种补贴等的驱动，使其增加对农业的投入，从而提升了粮食单产。

（2）有效灌溉面积

水是生命的源泉，对粮食生产而言，更是不可或缺的基本元素，耕地的肥力更是跟水离不开关系。根据水利部20世纪80年代初对全国灌溉农田和非灌溉农田粮食产量的调查，一般灌溉农田的粮食产量比非灌溉农田的产量提高1~3倍，越是干旱的地区增产幅度越大，灌溉增产在总增产中的分摊系数约为0.4。有效灌溉面积指一般年份可以正常灌溉的土地面积。它反映了耕地能否被正常灌溉，从而说明耕地质量的好与坏。从统计数据可以看出，有效灌溉面积有升有降，2007年的有效灌溉面积最少仅为865.21亩，2010年的有效灌溉面积最大，达到了936.93亩。

有效灌溉面积减少的原因是多方面的，根据水利部门长期的统计调查；主要原因有：工程设施损坏报废、机井报废、长期无水、建设占用、退耕及其他原因。2000年以前，机井报废是有效灌溉面积减少的主要原因，2000年以后，工程设施损坏报废、建设占用和退耕为有效灌溉面积减少的主要原因。结合调研的数据本书认为，有效灌溉面积的减少主要是由于退耕，抛荒面积的提高，在2003年以前政府并未对农户进行农业补贴，从 2004 年开始，国家实施农业补贴，抛荒率立即减少，有效灌溉面积也随之回升，但是由于农业补贴政策补贴标准低等其他原因，对有效灌溉面积的刺激作用减弱，有效灌溉面积又不断降低。

3. 农户耕地保护行为的情况

（1）劳动力投入天数

劳动力投入天数在一定程度上反映农户耕地保护精耕细作的程度和对农田设施维护的程度，花在农田的时间越多，有可能获得更高的经济效益。

影响农户劳动力投入的因素是多方面的，包括社会生产力的发展、农户自身因素、农业机械化程度的提高、农业种植结构不同等。但是从实地调研的情况来看，造成这种现象的主要原因是农业机械化的普及，农业生产能力的提升。而农业机械程度的提升与农机购置补贴有很大的联系。

（2）机械使用天数

机械使用天数从某种程度上代表了农业机械化生产的水平，农村社会生产力的发展，农村规模经营的扩大，农户生产技能的提高。实现农业机械化不仅能够节省农户劳动时间，提高粮食综合生产能力，而且还能够促进农村剩余劳动力的转移和改善农村生产条件，更好的保护生态环境。

（3）农家肥使用比例

众所周知，农家肥种类较多，成本较低，营养较全面，它不仅含有氮、磷、钾，而且还含有钙、镁、硫、铁等一些微量元素。但这些营养元素需要通过微生物分解、发酵和化学作用，才易于被植物吸收。因为这些营养元素大多呈有机物状态，但是经过土壤理化作用之后，肥效持久而稳定，而且有利于促进土壤团粒结构的形成，使土壤中水和空气的比例更加协调，土壤更加疏松，增加了保水、透气、保肥、保温的能力。

四、输出数据的处理

由于抛荒面积和有效灌溉面积是绝对指标，受种植面积的影响。例如，在某一年种植面积为 10 000 亩，抛荒面积为 20 亩，和某一年的种植面积为 500 亩，抛荒面积为 20 亩，这两者的抛荒面积是相同的，但是所表现出来的抛荒严重性却是前者不如后者严重。因此，引入抛荒率来衡量耕地的数量，有效灌溉率来衡量耕地质量。抛荒率 = 抛荒面积 / 种植耕地面积，有效灌概率 = 有效灌溉面积 / 种植耕面积。同时，将机械使用天数、劳动力投入天数及农家肥使用比例分别计算出亩均的数值。具体数据见表 5-8

表 5-8 处理后输出指标

年份	种植耕地面积（亩）	抛荒率(%)	粮食单产（斤/亩）	有效淄溉平（%）	亩均机械使用天数（天）	亩均劳动力投入天(d)	苗均农家肥使用比例（%）
2002	966.67	7.97	75534	90.91	0.4293	26.18	1.73
2003	97337	7.83	768.13	90.70	0.5406	26.15	1.70
2004	976.60	6.58	79238	9133	0.6042	25.22	1.75
2005	976.41	635	80839	9136	0.6996	24.25	1.67
2006	96151	5.97	829.74	91.27	0.7473	22.79	153
2007	952.93	5.78	859.85	90.79	0.795	21.89	1.45
2008	978.73	5.07	885.89	90.74	0.8268	21.27	130
2009	1003.63	5.75	904.38	90.71	0.9381	20.8	138
2010	1029.65	5.85	926.87	90.69	0.4293	2036	1.73
2011	977.95	6.95	940.62	90.09	0.5406	20.14	1.70

（一）抛荒率

抛荒率=抛荒面积/种植耕地面积，从处理后的数据可以看出，抛荒面积在2004年明显下降，一直持续到2008年，从2009年开始抛荒率有所升高。

（二）有效灌溉率

有效灌溉率=有效灌溉面积/种植耕地面积，有效灌溉率在实施农业补贴之前，是处于下降的阶段，实施农业补贴以后，有效灌溉率突然回升，2004～2006年数据相差不大，先升后降。从2007年以后有效灌溉率则大幅下降，2011年跌至这10年的最低值。

（三）亩均机械使用天数

亩均机械使用天数在实施农业补贴前变化不大，但还是处于缓缓上升的阶段，这可能是由于社会的进步，机械化水平不断提高的原因。实施农业补贴政策以后，亩均机械使用天数逐年增加，增加的幅度比实施农业补贴以前增加较大，从一定程度上说明，农业补贴政策中的农机具补贴政策对机械的使用存在很大的推动作用。

（四）亩均劳动力投入天数

从亩均劳动力投入天数可以看出，劳动力投入天数一直是处于下降的趋势，说明农业补贴政策对其影响不大，这主要是由于投入农业的劳动力没有投入工业的劳动力值钱。这跟农产品的出售价格不高也有一定的关系，从调研的数据可以知道，农业收入占家庭收入十分之一都不到，所以亩均劳动力投入天数随着社会的发展，逐渐投入到第二产业和第三产业去了。

（五）亩均农家肥使用比例

从亩均农家肥使用比例可以看出，亩均农家肥使用比例虽然在2010年和2011年有所回升，但是总体呈现递减的趋势，主要是由于现在市场上的化肥供应大，而农家肥的供给量少，对比农家肥和市场上卖的化肥，农家肥生产的厂家更少，由此也显得更为昂贵。

经过处理，DEA模型的评价单元和指标的初始数据见表5-9。

表5-9 评价单元及指标变量

年份	粮食直补（元/亩）	良种补贴（元/亩）	农资综合补贴（元/亩）	农机具补贴（万元）	抛荒率（%）	种植耕地面积（亩）	有效率（%）	亩均机械使用天数（d）	讲均劳动力投入天数（4）	农家肥使用比例（%）
2004	10	10	0	292	658	966.67	9133	0.4293	25.22	1.73
2005	10	10	0	2420	635	97337	9136	0.5406	24.25	1.70
2006	11名	10	9.2	3956	5.97	976.60	91.27	0.6042	22.79	1.75
2007	11.8	10	19.2	10951	5.78	976.41	90.79	0.6996	21.89	1.67
2008	11.8	10	46.2	20750	5.07	96151	90.74	0.7473	21.27	153
2009	11.8	10	46.2	51655	5.75	952.93	90.71	0.795	20.8	1.45
2010	11.8	10	46.2	54000	5.85	978.73	90.69	0.8268	2036	130
2011	11.8	15	53.2	175000	6.95	1003.63	90.09	0.9381	20.14	138

五、农业补贴政策的耕地保护效果评估

（一）农业补贴政策总体效果评估

根据农户的收入来源分为传统农户和兼业农户，传统农户为以农业收入为主要来源的专门从事农业生产的；兼业农户则是指既进城打工又从事农业生产，即农闲外出打工、

农忙回家务农,往往是现金收入来源于打工,粮食、蔬菜等基本生存物质保障来源于耕地,依划分标准,把380个农户分为传统农户38户和兼业农户342户。以农户为决策单元,3个农业补贴金额作为输入指标,7个农户行为作为输出指标,运用 Maxdea5.0 软件进行运算,分别对全部农户、兼业农户和传统农户的耕地保护效果进行评估,计算有效率,结果整理后见表5-10。

表5-10 农业补贴政策对农户的耕地保护效果评估结果

年份	全部农户 有效户数(户)	全部农户 有效率(%)	兼业农户 有效户数(户)	兼业农户 有效率(%)	传统农户 有效户数(户)	传统农户 有效率(%)
2004	14	3.68	10	2.92	4	10.53
2005	15	3.95	13	3.80	2	5.26
2006	19	5.00	15	439	4	10.53
2007	30	7.89	25	731	5	13.16
2008	14	3.68	13	3.80	1	2.63
2009	23	6.05	20	5.85	3	7.89

1. 农业补贴政策对促进农户的耕地保护整体效果很低

2004~2011年,在380户调研农户中,平均只有18户表现出农业补贴政策对促进农户的耕地保护效果有效,有效率仅为4.74%,充分说明农业补贴政策对促进农户的耕地保护整体效果很低,没有真正体现农业补贴政策与耕地保护在目标上的共同价值取向。虽然农业补贴政策设计初衷是保证粮食安全、维护农产品市场和保障农民收入,但在农户的心目中,都认为是一种农村社会福利,在问及"你认为,国家制定的农业补贴政策是什么"时,绝大多数被调研农户认为是"为了农户的最低收入"或"因为化肥农药等农用物资涨价太快,国家给予补偿";而农业补贴政策的实际操作更加剧了农户对农业补贴政策的农村社会福利的认识:以粮食直补和良种补贴为例,粮食直补是鼓励农户种植粮食,应按粮食种植面积给予补贴;良种补贴是鼓励农户推广应用优良品种,应按实际优良品种种植面积给予补贴。但调研中发现,都是按农户承包耕地面积,由村统一造表逐户发放,基层管理人员普遍反映,按粮食种植面积或优良品种种植面积给予补贴根本不具备可操作性:粮食种植面积的核实、优良品种的认定,工作量大。某个村庄有一年按粮食实际种植面积给予耕地承租户发放,结果耕地出租户增加了当年的租金,给承租户的补贴最终还是农业补贴政策对促进传统农户的耕地保护整体效果要明显高于兼业农户从农业补贴政策对促进兼业农户和传统农户的效果看,传统农户的有效性明显要高于兼业农户：2004～2011年，传统农户的平均有效性为7.60%，高于兼业农户3.18%。这是因为，不同类型农户对耕地的依赖程度不同，对于兼业农户而言，其家庭主要经济来源是外出打工，耕地耕种成了他们的"副业"，仅仅是回到了村里的耕地实际承包户手中。

2. 农业补贴政策对促进传统农户的耕地保护整体效果要明显高于兼业农户

从农业补贴政策对促进兼业农户和传统农户的效果看，传统农户的有效性明显要高于兼业农户：2004～2011年，传统农户的平均有效性为7.60%，高于兼业农户3.18%。这是因为，不同类型农户对耕地的依赖程度不同，对于兼业农户而言，其家庭主要经济来源是外出打工，耕地耕种成了他们的"副业"，仅仅是解决家庭的基本农产品供给；而传统农户不同，耕地经营收入是他们的根本依赖，不仅要解决家庭基本的农产品供给，还要通过商品出售，维持相应的经济收入，他们会从更长远的角度来利用耕地，采用有机肥来培育土地、采用先进的经营技术等，农业补贴政策的实施，在一定程度上减少了农业生产的成本，增加其收入，因此耕地保护的效果自然会比兼业农户好。从这角度思考，有针对性地加大对传统农户或耕地规模经营户的农业补贴政策扶持，会比对所有农户实施的福利化扶持，更具效果。

3. 农业补贴政策对促进农户的耕地保护效果年度之间波动较大，呈逐年减弱的趋势

2004～2011年，农业补贴政策对促进农户的耕地保护效果的有效性年度波动很大，且对传统农户的有效性年度波动相对要比兼业农户大：从全部农户看，最高的有效率达7.89%，最低的为2.63%，而从传统农户看，最高的有效率达13.16%，最低的仅为2.63%。从年度变化趋势，有效性表现出逐年减弱的趋势，传统农户有效性变化最为明显：有效性从2004年的10.53%上升到2007年的13.16%，到2011年下降至2.63%。分析其原因，可能是因为2004~2011年的农业补贴力度跟不上物价、农用物资的上涨速度，粮食补贴2004年为10元/亩，2006年上调为11.8元/亩，一直维持到2011年不变；良种补贴2004年为10元/亩，一直到2011年才上调为15元/亩；农资综合补贴从2006年开始，为9.2元/亩，2007年上调为19.8元/亩，2008年上调为46.2元/亩，2011年又上升为53.2元/亩。由于政策存在一定的滞后性，2006年开始实施农资综合补贴，2007年才反映出效果最好。

（二）各农业补贴政策的耕地保护效果的效率分析

1. 粮食直补对耕地保护的效果分析

由 Maxdea5.0 软件计算出的结果见表 5-11。

表 5-11　粮食直补政策对耕地保护效果影响程度

年份	效率值	抛荒率（%）	粮食单产（亩/斤）	有效灌溉率（%）	W均机械使用天数（d）	亩均劳动力投入天数（d）	农家肥使用比例（%）	种植耕地面积（亩）
2004	1	15.1976	0	0	0	0	0	0
2005	1	0	0	0	0.7143	0.1557	0	0.0010
2006	0.9022	0	0	0	0.6251	0	29.9738	0
2007	0.9378	0	0	0	0.6251	0	29.9738	0
2008	0.9357	0	0.001	0	0.0450	0	0	0
2009	0.9567	0	0.001	0	0.0450	0	0	0
2010	0.9810	0	0.001	0	0.0450	0	0	0
2011	1	0	0	0	1.066	0	0	0.0007

由表 5-11 可知，粮食直补政策在 2004 年、2005 年和 2011 年是 DEA 有效的，但是从 2006 年开始，到 2010 年却出现 DEA 无效。2004 年，粮食直补政策每增加一个单位，抛荒率却增加 15.1976，但对其他的输出指标没有效果；2005 年，粮食直补政策每增加一个单位，对亩均机械使用天数、亩均劳动力投入天数和粮食单产分别增加 0.7143、0.1557 和 0.001，效用不大，对其他的输出指标没有效果；2006 年和 2007 年，粮食直补政策每增加一个单位，对亩均机械使用天数和农家肥使用比例分别增加 0.6251 和 29.9738，对农家肥使用比例的效用比较明显，对其他的输出指标没有效果；2008 年到 2010 年，粮食直补政策每增加一个单位，粮食单产和亩均机械使用天数分别增加 0.001 和 0.045，效用比较小，对其他的输出指标没有效果；2011 年，粮食直补政策每增加一个单位，对亩均机械使用天数和粮食单产有效用，分别为 1.066 和 0.007，其他均无效果。综合 8 年的数据可知，粮食直补政策对有效灌溉率根本没有作用，对抛荒率和亩均劳动力投入天数基本上也没有作用，对粮食单产的影响也不大，对亩均机械使用天数和农家肥使用比例的影响比较大。

（2）良种补贴对输出指标的影响分析

由 Maxdea5.0 软件计算出的结果见表 5-12。

表 5-12 良种补贴政策对耕地保护效果影响程度

年份	效率值	抛荒率（%）	粮食单产（亩/斤）	有效灌溉率（%）	亩均机械使用天数（d）	亩均劳动力投入天数（d）	农家肥使用比例（%）	种植耕地面积（亩）
2004	1	15.1976	0	0	0	0	0	0
2005	1	9.0324	0	0	03501	0	13.9510	0
2006	1	0	0	0	0	0	57.1429	0
2007	1	0	0	0	03716	0	443131	0
2008	0.9999	0	0.0002	0.7864	0	0.0146	1.9777	0
2009	1	0	0	0	0.7024	0	30.4569	0
2010	1	13.5715	0	0	0.2492	0	0	0
2011	0.7847	9.0476	0	0	0.1662	0	0	0

由表 5-12 可知，良种补贴政策只有 2008 年和 2011 年是 DEA 无效的，其余 6 年都是 DEA 有效。2004 年，良种补贴政策每增加一个单位，抛荒面积增加 15.1976，但对其他的输出指标没有效果；2005 年，良种补贴政策每增加一个单位，抛荒率增加 9.0324，亩均机械使用天数和农家肥使用比例分别增加 0.3501 和 13.9510，对抛荒率和农家肥使用比例效用比较大，对其他的输出指标没有效果 2006 年，良种补贴政策每增加一个单位，仅使农家肥使用比例增加 57.1429，对农家肥使用比例的效用比较明显，对其他的输出指标没有效果；2007 年，良种补贴政策每增加一个单位，使亩均机械使用天数和农家肥使用比例分别增加 0.3716 和 44.3131，对农家肥使用比例的效用比较明显，对其他的输出指标没有效果；2008 年，良种补贴政策每增加一个单位，粮食单产、有效灌溉率、亩均劳动力投入天数和农家肥使用比例分别增加 0.002、0.7864、0.0146 和 1.9777，效用都比较小，对其他的输出指标没有效果；2009 年，良种补贴政策每增加一个单位，使亩均机械使用天数和农家肥使用比例分别增加 0.7024 和 30.4569，对农家肥使用比例的效用比较明显，对其他的输出指标没有效果；2010 年和 2011 年，良种补贴政策每增加一个单位，只对亩均机械使用天数有效用，但效果不明显，其他均无效果。综合 8 年的数据可知，良种贴政策对有效灌溉率和种植耕地面积基本上没有促进

作用，对抛荒率、亩均劳动力投入天数和粮食单产的影响不大，对亩均机械使用天数和农家肥使用比例的影响比较大。

第五节 完善农业补贴政策，促进耕地保护的建议

一、农户对完善农业补贴政策

农户作为耕地保护的真正实践者，充分了解农户对完善农业补贴政策的期望，对增加农业补贴政策的可操作性和实用性至关重要。为了深入了解农户对完善农业补贴政策的期望，课题组在调查问卷中设计了两个问题，问题一是"如果改进现在的农业补贴政策，您认为下面那种形式能最有效地提高农户耕地保护积极性？"，问题二是"要促进耕地向种田能手集中，实现规模经营，您认为最好的措施是什么？"。

表 5-13 是问题一的问卷统计结果，选择"投入农田基础设施集中建设"的农户最多，有 164 人，占 43.16%，说明农户对当前的农田基本建设非常关注，这与家庭联产承包责任制实施以来，农田基础设施建设机制缺失的现实非常吻合，农户希望国家增加投入，改善农田生产的基础条件；选择"发给种粮大户"的农户第二多，有 123 人，占 32.37%，说明部分农户认为集中给予种粮大户的补贴，能有效地补偿当前粮食生产经济效益相对低下的缺陷，调动种粮大户的耕种积极性，进而利于耕地保护；选择"直接发放到农户手里"的农户最少，只有 93 人，仅占 24.47%，这也再次证实了现阶段实施的农业补贴政策，并没有得到广大农户的认可。

表 5-13 农户期望农业补贴发放形式

形式	投入农田基础实施集中建设	发给种粮大户	直接发放到农户手里
样本数量（人）	164	123	93
比例（%）	43.16	3237	24.47

表 5-14 是问题二的问卷统计结果，选择"通过农田整治完善农田基础设施，以适用于机械化"和"加大对种粮大户的补贴"的农户分别为有 156 人和 127 人，各占 41.05% 和 33.42%，这与问题一的选择不谋而合，再一次说明加大农田基础设施建设和调动种粮大户耕种积极性的重要性；选择"严格按耕地耕种面积对实际耕种者发放农业补贴"和"进一步加大农机购置补贴"的农户并不多，分别只有 52 人和 45 人，各占 13.68% 和 11.84%，说明农户不仅对当前农业补贴的福利形式的发放方式不认可，也对农业补贴政策的设计不认可。

表 5-14　实现耕地规模经营有效措施统计表

措施	加大对种粮大户的补贴	通过农田整治完善农田基础设施，以适用于机械化	进一步加大农机购置补贴	严格按耕地耕种面积对实际耕种者发放农业补贴
样本数量（人）	127	156	45	52
比例（%）	33.42	41.05	11.84	13.68

二、完善农业补贴政策的建议

只有充分调动农户的耕地保护积极性，才能在内在动力机制上真正贯彻落实我国"切实保护耕地"的基本国策。在构建"以工促农、以城带乡、工农互惠、城乡一体的新型工农城乡关系的"宏观战略背景下，把耕地保护融入农业补贴政策设计之中，实现强农惠农与耕地保护两者目标的共赢，是新形势下完善"三农"政策的客观需求。实证研究表明现阶段的农业补贴政策并没有发挥出促进农户耕地保护行为的作用，农业补贴政策与耕地保护在目标上的共同价值取向没有得到体现，因此通过完善现行农业补贴政策推动我国"切实保护耕地"基本国策的贯彻落实迫在眉睫。

（一）加强规模经营的农田基础设施建设的组织及后期管护的政府投入

农田基础设施是农业生产的基本保证，加强农田基础设施建设是当前广大农户的迫切需求。目前，各部门各行业针对农田基础设施建设的项目很多，有国土部门的"高标准基本农田建设"、农业部门的"高标准农田建设"，还有烟草部门的"烟水烟田工程"、水利部门的"小型农田水利建设"、发展和改革委员会的"现代农业示范项目""商品粮基地项目""优质粮食产业工程"等。但基本上处于"各自为战"，不仅远未达到1+1＞2的效果，还经常出现重复建设、相互制约的浪费现象。应尽快创新土地整治机制，按照"政府主导、国土搭台、部门联动、公众参与"的要求，遵循"资金性质不变、管理渠道不变、归口申报、各司其职"的原则，聚合各部门管理的项目资金，形成合力，真正落实土地整治工作共同推进责任机制，并重点向农业规模经营区域倾斜。同时，应改变"重建设、轻管护"的现象，建立相应的农田基础设施建设的后期管护投入机制，明确农田基础设施管护主体及其责任与义务，确保农田基础设施的功能长久发挥。

（二）扶持聚焦于各类规模经营主体的培育

现代农业规模经营主体的培育，是个发挥农业补贴政策对耕地保护促进作用的一个重要切入点，这是因为：①规模经营是现代农业的主要特征，而经营主体是规模经营的关键，他们不仅是耕地经营的组织者，也是专业化、集约化和机械化的决策者。②农业生产的经济比较效益低是目前制约农业发展的一个主要"瓶颈"。农业还是弱势产业，通过对经营主体的资金扶持，提高耕地经营经济效益，可激发农业生产积极性。③各类农业规模经营主体是确保我国粮食安全的主力军。分散式的家庭承包经营，多满足于自身消费需求，真正能为社会提供粮食供给的，主要是各类农业规模经营主体，他们生产的粮食总量大、商品化率高，国家理应为他们做出的粮食生产贡献给予支持。因此，应重点加大对各类农业规模经营主体扶持力度。

（三）构建粮食规模生产的综合激励新机制

确保粮食安全是我国"国泰民安"的根基，要积极鼓励粮食生产，避免过度非粮化现象。建议构建粮食规模生产的综合激励新机制：一方面，继续加大对种粮大户的奖励力度，并扩大至联户经营、家庭农场等其他农业规模经营主体，确保粮食生产的经济效益，提高他们的粮食生产积极性。另一方面，把国家战略储备粮保障与耕地规模经营主体扶持相结合，通过订单式形式，确保耕地规模经营主体生产的粮食销售渠道的畅通与稳定。

（四）制定有机肥/绿肥使用激励政策

耕地质量的下降已成为威胁农业现代化的最大因素，而农业面源污染是导致耕地质量下降的最主要原因，应改变过于依赖化肥提升产量的现状，鼓励农户使用有机肥/绿肥，改善耕地土壤结构，提升耕地可持续利用能力，而设立有机肥/绿肥使用激励政策，是鼓励农户使用有机肥/绿肥的有效手段。建议制定有机肥/绿肥使用的激励政策：一方面为农户免费提供优良的绿肥品种，并按绿肥的实际种植面积给予一定的经济奖励；另一方面，扶持和鼓励企业开发安全、稳定、廉价的有机肥肥源。

第六章 土地流转与耕地保护

第一节 我国耕地转型分析

我国耕地政策的最终目标是保障国家粮食安全和促进农村经济发展，即政策目标。为实现政策目标，就需要设立相应的中间目标，通过梳理历年政策对于农业扶持的相关内容，结合国内学者对于耕地利用问题的关注热点，当前我国耕地政策的中间目标主要包括培育新型耕地经营主体、转变农业经济功能、革新农业生产技术和促进农村土地流转四个方面，因此对于耕地转型的探讨也将从这四个方面来展开。

一、耕地转型分析方法

（一）耕地政策传导机制及政策评价方法

所谓"机制"，最早是指机器的结构及工作原理。从制度学上理解，则是指为了实现特定目标的制度安排。目前，学术界对政策传导机制的研究以货币政策传导机制的研究较多。所谓货币政策传导机制，是指中央银行为了调控目标而出台相应的调控政策，但这些政策不能直接作用于经济实体，需要通过影响各种中间目标如汇率、利率、货币量等来实现最终的调控目标。类似的，我们可以得到耕地政策传导机制的概念，即中央土地管理部门运用政策管理工具，直接或者间接地调整农村耕地的供需关系，从而达到控制耕地数量以及耕地利用结构的目的，进而促使微观客体调整自己的经济行为，最终实现维护国家粮食安全和农村经济增长的最终目标。

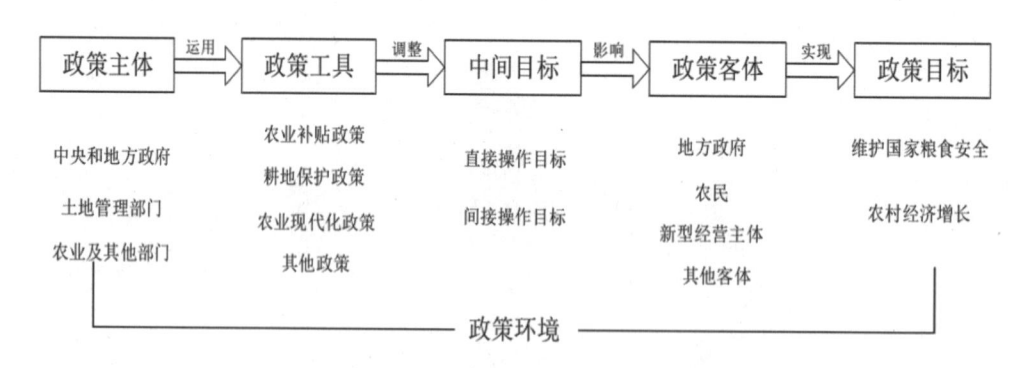

图 6-1 我国耕地政策传导机制

目标获取模型是政策评价模型的一种，其核心思想就是依据政策目标的实现情况来评价一项政策的实施效果。目标获取模型评价政策的唯一标准是政策目标的实现情况，这种政策评价模型将复杂的政策问题简单化处理，因而在进行政策目标模糊、政策实施成本高的政策评价时会有比较大的偏差。

（二）耕地转型分析方法

由于我国特殊的农村土地制度，耕地转型往往具有政策导向的特点。因此，分析我国耕地转型，就必然要对研究时间段内的耕地政策进行分析。本节中对于耕地相关政策的分析将以耕地保护政策传导机制为基本框架，对政策工具、政策目标、政策客体进行分析，并利用政策评价模型对政策的实施效果进行评价。耕地政策主体多为中央制定指导性政策，由地方制定实施细则，且不是本节研究的重点，故不再对政策主体进行讨论。

我国的耕地相关政策体系比较复杂，且耕地相关政策影响范围涉及农村的方方面面，很难采用已有模型对耕地政策效果进行系统评价。因为目标获取模型的成果导向原则能够使复杂的问题简单化，中将以目标获取模型作为基础，对我国的耕地相关政策进行评价。

为了弥补目标获取模型在评价复杂政策方面的不足，将耕地转型分为经营主体转型、经济功能转型、生产技术转型和交易模式转型四个方面，分别梳理出我国农村政策中与之相关的政策，从而使得保证评价目标的确定性。其次，本章也会对政策实施成本进行讨论，用以弥补目标获取模型忽略了政策实施成本的这一不足之处。

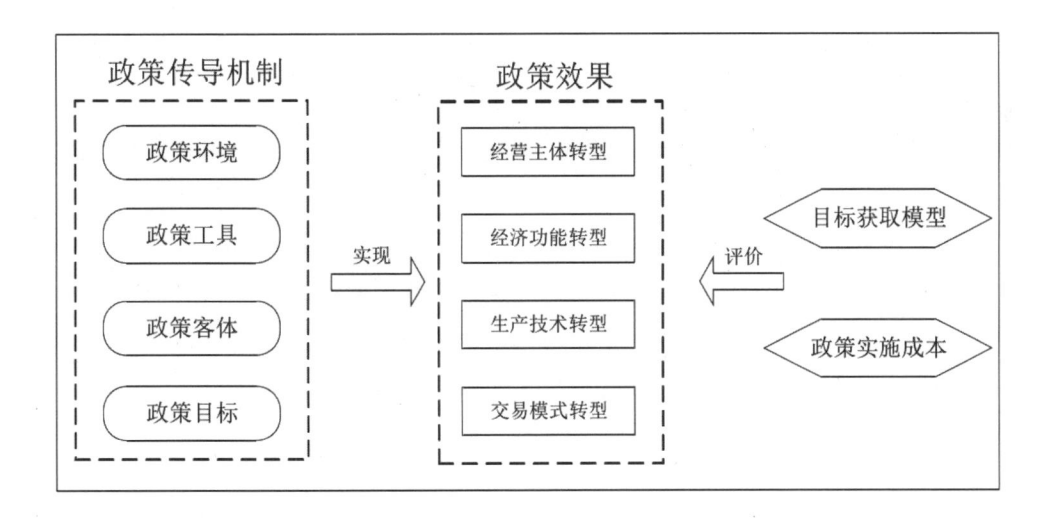

图 6-2 耕地转型分析框架

二、耕地经营主体转型

耕地经营主体主要指直接在耕地上从事农业生产的个人或机构。当从事与耕地相关的农业生产的群体性质发生变化时,即为耕地经营主体转型。在耕地规模化经营趋势下,我国耕地经营主体结构逐渐改变,耕地经营主体转型较为普遍。

(一)我国耕地经营主体现状

当前我国农村耕地的经营主体仍然是分散的农户,农民拥有耕地的承包经营权,耕地所有权归集体所有。随着市场经济的发展和农业产业结构的变化,农业对于规模化和产业化经营的要求越来越高,加之农村人口流失严重,现有的家庭分散经营的耕地经营模式逐渐不适应农村发展的要求。为适应新时期农村发展的需要,很多地方开始涌现新型的农村土地经营主体,如种田大户、家庭农场、农民合作社、农业产业化企业等。这些新型的经营主体往往掌握了比较科学的耕种技术以及先进的生产工具。鼓励耕地经营主体向新型耕地经营主体转型对于耕地集约化利用和规模化经营将会有着显著的推进作用。

(二)我国培育新型耕地经营主体政策

现代化农业的发展离不开文化程度高、理念先进、懂技术的新型耕地经营主体。在历年的中央一号文件中,我国都强调了对培育新型耕地经营主体的重要性。

(三)耕地经营主体政策客体及目标分析

通过分析"中央一号文件"中有关培育新型耕地经营主体中的内容可以发现,以前我国对于农村新型耕地经营主体的发展主要以引导为主,且以培养农民职业技能和提高农民组织化程度为重点。以后"中央一号文件"首次将发展"家庭农场"写入政策中,并允许合作社对农业财政补贴进行管护。在之后的政策文件中,除了加大培育新型耕地经营主体财政资金投入之外,更是强调了构建新型农业经营体系和建立农村服务体系的重要性。培育耕地新型经营主体政策重心也由之前的引导鼓励向大力扶持转变。

由此,可以总结出我国培育新型耕地经营主体的政策客体主要包括农村中家庭农场主、种田大户、合作社带头人等新型耕地经营主体、农业产业化龙头企业以及未来可以成长为新型耕地经营主体的农户。培育新型耕地经营主体的政策目标则是提升农村新型耕地经营主体数量,优化耕地经营主体人才结构,实现耕地规模化经营。

(四)我国培育新型耕地经营主体政策效果评价

根据我国新型耕地经营主体培育政策的政策目标,结合能获取的数据情况,本小节采用家庭农场数量、农民专业合作社发展情况以及调研数据作为政策效果评价的依据。

表6-1是2013年到2015年我国经县级以上农业部门认证的家庭农场数量情况,自2013年中央一号文件提出发展家庭农场以来,各地家庭农场数量呈现出快速增长模式,仅两年时间农业部门认证的家庭农场数量就由7.23万户增加到34.3万户。中央一号文件于2006年提出发展农民合作经济组织,截至2016年,短短十年我国农民合作社

数量就从 2.64 万增加到 179.4 万。而根据调研区农村耕地经营主体调研情况来看，有 73.46% 的农户都存在将耕地出租给种田大户或合作社等专业机构的情况，其中 36.73% 的农户的耕地已完全出租给种田大户或者合作社等专业机构。

表 6-1　我国历年"中央一号文件"中关于耕地经营主体内容

年份	关于培育新型耕地经营主体内容重点。
2004	如强对农村劳动力的职业技能培训，鼓励发展农产品背销主体。
2005	全面开展农民职业技能培训，加大培训资金投入。
2006	引导农民发展各类专业合作经济组织，增加农村劳动力培训经费。
2007	培育新型农民，积极发展种养专业大户、农民专业合作组织、龙头企业和集体经济组织等新型经营主体。
2008	支持农业产业化发展，鼓励农民兴办专业合作社和参股龙头企业，积极发展农村服务组织。
2009	增加财政资金，用于扶持农民专业合作社和龙头企业发展。
2010	着力提高农业生产经营组织化程度，扶持农民专业合作社自办农产品加工企业。
2012	培育和支持农民专业合作社、供销合作社、专业技术协会、农民用水合作组织、涉农企业等新型农业社会化服务组织。
2013	鼓励承包土地向专业大户、家庭农场、农民合作社流转，大力培育新型农民合作组织和支持发展多种形式的新型农民合作组织。
2014	鼓励发展农业合作社、家庭农场、农业产业化龙头企业等新型经普主体，允许财政补贴由合作社管护。
2015	加快构建新型农业经体系，完善对粮食生产经主体的支持服务体系。
2016	建立职业农民培训体系，优化财政支农资金并用于培养职业农民，探索职业农民养老保险。
2017	开发农村人力资源，重点围绕新型职业农民培育、农民工职业技能提升，优化农业从业者结构，深入推进现代青年农场主、林场主培养计划和新型农业经普主体带头人轮训计划，探索培育农业职业经理人，培养适应现代农业发展需要的新农民。
2018	统筹兼顾培育新型农业经营主体和扶持小农户，培育各类专业化市场化服务组织，推进农业生产全程社会化服务，帮助小农户节本增效。发展多样化的联合与合作，提升小农户组织化程度，注重发挥新型农业经普主体带动作用。

这说明在农村劳动力流出以及国家政策支持下，种田大户和合作社等专业机构等

新型耕地经营主体发展较快。这些新型耕地经营主体的直接目标是通过规模化经营获取利润，而经营耕地的盈收则取决于耕地产出。因此相较普通农户而言，新型耕地经营主体对于提升耕地产能的需求会更为强烈。这对于解决如何在农村发展现代化农业，盘活农村土地，促进耕地集约利用等问题无疑是有着比较强的现实意义的。因此，从我国新型耕地经营主体发展情况来看，国家对于培育新型耕地经营主体的政策取得了比较好的效果，实现了预期的政策目标。

三、耕地经济功能转型

耕地经济作为农业经济的主要形式之一，其经济功能在宏观上表现为与耕地相关的农业经济是国民经济的重要组成部分，在微观上则表现为耕地产出是农户收入的重要来源。随着社会发展，其他形式的经济发展会导致农业经济在国民经济中的地位以及耕地收入对于农户的重要性都会出现不同程度的改变，这种耕地经济功能的变化即称为耕地经济功能转型。

（一）我国耕地经济功能弱化

改革开放以后，随着市场经济的兴起，第二产业和第三产业快速发展，我国农业经济增长速度以及农业经济在国民经济中的地位都发生了显著变化。无论是第一产业从业人数还是农业生产总值占国民经济比重都在呈现逐年下滑的趋势，这既是我国经济快速发展的结果，也反映了我国农业发展相对经济发展比较滞后的现状。农业经济在这种趋势影响下，其地位不断下滑，其经济功能逐渐由改革开放初期在国民经济中的主导功能向保障农村就业功能转变，这就意味着耕地的经济功能在不断被弱化。其次，在我国农村土地制度的限制下，耕地只具备生产功能，耕地作为不动产的资产属性难以实现。而在我国家庭分散经营模式下，很难单纯依靠耕地生产来增加收入，耕地的经济效益难以体现。

（二）我国发展农业经济的政策措施

由于农业的弱质性，农业经济地位的持续下降将随着经济增长而呈不断下降趋势。但同时，农业又具备基础性的特点，因此，如果国家不采取积极的支农政策，将会对整个国家的经济产生不良影响。而事实上，国家政策对于农业经济的支持力度也是不断加大的，表 6-2 是我国历年"中央一号文件"中对于农业经济支持的有关内容。

（三）我国发展农业经济政策客体及目标分析

通过分析历年中央一号文件中关于农业经济支持方面的内容可以发现，国家对于农业经济支持主要从加大农业补贴、完善农产品流通市场和促进农民增收三个方面。随着国家在三农方面投入的加大，资金投入方式也由原先的直接财政资金支持向构建"三农"投入稳定增长机制过渡，农产品市场流通市场体系建设的要求也逐年提高，农业补贴力度逐年加大。

由此，可以总结出我国支持农业经济政策的政策客体为从事农业生产的农民，政策主要目标是在农业经济在国民经济地位不断下滑的情况下，保持农民收入稳定增长，提高农民从事农业生产意愿，从而维护粮食供应市场稳定。

表6-2 我国历年"中央一号文件"中关于农业经济支持内容

年份	关于农业经济支持内容重点
2004	增加财政对农业和农村发展的投入，深化粮食流通体制改革，促进种粮农民增收。
2005	建立稳定增长的支农资金渠道，加快农产品流通和检验检测设施建设，减免农业税。
2006	坚持"多予少取放活"方针，加强农村现代流通体系建设，拓宽农民增收渠道，取消农业税。
2007	大幅度增加对"三农"投入，健全农村市场体系，健全农业支持补贴制度。
2008	切实加大"三农"投入力度，加强和改善农产品市场调控，创造条件让农民获得更多财产性收入。
2009	继续加大国家对农业农村的投入力度，加强农产品进出口调控和农产品市场体系建设，较大幅度增强农业补贴。
2010	完善农业补贴制度和市场调控机制，健全农产品市场体系，耕地占用税率提高的新增收入全部用于农业。
2012	加大农业投入和补贴力度，加强农产品流通设施建设，创新农产品流通方式。
2013	不断强化强农惠农富农政策力度，建立重要农产品供给机制，提高农产品流通效率。
2014	健全"三农"投入稳定增长机制，完善农业补贴政策，完善国家粮食安全保障体系。
2015	优先保证农业农村投入，提高农业补贴政策效能，创新农产品流通方式。
2016	优先保证财政对农业农村的投入，加强农产品流通设施和市场建设，完善农业产业链与农民利益联结机制。
2017	改革财政支农机制，完善农业补贴制度，深化粮食等重要农产品价格形成机制和收储制度改革。
2018	构建农村一二三产业融合发展体系，促进农村劳动力转移就业和农民增收。

由此可以看出，尽管国家对于农业经济扶持政策力度不断加大，但城乡居民收入的差距仍然较大。而在粮食价格提升幅度不大的情况下，农户通过从事农业生产的收入有限。在市场经济以及城镇化进程的影响下，大部分农民不再以耕地作为其唯一收入来

源，农民用于改善自身生活水平的主要收入来源是从事第二、三产业所得。这种差距反过来又刺激农村劳动力不断向二、三产业转移，造成农村劳动力的大量流失，这也是近年来我国农村耕地荒置现象显著的根本原因所在。因此，从农民从事农业生产意愿以及获得收入的情况来看，我国的农业经济支持政策没有达到预期的政策效果。

四、农业生产技术转型

社会生产的发展总是以科学技术的发展为直接动力，农业生产也不例外。在耕地资源以及耕地制度固定的前提下，耕作技术的发展是提升耕地产能的直接动力。当更先进的农业生产技术被研发出来，旧的技术必然会逐渐被淘汰，这种农业生产技术的发展即为农业生产技术转型。

（一）农业技术提升是现代化农业的基础

随着科学技术的发展，农业生产技术也不断得到提高，我国农业也逐渐由传统农业步入现代化农业的轨道。在我国人多地少的基本国情现状下，除了通过土地整治、高标准农田建设等方式增加耕地面积和提升耕地质量之外，改良农作物品种、创新农业生产工具等技术手段的革新则是提升粮食产量最有效的手段。同时，耕地规模化经营进程的加快也对农业生产技术的提升提出了更高的要求。

（二）我国发展农业生产技术的政策措施

鉴于科技在农业生产中的重要地位，我国历年中央一号文件一直都很重视农业生产技术的发展，表6-3是历年中央一号文件中关于发展农业科技的有关内容。

表 6-3　我国历年"中央一号文件"中关于发展农业科技的内容

年份	关于发展农业科技的内容重点
2004	加强农业科研和推广。
2005	加强农业科技创新能力建设，加大良种良法的推广力度，加快改革农业技术推广体系。
2006	大力提高农业科技创新和转化能力。
2007	加强农业科技创新体系建设，推进农业科技进村入户，大力推广资源节约型农业技术。
2008	加快推进农业科技研发和推广应用。
2009	加快农业科技创新步伐，支持科技人员和大学生到农技推广一线工作。
2010	提高农业科技创新和推广能力。
2012	明确农业科技创新方向，突出农业科技创新重点，完善农业科技创新机制，改善农业科技创新条件。
2014	推进农业科技创新，加快发展现代种业和农业机械化，推行科技特派员制度，发挥高校在农业科研和农技推广中的作用。
2015	强化农业科技创新驱动作用，探索建立农业科技成果交易中心。
2016	强化现代农业科技创新推广体系建设，加快推进现代种业发展。
2017	加强农业科技研发，强化农业科技推广，完善农业科技创新激励机制，提升农业科技园区建设水平。
2018	探索公益性和经营性农技推广融合发展机制，允许农技人员通过提供增值服务合理取酬。全面实施农技推广服务特聘计划。

（三）我国发展农业生产技术政策客体及目标分析

通过分析历年中央一号文件中关于农业科技推广政策，可以发现我国发展农业科技的重心在于科技创新和科技推广，即新的生产技术的发明以及其转化为耕地产能的程度。因此，可以总结出我国农业科技政策客体主要为从事农业生产技术创新研究的科研人员、科研机构、负责农业科技推广的推广人员、推广机构，政策目标为增加农业科技的成果数量和扩大经营主体对于农业科技的应用范围。

（四）我国发展农业生产技术政策效果评价

综合考虑我国农业科技支撑的政策目标以及数据的可获得情况，本小节采用我国农业知识产权指数来衡量我国农业科技创新情况，采用农业机械总动力、单位面积粮食产量情况以及调研区对于先进农业技术使用情况来分析我国农业科技成果的应用情况。

五、耕地交易模式转型

耕地交易指与耕地相关的产权转移过程。在我国耕地所有权属集体所有的前提下，耕地交易主要是指耕地承包经营权的流转情况。在过去，国家为保障农村的稳定、防止农民权益被侵犯，对耕地承包经营权的流转有着比较多的限制条件。随着农村耕地流转需求增加，原有的流转限制条件逐渐被弱化，农村耕地流转形式呈现多元化发展趋势，这种耕地流转范围以及流转形式的变化即称为耕地交易模式转型。

（一）我国耕地交易现状

我国耕地自实行家庭联产承包责任制以来，总体上一直维持着以家庭承包经营为基础、统分结合的双层经营体制。在当时的历史条件下，这种耕地所有权与承包经营权分离的产权制度对于粮食产量的提升和农村稳定都发挥了重要作用。随着社会经济的发展，农村耕地的经营格局也向规模化、集约化、多元化的方向发展，农村土地流转普遍展开。为适应新形势下农村土地管理的需要，原有的农村土地产权制度中关于耕地流转限制的内容就需要做出相应调整。

（二）我国改革耕地交易模式的政策措施

土地公有制是社会主义制度的根本特征。农村土地流转涉及土地产权形式的变化，事关我国的根本制度。我国历年中央一号文件对于完善农村土地产权交易制度方面也一直很重视，表6-4是历年"中央一号文件"中关于完善耕地产权制度，引导农村土地流转的内容。

（三）我国改革耕地交易模式政策客体及目标分析

通过分析历年中央一号文件中关于耕地产权制度政策，可以发现稳定农村土地承包关系一直是历年政策重点强调的内容。全面开展农村土地确权颁证工作以来，历年政策都对这一工作的进度做出了要求。其次，自中央一号文件提出规范土地承包经营权流转以来，几乎在历年的政策文件中都提及了有关农村土地流转的内容，且内容逐渐细化。中央一号文件提出"稳定农户承包权、放活土地经营权，允许承包土地的经营权向金融机构抵押融资"，农村土地"三权分置"政策正式出台，也标志着农村土地流转开始向规范化、合法化转型。

由此，可以总结出我国历年来调整农村耕地产权制度的政策主要包括农村土地确权和引导农村土地流转两方面，其中土地确权主要由地方政府完成，土地流转行为主要发生在普通农户和规模化经营主体之间。因此，可以总结出耕地产权制度的政策客体为地方政府、农户和规模化经营主体，政策的主要目标为确保农村土地承包权的稳定，引导农村土地流转工作有序开展。

表 6-4　我国历年"中央一号文件"中关于耕地产权交易的内容

年份	关于耕地产权制度的内容重点
2004	加快土地征用制度改革，妥善安置失地农民。
2005	认真落实农村土地承包政策。
2006	稳定和完善以家庭承包经营为基础、统分结合的双层经营体制。
2007	坚持农村基本经营制度，稳定土地承包关系，规范土地承包经营权流转，加快征地制度改革。
2008	稳定完善农村基本经营制度和深化农村改革。
2009	稳定农村土地承包关系，建立健全土地承包经营权流转市场。
2010	稳定农村土地承包关系，在依法自愿有偿流转的基础上发展多种形式的适度规模经营。力争用 3 年时间完成集体土地所有权确权。
2012	按照依法自愿有偿原则，引导土地承包经营权流转，健全土地承包经营纠纷调解仲裁制度。
2013	引导农村土地承包经营权有序流转，鼓励和支持承包土地向专业大户、家庭农场、农民合作社流转，发展多种形式的适度规模经营。全面开展农村土地确权登记颁证工作。
2014	稳定农户承包权、放活土地经营权，允许承包土地的经营权向金融机构抵押融资。抓紧抓实农村土地承包经营权确权登记颁证工作。
2015	引导土地经营权规范有序流转，创新土地流转和规模经营方式，积极发展多种形式适度规模经营。抓紧抓实土地承包经营权确权登记颁证工作，扩大整省推进试点范围。
2016	健全县乡农村经营管理体系，加强对土地流转和规模经营的管理服务。
2017	落实农村土地集体所有权、农户承包权、土地经营权"三权分置"办法。加快推进农村承包地确权登记颁证，扩大整省试点范围。

（四）我国改革耕地交易模式政策效果评价

根据农业部统计，2018 年底，全国农村承包地确权已全面进入收尾阶段。土地承包权确权工作的顺利收尾，解决了长期以来承包地块面积不准、四至不清等问题，对于稳定农村土地承包经营权有着重要意义，也为农村土地流转市场体系的建设打下了坚实的基础。

第二节 农村土地流转的基本问题

一、农村土地流转的分类

（一）家庭承包流转和非家庭承包流转

按照土地承包方式的不同，土地承包经营权的流转可以分为家庭承包流转和非家庭承包流转。家庭承包流转，是农户将从农民集体组织承包获得的土地转移给其他人或经济组织进行农业生产经营活动的流转。非家庭承包流转是承包人将以公开竞价或协议的方式从农民集体组织承包获得的土地转移给其他人或经济组织进行农业生产经营活动的流转。

两者的主要区别在于土地承包的方式。家庭承包流转的土地，是农民集体组织依照我国土地承包法等法律政策，按照一定的标准和程序统一好配给农户承包的。农户作为集体组织的成员，天然享有占有集体土地以维持自身生存和发展需要的权利，因此，家庭承包的土地具有不可改变的社会价值和功能，是农民生存权和发展权的重要物质基础。家庭承包土地进入流转后，不论流转到什么程度，土地的家庭承包性质始终不变，都属于家庭承包流转。非家庭承包的土地主要是荒山荒地等，按照土地管理法、土地承包法和物权法，荒山荒地的承包可以不采用家庭承包方式，而采取招标、拍卖或公开协议承包等多种方式。非家庭承包的土地没有承载农民生存和发展的功能，承包人不以农户为限，村外农民、农业公司、城镇居民都可以承包土地从事农业生产，承包不是无偿的，而是一种基于等价交换市场规则而产生的交易。

我国立法对家庭承包土地和非家庭承包土地作了严格的区分，分别加以规定。在土地流转上，对非家庭承包土地限制较少，在土地用于农业生产的前提下，土地的流转基本上是自由的。对家庭承包土地则予以较多的限制，防止土地流转导致农户永久失去土地成为限制的基本宗旨。例如，从物权法的相关规定中可以知道，非家庭承包的土地承包经营权是可以抵押的，而家庭承包的土地承包经营权是禁止抵押的立法的这种立场值得赞赏，因为这反映出立法对我国农村社会和土地之间关系的深刻认识。土地流转不是一个单纯的经济问题或私法问题，同时也是重大的政治问题和社会问题。

（二）初次流转和再流转

按照流转方的不同身份，可以将农村土地的流转分为初次流转和再流转。初次流转，又称为第一次流转，是指承包方将其以承包经营合同所获得的土地承包经营权，移转给其他人或经济组织进行农业生产经营活动的流转。再流转，又称为二次以上流转，是指受让方将其以土地流转合同所获得的土地承包经营权，移转给其他人或经济组织进行农业生产经营活动的流转。

二者的主要区别在于流转方的身份。初次流转中的流转方是承包方（农户或承包人），再流转中的流转方不是承包方，而是上位流转的受让方。

初次流转涉及的法律关系比较简单，仅涉及村农民集体（发包方）、承包方（农户或其他）、初次受让方、一般非物权人四方之间的双重法律关系；再流转所涉及的法律关系比较复杂，所涉及的当事人也比较多，包括村农民集体（发包方）、承包方（农户或其他）、再流转方、受让方和一般非物权人五方之间的双重法律关系。一般而言，初次流转中，发包方对土地流转的目的和后果比较清楚，能够将土地流转的后果控制在承包合同的范围内。而再流转尤其是数次再流转后，发包方对土地流转的过程和内容容易失控，甚至不知道土地最后在谁的手上。受让方也可能不理会发包方，不愿承担土地承包合同中的义务，因此对再流转的限制应当严于初次流转。

再流转，除了应当具备初次流转应有的本章第二节所列的"不能进入产权交易市场"、"不得改变土地用途"等先决条件外，还必须包括下列要求：（1）对于家庭承包土地，应当保障原承包的农户即最初流转方的基本生存权。一旦原承包的农户生活无着落需要收回土地，最后一个让对方不能拒绝。（2）再流转的期限不得超过初次流转确定的期限，例如，原承包的农户将土地转包的期限定为10年，后面不管流转多少次，累计不能超过这10年的期限。（3）再流转必须经原承包方的同意，未经同意无效。在同等条件下，原承包方有权收回。（4）再流转必须经发包方审核，保证再流转不违反土地承包合同的规定。

（三）村内流转和村外流转

按照受让方的不同身份，可以将土地流转分为村内流转和村外流转。村内流转，是流转方将土地承包经营权转移给本村的农民或经营组织进行农业生产经营活动的流转。村外流转，是流转方将土地承包经营权转移给村外的自然人或经济组织进行农业生产经营活动的流转。村内流转是村内到村内的流转；村外流转是村内到村外的流转。

理论和立法上并无村内流转和村外流转的说法。但实践中普遍存在着村内流转和村外流转的现象。《农村土地承包经营权流转管理办法》第35条规定："转包是指承包方将部分或全部土地承包经营权以一定期限转给同一集体经济组织的其他农户从事农业生产经营。出租是指承包方将部分或全部土地承包经营权以一定期限租赁给他人从事农业生产经营。"把流转给村内人或村外人作为转包与出租的区分标准，这就意味着，转包与出租其实就是分别指代村内流转与村外流转。与转包、出租相比，农民更容易理解村内流转与村外流转的区分，我们在广西三村调查时发现，农民基本上分不清楚转包与出租的区别。况且，出租是一个有自身含义的概念，用来指代村外流转易生歧义，混淆土地出租与承包经营权出租，因此，应采用村内流转与村外流转的分类。

村内流转属于本集体组织内的成员之间对土地占有和经营的调整。流转的双方都是该村集体组织的成员，无论怎么流转，都不影响土地承包原有的性质和成员的共同利益。我国乡村社会具有很强的地域性和血缘性，一个村往往只有几个姓甚至一个姓，同姓的村民往往拥有共同的祖先，集体土地在许多农民眼里也就是家族共有的土地，村内流转不会导致土地落入外人之手，因此对村内流转一般都予以认可。我们在广西三村调查中没有听到不赞成村内流转的意见。村内流转不影响农村集体土地所有权，一般不会导致发包方对土地的失控，能缓解本村"有地无人种、有人无地种"的矛盾。因此，对村内流转可以给予较大的自由。

村外流转则不一样，由于受让方不是本村集体的成员，容易引起利益冲突。由于第一轮土地承包是按人口分配的，到第二轮承包时，已经出现了有的农户人少地多，有的农户人多地少的现象。人多地少的农民对第二轮承包维持第一轮承包的状态本来就觉得不公平，对人少地多的农户将土地流转给村外人就更有意见了。我们在广西三村调查中听到了许多人多地少的农户的抱怨：一是反对土地承包不随人口增减而调整，主张土地承包应实行大稳定，小调整；二是反对土地随便流到村外，主张土地应该村内流转。实际上，村外流转的问题不仅仅是农民的感受，更重要的在于如何保证土地的社会保障功能的实现。受让方不是本村集体组织的成员，土地流转只是一种土地利益的交换行为，很难要求受让方考虑土地的社会价值，也很难约束。农业生产具有较高的经营风险，如果受让方在经营失败时随时丢下不管，土地就可能抛荒。在受让方违反土地承包合同时，村规民约或道德习惯对受让方没有什么约束力，农民集体和农户只能选择诉讼，而诉讼不是农民熟悉的处理纠纷的方法，成本极高。因此，对村外流转应作较为严格的限制。

村外流转，除了应具备土地流转的先决条件，还应包括以下限制性条件：（1）受让方必须具有农业生产经营能力。这是确保土地用于农业生产的重要条件。不具有农业生产经营能力，容易造成土地的低效率或破坏土地的产出能力。（2）在同等条件下，村内流转优先于村外流转，土地优先交给本村集体成员耕种，有利于缓解人多地少的矛盾，（3）必须经过农民集体的同意，程序上应有2/3村民的同意且无人要求优先耕种。

（四）部分流转和整体流转

按照对土地承包经营权的转移是全部还是部分，可以将农村土地的流转分为部分流转和整体流转。部分流转，是流转方在保留部分土地承包经营权的情况下，将其他部分的土地转移给其他人或经济组织，使受让方取得该部分土地承包经营权的流转。整体流转，是指流转方将其获得承包经营的土地全部转移给其他人或经济组织的流转。

部分流转通常是基于农户人少地多的原因，现在许多农户只有老人孩子在家，没有足够能力经营承包地，需要将部分土地流转出去。在这种情况下，部分转让一般不涉及农户的基本生存问题，又在人少地多和人多地少中起到了调剂土地的作用，是值得提倡的。部分流转其实是对我国现行土地承包制度缺陷的弥补。农户人均占有土地不同因而缺乏应有的公平是现行土地承包制度的一个硬伤，为了稳定土地承包关系，不能对这一硬伤进行制度矫正，而部分流转在一定程度上可以使农民对土地的占有趋向于公平。

整体流转则具有一定的社会风险。在家庭承包中，农户一旦将土地全部流转，就可能面临失业失地导致的生存困难。因此，对整体流转应加以严格的限制。从限制的目的上，必须确保整体流转不会导致农户生活无着落。当事人要对整体流转后农户的生存能力做出说明，受让方应当承诺一旦农户生活无着落时无条件返回土地。从限制的程序上，必须加强农民集体组织对整体流转的审核，对农户生活缺乏必要保障的整体流转，有权予以否决。一些学者不赞成农村集体组织对土地流转可以有否决权，认为这将侵害农民的土地承包经营权。这是非常片面的。土地承包经营权是用益物权，任何用益物权对所有权都负有一定的义务。承包土地首先要满足农户的生存需要，是农民集体组织分配土地的根本目的和要求，是设立土地承包经营权的基本理由，违反了这一根本目的和理由，也就违反了对所有权的义务。因此，作为土地所有权人的农民集体组织，否决不符合土地所有权利益的流转，是完全正当的。

二、农村土地流转的方式

（一）现行法律关于土地流转方式的表述

土地流转可采用哪些具体方式？立法规定不尽相同。《农村土地承包法》第32条和第49条按照家庭承包和以其他方式承包分别作不同的规定，即"通过家庭承包方式取得的土地承包经营权，可以依法采取转包、出租、互换、转让或者其他方式流转"；"通过招标、拍卖、公开协商等方式承包农村土地，经依法登记取得土地承包经营权证或者林权证等证书的，可以依法采取转让、出租、入股、抵押或者其他方式流转"。这里一共规定了转包、出租、互换、转让、入股、抵押六种流转方式。

其中，转让和出租是家庭承包和非家庭承包均可采用的流转方式；入股、抵押没有明确为家庭承包经营的土地流转方式，但由于其有"其他方式"这一兜底性的表述，是否也能成为家庭承包土地的流转方式，容易引起争议。从物权法的规定看，抵押不能作为家庭承包土地的流转方式；转包、互换没有明确为非家庭承包土地的流转方式，但由于其同样有"其他方式"这一兜底性的表述，尚待研究。值得注意的是，《物权法》第128条、第133条在重申这两种土地承包经营权的流转方式时，都删掉了"出租"两字。《农村土地承包经营权流转管理办法》第三章中提到了转包、出租、互换、转让、入股等流转方式，在第六章中提到"四荒"土地可以采取转让、出租、入股、抵押或者其他方式流转。

至于法条中规定的"其他方式流转"还包括哪些，理论与实践都在不断地探索，学者对流转方式的选择也不尽相同，有的学者还提出继承、赠予、信托、联营等流转方式#有些农村地区根据当地的实际情况,出现了委托代耕、"四荒"土地使用权的拍卖、竞价承包承租返(反)包、反租倒包、股份合作制等不同的流转方式。

我国《物权法》和《农村土地澡包经营权流转管理办法》虽然都规定了具体的流转方式,但基本上没有对流转方式的含义、内容、条件等做出明确解释,在理论上也缺乏对流转方式内涵和合理性、科学性、合法性的深入系统的分析,这就使得我国农村土地的流转事实上处于无序的状态,经常出现流转方式名称和实际内容不符的情况。因此,深入研究土地流转方式,对于规范土地流转具有重要意义。

(二) 土地承包经营权的抵押

《物权法》、《农村土地承包法》都规定:以其他方式获得的"四荒"地承包经营权可以抵押。《物权法》第184条同时规定:耕地、宅基地、自留地、自留山等集体所有土地使用权不得抵押,但法律规定可以抵押的除外。现在,还没有法律规定以家庭承包的土地承包经营权可以抵押,因此,以家庭承包的土地承包经营权属于《物权法》第184条禁止抵押的对象。这就意味着,耕地、草地、林地等以家庭承包方式取得的土地不能通过抵押的方式流转。立法上之所以对这两种不同的土地承包经营权采取不同的态度,是从土地的社会保障功能上出发的,允许农民抵押自己的承包地意味着农民会因为债务而丧失土地,从而失去生存的基本条件,而以其他方式承包的土地,没有这个后顾之忧。

对于这一规定,许多学者予以认同,但也有不少学者提出异议。有的主张以家庭承包获得的土地承包经营权也可以抵押,据说"将以耕地为主的农地承包权排除在《担保法》之外,显然已经不能适应我国农村经济发展的实际要求,更是对农户土地承包权的一种法律束缚,与现行的《农村土地承包法》宗旨相抵触""家庭承包取得的土地承包经营权抵押对农业生产具有重要意义"。有的主张"将来随着市场经济的发展,除满足农民基本生活资料以及生产资料的土地不得抵押外,其他的土地应该允许农民将土地承包经营权进行抵押",据说通过土地承包经营权的抵押,可以为农民进行农业融资提供条件,也能发挥土地承包经营权作为用益物权的价值。这种争议来自不同的土地价值取向,即重视土地的社会保障功能还是重视土地的融资功能?

首先需要说明,土地承包经营权的抵押本身并不是土地流转。抵押是债务人或者第三人不转移担保财产的占有,将该财产作为债权的担保。在债务人不履行届期债务时,债权人有权以该财产折价或者以拍卖、变卖该财产的价款优先清偿。抵押解决的是谁先清偿的问题,不以占有农用土地为条件。抵押期间,抵押人继续占有承包地,仍然享有土地承包经营权。抵押期满,如果抵押所担保的债务得到了清偿,抵押权随之消灭,也不发生土地承包经营权转移。只有在抵押期满,抵押所担保的债务得不到清偿,才可能发生拿抵押的土地承包经营权用来清偿债务的情况。这时,导致土地流转的不是抵押行为，而是作价或变卖土地承包经营权等法律事实，因此，土地承包经营权的抵押，尽管与土地流转有着密切的联系，但不是土地流转的方式。许多学者将抵押当成土地流转的方式，是对抵押的一种误解。

土地承包经营权的抵押，在我国当前乃至相当长时期内是不现实、不理性的。我国的经济发展水平和农村现状决定了大多数农民主要的甚至唯一的收入来源于耕种土地。如果允许农民以土地承包经营权抵押，农民一旦不能清偿到期债务，在实现抵押权的过程中，就会失去生存之本。我国农民多数刚刚解决温饱问题，承受债务的能力相当弱，允许土地使用权抵押将刺激农民举债。农业本身是风险很高的产业，农业大户因自然灾害或市场变幻而倾家荡产的事例不胜枚举，鼓励农民抵押贷款其实是在增大农民破产的风险。发展农业需要强有力的资金支持，但不能让农民冒破产的风险筹措资金。政府应在农业生产资金支持上承担责任，例如政府担保贷款、贴息贷款、生产补贴等。农民也可以依据《物权法》第184条的规定将现有的以及将有的农作物作抵押以取得贷款。因此，最高人民法院《关于审理涉及农村土地承包纠纷案件适用法律问题的解释》第15条规定：承包方以其土地承包经营权进行抵押或者抵偿债务的，应当认定无效。

或许有人会说，有些农民有稳定的非农收入，土地承包经营权抵押不影响他们的生活，应该可以抵押。我们认为，这个口子不能开，因为农民有无稳定的非农收入是一个操作性的问题，立法上无法做出清晰的界定，拉开口子的结果必然是大量的法律规避行为，最终导致土地承包经营权的自由抵押。

（三）土地承包经营权的继承

土地承包经营权能否继承，学者主张不一。有的主张：不管是家庭承包还是其他方式承包取得的土地承包经营权，都具有可继承性。有的只承认土地承包经营权的部分继承性：继承人可以依法继承家庭承包的林地承包经营权或以其他方式承包取得的土地承包经营权。有的学者认为：在承包期内，继承人可以依法继续承包，继续承包的法律性质应当为合同主体的变更。

从现行法律上看，《物权法》第130条、第131条、第126条第2款规定：承包期内发包人不得调整、收回承包地；因自然灾害严重毁损承包地等特殊情形，需要适当调整的，或者农村土地承包法等法律另有规定的，依照其规定办理。承包期届满，由土地承包经营权人按照国家有关规定继续承包。没有提到土地承包经营权的继承。《继承法》第4条规定：个人承包应得的个人收益，依照本法规定继承。个人承包，依照法律允许由继承人继续承包的，按照承包合同办理。最高人民法院《关于贯彻执行〈中华人民共和国继承法〉若干问题的意见》第4条对"承包人死亡时尚未取得的承包收益"做了进一步的解释，即"可把死者生前对承包所投入的资金和所付出的劳动及其增值和孳息，由发包单位或者接续承包合同的人合理折价、补偿，其价额作为遗产"。承认了承包收益的继承,没有承认土地承包经营权的继承。《农村土地承包法》将土地承包经营权按照其不同的取得方式,分为家庭承包和以其他方式承包两种。以家庭承包的,该法第31条规定:"承包人应得的承包收益,依照继承法的规定继承。林地承包的承包人死亡,其继承人可以在承包期内继续承包。"第50条规定:"土地承包经营权通过招标、拍卖、公开协商等方式取得的,该承包人死亡,其应得的承包收益,依照继承法的规定继承;在承包期内,其继承人可以继续承包。"明确的也是承包人应得的承包收益可以继承。对土地承包经营权本身,现行法律只规定了"继续承包"。

"继续承包"一词可能是有的学者认为土地承包经营权可以继承的出处,但这显然是一个误读。"继承"不是"继续承包"的省略词。在民法学上,继承是将被继承人的遗产转移给继承人,因此继承含有继续行使权利的意思,但继续行使权利并不就是继承。继续承包仅指承包的延续,表示权利行使的延续,不能得出权利可继承的结论。如转包含有继续承包的意思,但绝不是继承。而且,承包收益与承包经营权是两个不同的概念。承包收益,是指承包人在承包地上进行农业生产经营活动而获取的收益,如承包地上的农作物、林木等。所谓承包经营权,是指权利人占有承包地,从事农业生产经营活动的权利。这种误读在实践中也存在,我们在广西三村问卷调查中统计到,90.7%的被访者认为自己可以继承自家的土地承包经营权,也就是家庭或儿子继续承包土地。

《物权法》将土地承包经营权定性为用益物权而非债权,许多主张土地承包经营权可以继承的学者似乎找到了依据。有的认为:土地承包经营权是承包方的一种财产权,欠缺继承性的财产权是不完整的财产权有的认为:允许继承有利于土地承包关系的长期稳定,不允许继承不利于农民对土地的投入,不利于计划生育。这些理由值得推敲。把"欠缺继承性的财产权"说成"不完整的财产权"不妥,因为不是所有的财产权都可以继承的,例如,人寿保险合同中有指定受益人时,被保险人的死亡保险金只能归属于受益人,而不能作为被保险人的遗产,但领取死亡保证金的财产权依然是完整的。影响承包人对土地投入的因素,主要在于承包人能否在承包地上获得收益,并不在于土地承包经营权有无继承性。事实上,土地承包经营权是有固定使用期的,能否继承并不影响土地承包经营权的长短。至于计划生育,与土地承包经营权的能否继承风马牛不相及。已超生的或者准备要超生的农户,主要是受"重男轻女"封建思想的影响,我们在广西三村调查中没有发现哪个农户为了继承土地承包经营权而超生或准备超生的。

如果允许继承土地承包经营权,那么当继承人是城市居民或外村人时,可否继承土地承包经营权?城市居民享有城镇社会保障,再继承具有农民生存保障功能的土地承包经营权,又享受到农地所带来的社会保障,即获得双重保障,这是不公平的。外村人不是土地所在的农民集体组织的成员,土地承包经营权的继承会导致土地事实上的外流,这对于许多本来地就不够种的集体组织成员而言也是不公平的。《土地管理法》第15条的规定,农村集体经济组织以外的单位或个人承包经营农民集体所有的土地,必须经村民会议 2/3 以上成员或者 2/3 以上村民代表的同意，并报乡（镇）人民政府批准。村民或村民代表的同意以及乡（镇）政府的批准是村外自然人或法人获得土地承包经营权的前提条件。当承包人的继承人是外村人或城市居民时，如果允许其直接继承土地承包经营权，无论该土地承包经营权是以家庭承包还是以其他方式取得的，都意味着无须经过村民或村民代表的同意与乡（镇）政府的批准，这是有悖于《土地管理法》的。如果"只有从事农业生产的继承人才享有继承权；其他继承人不享有继承权"，则违背继承权法理。财产继承从不以继承人的职、业为前提，不能因为继承人不从事农业生产就剥夺其继承权。

即便继承人是本集体经济组织的成员也存在问题。如果允许承包地在农户代代相传，不仅承包经营权无所谓期限可言，成为变相的土地所有权，而且随着继承人的不断分支，土地会随着分割越来越零碎，从而降低农业生产的效益。为此，有学者提出"单嗣继承制"，即农地承包权由独子继承，男女有同等的继承权，留在本社区的子女优先继承；有学者提出只有与被继承人共同承包的人才能对承包地有继承权还有学者以国家政策性规定为依据，主张"16 周岁以上且精神正常的第一顺序继承人，才享有对技术要求较高的专业性承包项目的继承权"。这些观点都以限制继承人的范围为目的，让任何一个儿子或女儿继承土地承包经营权，都是将其他继承人置于不平等的地位，既不合法也不合理。

我们认为：土地承包经营权的内涵决定了其不可继承性。家庭联产承包虽然以农民个人为基点分配农用土地，但与发包方签订土地承包合同的是农户。例如，某户共有 5 人，按照 1.7 亩/人的分配原则，当时共好得 8.5 亩农地。这 8.5 亩承包地上仅有一个土地承包经营权，由农户全体成员共同享有。以农户作为土地承包经营权的基本单位，符合我国农业生产的实际情况。从人民公社到家庭联产承包的实践已表明，农户作为农业生产的最小基本单位，能有效地激发农民的生产积极性，提高农地的利用效率。《农村土地承包法》明确规定了土地承包经营权是以户为单位，这就意味着以户为基本单位而确立的土地承包经营权，作为一项整体权利，除非分户，不能由农户的成员各自分割享有。对家庭承包而言，只要作为承包方的农户依然存在，农户中某个成员包括户主的死亡，不影响土地承包经营权的存在。如果农户成员在承包期内全部死亡，农户的主体资格归于消灭，土地承包经营权也是消灭而不是继承，因为没有谁能成为农户的继承人。以招标、拍卖等其他方式获得的土地承包经营，虽然不一定以农户为土地承包经营权为基本单位，但仍有从事农业生产的主体限制和土地承包权取得的法律程序限制，也难符合继承的要求。

土地承包使用权无法容纳到继承范畴，但土地承包人的死亡对土地承包经营权的影响是客观存在的，因此，现行法律采用了继续承包作为解决问题的方式。现行法律没有对继续承包作具体的解释，为继续承包的具体应用留出了空间。承包人死亡时，会出现农户仍然存在和农户不再存在两种情形。第一种情形下，土地承包经营权仍有农户继续承包。第二种情形下，土地承包经营合同的一方当事人已不存在，土地承包经营合同终止，继承人可以继承土地承包权益，不能继承土地承包经营权。但基于农业生产的连续性，应该赋予继承人在同等条件下享有优先承包权，土地重新发包，继承人可以同等条件优先获得承包经营权，继续承包这块土地从事农业生产经营。所谓同等条件，可以从是否为本集体组织成员、是否无地少地、是否具备农业生产能力等方面加以考虑。对于以招标、拍卖等其他方式获得的土地，继承人可以原有的条件重新与发包人签订承包合同，取得剩余期限的土地承包经营权。

（四）土地承包经营权的转包与出租

《农村土地承包经营权流转管理办法》在第六章附则中对出租、转包两种流转方式下了定义，所谓转包，是指承包方将部分或全部土地承包经营权以一定期限转给同一集体经济组织的其他农户从事农业生产经营。转包后原土地承包关系不变，原承包方继续履行原土地承包合同规定的权利和义务。承包方按转包时约定的条件对转包方负责。出租是指承包方将部分或全部土地承包经营权以一定期限租赁给他人从事业生产经营。出租后原土地承包关系不变，原承包方继续履行原土地承包合同规定的权利和义务。承租方按出租时约定的条件对承包方负责。转包和出租以"三权分离"论为理论基础，即将土地承包经营权拆分为承包权与经营权，受让方即接包人或承租人享有土地经营权。土地承包权仍留在原承包方即转包人或出租人手中。原承包方与发包方之间的土地承包合同关系并未发生改变，原承包方继续享有和履行原土地承包合同规定的权利与义务。

土地承包经营权的转包或出租的现象相当普遍。但转包和出租似乎没有明显的区别。在广西三村调查中，被访者都不清楚或说不清楚转包与出租二者之间有何不同。理论上也没有谁能讲清楚。有学者把转包与出租之间的区别归纳为三个方面：一是受让方的身份不同。承租人一般是本村以外的企业、单位和个人；接包人可以是本村集体组织成员，也可以是本村以外的人员。二是使用承包地的目的不同。转包的土地一般是用于规模经营，发展开发性农业；出租土地承包经营权的目的多种多样。三是标的物不同。出租标的物不限于承包方承包的土地，一般还包括地上附着物；转包标的物仅限于承包方所承包的部分或全部土地。上述三个区别都值得质疑。首先，当二者的受让方都是村外人员时，如何区分转包与出租？其次，如果土地上没有地上附着物，又如何区分出租与转包？最后，出租土地承包经营权的目的不可能多种多样，否则违反土地管理的法律和政策。农用土地未经批准不得改为建设用地，这是强行性规定。无论转包还是出租，其目的只能是从事农业生产经营活动。由上可见，将转包与出租分别规定，不仅没有丰富流转方式，而且导致重复规定。对此，有的学者主张保留出租，删掉转包。

我们主张删掉出租。（1）允许出租土地承包经营权，容易架空土地所有权，使土地承包经营权"所有权化"或承包方变成事实上的"二地主"。我们在广西三村调查中发现，多数被访者把以出租方式流转土地理解为"出租土地"，而非出租土地承包经营权。出租土地被认为是无须受土地承包经营合同的约束，其直接后果是租赁人随意改变承包地的用途，有将耕地改为水塘养鱼虾，有将耕地变为果树林等等。承包方尤其是以非家庭承包方式获得土地承包经营权的承包方，以出租土地从中渔利，成为"二地主"。（2）允许出租土地承包经营权，容易出现借出租名义规避法律的行为。现在许多地方出现了"以租代征"，以租赁土地承包经营权的名义替代征地，规避征地的法律规定和程序大量耕地被以租代征的方式用来建设"工业城"、"世纪广场"、"商贸城"、"产业基地"等，严重动摇最严格保护耕地的基本国策。虽然也有个别土地承包权租赁不影响保护耕地的事例，但整体而言，出租弊端极大，不适合成为土地流转的方式。

我们赞成转包作为土地流转的方式。转包在我国农村土地流转中相当普遍。我们在广西三村调查中发现，被访农户并不排斥这种流转形式。不少学者认为转包不发生土地承包权的转移，只是转移经营权，这种将一个用益物权分拆为两个用益物权的做法违背物权法定原则。物权是不能由当事人分拆为几个物权的。土地流转不是简单的土地占有的改变，必然伴随着相应的土地权利的转移，在土地所有权不能流转的前提下，土地承包权也不转移，土地流转的法律意义何在？转包，顾名思义，是土地承包经营权转给他人，由他人作为承包人，对发包人承担义务。"转"字，在法律上通常被理解为权利义务的转移，如转代理、转质等，转包不转移土地承包权不符合法理。更重要的是，如果转包不转移土地承包权，转包人就成为"二地主"，不必耕种，凭着一纸合同坐享土地收益，而转承包人耕者不得其田，沦落为事实上的佃农。因此，应当对转包予以正确的界定：转包是指承包方在自愿基础上与具有农业生产经营能力的他人协商，将自己所承包的土地交付给他人在一定期限内占有，他人在该承包地上从事农业生产并享有土地承包经营权。承包方在流转期间不享有土地承包经营权，但仍然享有承包经营合同中所约定的其他权利。

（五）土地承包经营权的转让与互换

根据《农村土地承包法》第41条的规定，转让是指承包方将部分或全部土地承包经营权转让给其他从事农业生产经营的农户，由其履行相应土地承包合同的权利和义务。转让后原土地承包关系自行终止，原承包方承包期内的土地承包经营权部分或全部灭失。不少学者认为，转让与转包的区别在于：转让后，转让人不再享有土地承包经营权，受让人直接成为土地承包经营合同的当事人，对发包人承担义务。而转包中，转包人未退出承包关系，仍是土地承包经营合同的当事人，仍享有土地承包权。如前所述，这些学者对转包的理解是不合适的，不转移土地承包权的转包会导致"二地主"的现象，不符合耕者有其田的民生原则。转包应当转移土地承包经营权。因此，立法应该取消转让这种流转方式。

转让的实质是农户永久性地失去承包土地。这违背了土地承包经营权的设立目的。集体所有的土地之所以分配给农户承包经营,一是体现集体组织成员共同占有集体所有的土地的权利,为集体组织成员提供基本的生产资料,也为集体组织成员提供基本的生存保障。因此,土地是集体组织成员权的物质基础,土地承包经营权是集体组织成员权的主要体现。允许农户永久转让土地和土地承包经营权,实际上是将土地承包看成是单纯的财产分配,分给谁了谁就可以自由处置。二是实现宪法规定的农村集体经济统分结合的经营体制和方式,有效地发展我国的农业生产,提高土地经营效益,解决我国13亿人的吃饭问题。允许农户永久转让土地和土地承包经营权,实际上将土地承包看成是单纯的家庭经营,否定了统分结合的集体经济经营体制和方式。土地承包经营权存续时间30年以上,跨过一代或几代人。转让土地承包经营权,从小处说,会产生农户的生存问题,农户失去了土地又没有其他生活来源不可能熬上几十年,支撑到土地承包经营权期满后收回土地。从大处说,会产生土地兼并,导致土地过于集中,形成能持续几十年的地主,从而架空集体土地所有权和形成各种社会问题。事实上,农民不到万不得已是不会转让承包地的,即使从事非农产业经营了,也会把承包地看成是活命田和就业、保险田,宁可粗放经营,撂荒弃耕,也不愿意放弃承包地。农民更愿意选择转包。因此,实践中以转让方式流转承包地的情形极少。我们在广西三村调查中,没有一例转让承包地,而78.5%的被访者表示不愿意转让自己的承包地。转让这一流转方式既没有合理性,也没有实践基础。

立法并列规定转让和互换。有学者认为,转让包括买卖、互换、赠予三种,虽然互换仅限于同一集体经济组织承包方之间,但互换逻辑上属于转让。将转让与互换并列规定,是逻辑混乱这是只从概念出发,不顾实际需要。我们认为,转让本身就不是准确的法律概念,而且以卖断土地承包经营权为特征的转让应当取消,而互换应当成为独立的土地流转方式。

互换是土地承包经营权人为了生活、生产的便利互相交换各自的承包地。互换是农村土地流转相当常见的形式。我们调查的广西三村都存在村内农户之间互换土地的现象,而且被访者认可这一流转方式。77.8%的人认为自己有权处分(60.9%的人认为通过口头协商就可以互换,16.9%的人认为需要签订书面合同进行互换),而不需要经过村委、村委会同意。甚至有62.9%的人认为只换地不换经营权,无须同时变更承包经营权。若有其他情况发生,如政府要征地,征地补偿费仍归原来的承包权人。究其原因,互换不会导致农户失地失业,农户仍然有地可种。互换中,双方的土地承包经营权只是相互交换,甲家的土地承包经营权转给乙家,由此获得乙家的土地承包经营权。互换可以方便农户耕种,能有效地解决土地细碎化和经营分散问题。我国土地承包时普遍按人口与土地质量好坏搭配均分,以致地块零星、经营空间分散,一些农户住处与承包地相距甚远。互换能弥补承包原则的缺陷。

现在一般将互换解释为集体内部的流转,这可能是因为实践中互换大多是村内农户之间的土地流转。互换形式能否适用于村外流转?A村甲家的承包地在乙村B家附近,乙村B家的承包地又靠近A村甲家,为了方便耕种而互换,没有什么坏处。因此,只要符合村外流转的条件和程序,村外的互换应该得到法律的认可和保护。

(六)土地承包经营权的入股

地承包期限内和不改变土地用途的前提下,允许以农村土地承包经营权出资入股设立农民专业合作社;经区、县人民政府批准,在条件成熟的地区开展农村土地承包经营权出资入股,设立有限责任公司和独资、合伙等企业。这意味着,该市农民可以土地承包经营权入股设立企业。一时间,这一政策的合法性、合理性、土地承包经营权如何作价入股、入股的企业破产后怎么办等问题,成为各界关注的焦点。

我国《物权法》、《农村土地承包法》等法律确立了入股这一流转方式。但对不同的土地承包经营权的入股,规定不尽相同。对家庭承包的,规定"承包方之间为发展农业经济,可以自愿联合将土地承包经营权入股,从事农业合作生产"。对"四荒"地的承包经营权,规定"荒山、荒沟、荒丘、荒滩等可以直接通过招标、拍卖、公开协商等方式实行承包经营,也可以将土地承包经营权折股给本集体经济组织成员后,再实行承包经营或股份合作经营"。关于土地承包经营权入股的概念,《农村土地承包经营权流转管理办法》第35条作了具体解释,即"入股是指实行家庭承包方式的承包方之间为发展农业经济,将土地承包经营权作为股权,自愿联合从事农业合作生产经营;其他承包方式的承包方将土地承包经营权量化为股权,入股组成股份公司或者合作社等,从事农业生产经营"。至于如何入股、可以采用何种入股模式,我国的立法都未作进一步的规定,以至于在理论上和实践上,入股的内涵极不统一。

(七)土地承包经营权的代耕、反租倒包

我国农村地区普遍存在代耕现象。所谓代耕,是指承包人在不改变与集体的承包关系的情况下,以支付一定对价为条件,委托他人或经济组织在其承包地上进行耕种的行为。在代耕中,受托人是以承包方的名义在承包地上进行耕种,属于代理行为,根据代理的基本原理,土地承包经营权并没有发生移转,仍然由承包方享有,代耕人并不享有土地承包经营权,因此代耕不属于土地流转的方式。

第三节 土地生存权益高于一切

一、家庭承包的土地不被强制执行

《土地管理法》和《物权法》规定家庭承包的土地不能抵押，对此有学者不以为然，认为禁止土地承包抵押是"农地物权化受阻"这位学者其实不了解什么是物权，也不了解早在 1987 年，我国就在贵州湄潭县设立过农村改革试验区，率先进行了土地使用权抵押贷款的试验，但以失败告终。原因有三：一是贫困使当地农民依赖于土地，在知道不能还贷便要失去土地时，农民不愿以土地作抵押；二是银行放贷时所考虑的不仅仅是制度允不允许农地抵押，还包括所抵押的土地能否足以清偿贷款本息和实现抵押权所要付出的成本，农地抵押并不怎么受银行的欢迎；三是贷款到期，绝大部分借款户不能还款，又不愿放弃土地，从农村社会稳定出发，银行难以实现其抵押权。由此引出一个与土地流转密切相关的问题：如果农户或其他农业生产经营者不能清偿债务，其土地承包经营权能否被法院强制执行用于清偿债务？

我们知道，土地所有权归国家或集体所有。国有土地不得以任何形式转为个人或集体所有，集体土地所有权除国家征用外也不得以任何形式转为个人或其他集体所有。这就是说，从土地所有权的意义上，土地是不能流转的，因而不存在强制执行的问题。集体经济组织即使负有巨额债务，债权人因不具备取得集体土地所有权的法律主体身份和条件，因此不能要求对集体所有的土地予以强制执行。在土地所有权不能流转的条件下，土地流转依赖土地承包经营权的流转实现。一般情况下，能流转的财产可以被强制执行，强制执行实际上也是一种流转方式。但土地承包经营权的流转，需要具体分析。土地承包经营权有家庭承包和非家庭承包之分，后者是指"四荒地"经拍卖等市场交易方式而取得的土地承包经营权。非家庭承包土地经营权是市场的产物，作为强制执行的标的一般情况下没有问题，只要接手者符合土地承包法律和土地承包合同规定的资格和条件即可。但家庭承包的土地承包经营权维系着农户的生存价值，强制执行面临着生存权与债权的冲突。

强制执行是国家司法机关依债权人的申请，依据生效的法律文件，运用国家强制力，强制债务人履行义务以实现债权。强制执行基本倾向是保护债权人利益，但强制执行常常碰上除了一些生存必需品就一无所有的债务人。从债权人的利益出发，生存必需品也是可以抵债的财产，但从国家和社会的角度看，强制执行生存必需品会导致债务人无法生存的实际问题，而为每一个人提高生存的基本条件是任何国家和社会的责任。相比之下，生存的权利无疑具有最高的效力。生存权体现的是人类个体在社会中的存在价值，没有人类个体就没有人类社会，因而保证每一个人都能生存是人类社会的最高法则。

而债权只是商品生产和交易中产生的权利,也重要,但远远不能与生存权相提并论。债权不能实现或者权利期待的落空是现代社会无法避免的商业风险。在生存权和债权不能两全时,国家和社会只能选择生存权。因此,强制执行必须保留债务人的生存必需品,成为现代文明国家的一个标志。我国《民事诉讼法》第222条、第223条规定:"被执行人未按执行通知履行法律文书确定的义务,人民法院有权扣留、提取被执行人应当履行义务部分的收入。但应当保留被执行人及其所抚养家属的生活必需费用。""被执行人未按执行通知履行法律文书确定的义务,人民法院有权查封、扣押、冻结、拍卖、变卖被执行人应当履行义务部分的财产。但应当保留被执行人及其所抚养家属的生活必需品"。国外如德国民事诉讼法典第811条对执行有体动产时的扣押范围作了排除规定,主要是债务人及其家庭的生活必需物,从事劳动、经营所需物,书籍、家务账册文书及精神、荣誉象征物,债务人承其家属的身体缺陷必需品以及丧葬物等日本新民事诉讼法第131条也规定了14类相似于德国民事诉讼法典的与生活、生产相关的物品不得扣押;法国民事执行程序法第14条不得扣押物品中也规定了债务人生活必需品、具有赡养、扶养、抚养性质的生活费与款项;受扣押申请人及其家庭生活、劳动所必要的动产等不得扣押。

家庭承包的土地承包经营权是我国农民生存的基本物质资料,这一点应该没有争议。在社会保障没有覆盖到农民的条件下,农户承包的土地是农民生活资料的主要来源,是农民收入的主要来源。毫无疑问,对于绝大多数的农民而言,一旦拿走他们的承包地,就无法生存下去。土地承包经营权本身也是为了农民有基本的生存条件而设立的,不仅是集体所有的土地实行了农户承包,就是国有的农场、林场也实行了家庭承包。因此,家庭承包的土地承包经营权不被强制执行是理所当然的。有人认为,当前许多农民希望自由处分土地,其自愿将土地用于抵押,在无力偿债时就应当承担强制执行的后果。这种以农民自作自受作为理由证明可以强制执行的观点,没有人道主义、没有社会正义,也没有法律常识。在广西三村调查中,确实有一部分农民希望土地抵押贷款,因为他们筹措不到生产资金,但他们从来没有想过放弃土地。弱势群体的无奈选择反映的是我国对农村资金扶持的欠缺。国家应当努力解决农民贷款的困难,而不是让农民将自己唯一的财产抵押出去。

二、集体经济组织和农户不可破产

我国农村集体经济组织以自己的名义从事民事活动,拥有自己的财产,独立承担民事责任。但有两个不同于任何民事主体的特征:(1)集体经济组织是以一定的土地为基础而存在的组织体。村民小组是一个集体,其土地属于该村民小组所有,村是一个集体,村里的土地归村集体所有,乡可以是一个集体,就看有没有一定的乡集体所有的土地。根据历史形成的土地归属和范围,就可以确认相应的集体经济组织,或者说,就存在着相应的集体经济组织。集体经济组织和土地不可分割，没有了土地，集体经济组织迟早消灭。（2）集体经济组织与户籍联系在一起。户籍是确认农民属于某一个集体的基本依据。户口在本集体的，当然成为集体经济组织的成员。无论老幼，无须申请，自动享有集体组织成员的权益。户口迁出，即取消集体经济组织成员资格，一般也失去集体经济组织成员的权益。因此，关于集体经济组织是不是法人的争论是没有任何价值的。集体经济组织不是任何一个传统的民法主体，是中国特有的民事主体。

上述两个特征决定了集体经济组织不可破产性。破产是将债务人的所有财产用于债务清偿并消灭债务人的主体资格。集体经济组织虽然也以自己的财产承担债务，但集体土地不再承担债务的财产之列。集体经济组织的其他财产都可以用来清偿债务，但土地所有权不可转移，依然是集体的。同样，集体经济组织的成员是以户籍作为依据的，集体经济组织的债务清偿与否与户籍毫无关系。只要土地和户籍还在，集体经济组织就自然存在。不能执行土地、不能取消户籍，所以无法对集体经济组织宣告破产。集体经济组织不被破产不是一个法律问题，而是一个政治问题、社会问题。要宣告集体经济组织破产，从土地的角度上，必须使土地所有权转让，但土地所有权一可以转让，土地公有制就会瓦解，这已经不是司法权所能解决的了。从农民的角度上，必须对该集体的农民做出安置，但安置农民谈何容易，吃饭、就业是法院无法解决的民生问题。这个道理其实很简单，但很多人没有注意，总是将集体经济组织当成法人，而法人是可以破产的。

施行的《农民专业合作社法》，是新中国成立以来首次以立法推进农民的经济互助与合作，规定农民专业合作社为法人，"清算组发现农民专业合作社的财产不足以清偿债务的，应当依法向人民法院申请破产"，"农民专业合作社破产适用企业破产法的有关规定"。对此应作正确的理解：首先，农民专业合作社可以破产，但是不意味着集体经济组织可以破产。专业合作社是农民合作经济组织中的一种，一般是从事同一农产品生产、加工、经营的农民自发组成的合作经济组织，如海南香蕉协会、广西北流市山围蘑菇协会等。而集体经济组织是以行政村或生产小组的土地和人口为要素的社区合作经济组织，与农民专业合作社性质完全不同。其次，农民专业合作社的财产中不一定有土地，即便有土地承包经营权入股，农民专业合作社破产时也不能将家庭承包的土地作为破产财产用于清偿债务，必须返还给土地承包经营权人。而集体经济组织的财产主要是土地所有权。因此，不能以该法认定集体经济组织是法人并且可以破产。

三、行政区域调整不能损害集体经济组织和农民的土地权益

在集体土地所有权和土地承包经营权的保护上，法律已有明确规定。但现在出现了借调整行政区划改变土地权益的倾向。农村税费改革后，为减轻农民负担，减少干部职数，各地开展了撤并村庄工作。行政区划的调整有其现实的必要性和历史的进步性，但行政区划的调整不仅仅是修改一下村界、地界或改换个牌子，还直接关系着农民和集

体经济组织的现实利益。有的地方违背土地征收法定程序，仅将"村民委员会"翻牌改为"居民委员会"，就大面积、成建制地把农村集体土地转为国有；有些地方直接将各集体的组织机构、成员身份、集体财产合并再平分，甚至平调、挪用、侵占集体资产。行政区域调整改变了集体经济组织的地域范围和成员身份。《农村土地承包法》第24条规定，承包合同"不得因集体经济组织的分立或者合并而变更或者解除"，同样，行政区划的调整不得损害集体土地所有权和土地承包经营权利益。

行政区域调整首先不能影响原有的正常秩序。行政区域调整往往是扩张或合并的过程。农村是典型的"熟人社会"，村民之间比较熟悉，村民利益与集体逛织工作直接关联，村民对村干部比较了解和信任。行政区域调整后，村和村之间的利益或隔阂容易引发纠纷。即使是原封不动的改"村"为"居"，撤"乡"为"镇"，不同的运作管理模式也会改变原有秩序。因此，要使行政区域调整收到良好效果，就必须严格确保调整的科学性和合理性，而不是按照地域远近、集体大小简单合并。有些地方村改居比较成功，但有些地方反而大不如前，关键就在于行政区域调整的具体操作。对规模较小的村，可考虑与集镇社区合并或整合；对整建制拆迁的村，可考虑设立一个或若干个社区。但在整合对象上，要按照便于管理、便于自治的基本原则，结合地域性、相互间的认同感等要素科学确定范围。同时，要继续确保集体组织的自治权。调整前的村民委员会是基层群众自治组织，由村民自主选举村委会成员，以村民大会等形式自主决定村务管理事宜。"村改居"情形中，居民委员会也是基层群众自治组织，然而对一些行政命令，居委会却无力拒绝，这是因为居委会的人员编制由政府定，工资由政府发，办公经费由政府拨。社区居委会的干部们是向选举他们的居民负责，还是向提供经费和政治保障的政府部门负责，这是一个需要解决的问题。《城市居民委员会法（修订稿）》增加了"任何组织和个人不得指定、委派或者撤换居民委员会成员"、"政府不得干预依法属于社区居民自治范围内的事项"等内容强化居委会的自治权能，但这还不够。

行政区域调整在变动区域的同时也变动了成员身份。在集体组织中，以其成员身份享有集体组织的收益和分配，原有集体组织中的经济利益应该属于原有成员。行政区域调整中，将各集体的组织机构、成员身份、集体财产合并再平分，一加一减似乎公平无私，却有违实质公平。原有集体组织的经济状况各不相同，好的和差的相差可能很大，将原各集体的财产和成员福利打通，原来比较差的集体经济组织成员当然高兴，但原来比较好的集体经济组织成员肯定不满，容易引发冲突。因此，只能划小核算单位，以原有集体经济组织为核算单位，维持原有的利益格局。虽然居委会的主要功能是服务社区，可"村改居"后避免不了对社区群众"生老病死"负责的责任，因为辖区居民大都既失去土地又没有工作。拥有千余亩耕地、2000多人口的伏龙社居委，前身是合肥市原郊区大兴镇伏龙村，该社居委主任彭守腊说：我们这只是名义上的社区，实际运行的还是农村模式，10个居民组除了名称改了，没一个转户口的；改社区后，原来享受的农民最低生活保障没了,杜居委每年的负担反而加重了。在这种情况下,更不能轻易改变原有的利益格局。

行政区域调整不能强拉硬拽,而应顺水推舟,给农村的经济发展提供一个适宜的体制与环境。如果实际条件不具备而盲目进行,就难免出现盲目跟风或者"土地财政"现象,损害集体组织和农民切身利益。调整中要确保集体资产的安全,对集体资产占有量差距过大的村进行合并,必须并村不并账,分开核算、分块管理、分存归档。要妥善处理原村债权债务问题,根据债权回收和村集体经济发展情况,落实好村级债务的归还计划。对原村委会利用集体资产对外发包或直接经营项目,依法签订并已生效的各类经济合同、契约、协议或责任状,维持不变,并明确原发包方的权利义务。严禁打着城乡一体化的旗号变相侵占集体组织财产,侵害农民权益。《广东省农村集体经济组织管理规定》第25条规定:"街道办事处行政区域内的农村集体经济组织,适用本规定。乡(镇)人民政府改制为街道办事处和村民委员会改制为居民委员会后,原农村集体经济组织适用本规定";行政区域调整后,仍保留农村股份合作社管理集体资产,社区居委会只负责社会管理,实行"一套人马、两块牌子"。这种模式值得肯定。

四、以公益诉讼保护土地权益

公益诉讼最早可追溯到古罗马时代,但被赋予现代意义并引起广泛关注,是在20世纪西方社会由自由资本主义向垄断资本主义过渡时期。综观西方各国,其对公益诉说的理解不尽相同,范围不一,但有共同之处。其一,公益诉讼具有特殊的诉讼目的,促进和维护社会公共利益是其有别于普通民事诉说的本质所在。其二,公益诉讼均为侵权之诉,侵权对象是不特定的主体。其三,允许与案件不具有直接利害关系的主体提起诉讼,检察机关有权作为公共利益的代表提起和参与诉说我国《民事诉讼法》规定,原告起诉要与案件有直接的利害关系,这是公益诉讼的首要障碍,公民个人或者某个组织提'起公益诉讼无法满足这一条件,由检察机关起诉也我不到具体规定。但是,审判实践中已经出现许多公益诉讼案件,主要有涉及环境污染的侵权案件、公共场所收费的案件、涉及土地开发影响社会公益的案件、消费领域的侵权案件等,其中很多已被法院受理。

保护土地的任务,不能只靠利益机制的调整,也不能只靠行政管理,还应采取司法手段。在中央时时强调、法律处处把关的情况下,仍然出现众多的土地违法案件。

土地公益诉可以针对各种侵害土地权益的行为,包括:政府以行政权力侵害土地所有权和土地承包经营权,集体经济组织侵害农民土地承包经营权,村干部或者其他人侵占集体财产或违法私分集体财产、集体组织违法或廉价出让土地等,还可以针对国土资源部门对土地违法案件查处不力、徇私枉法、玩忽职守等。集体组织的成员可以提起公益诉讼,其他知情的公民和法人可以提起公益诉讼,检察机关应成为公益诉讼的主要力量

第四节 尊重和落实集体土地所有权

一、严格规范集体土地的征收

征收是各国普遍存在的一种制度。土地征收,是指国家根据公共利益的需要,以补偿为条件而强制取得他人所有的土地的制度。我国不存在私人土地所有权,土地征收唯一的对象是集体所有的土地。改革开放以来,我国征收了大量的集体土地,但由于没有合理和规范的土地征收制度,经常出现严重侵犯集体土地所有权权益的事件发展到现在,矛盾交织,利益失衡,纠纷不断,各地信访上访居高不下,群体性事件时有发生。

各国土地征收制度关于土地征收权的行使,一般要求具备三个条件:一是必须是基于"公共利益"的需要;二是行使土地征收权的主体只能是国家;三是土地征收应当给予公平的补偿。

我国的土地征收中,还存在着特有的弊端。(1)补偿收益主体不明确。《土地管理法》第10条规定:"农村集体所有的土地依法属于村农民集体所有的,由村集体经济组织或者村民委员会经营、管理;已经分别属于村内两个以上农村集体经济组织的农民集体所有的,由村内各该农村集体经济组织或者村民小组经营、管理;已经属于乡(镇)农村集体所有的,由乡(镇)集体经济组织经营、管理。"集体土地所有权主体的多级性和不确定性,产生了由谁代表集体获取土地征收补偿收益的问题。实践中,土地补偿金成了唐僧肉,不同的组织、不同的群体都想分一份,土地被征收后,乡(镇)、村经常克扣或截留补偿金。村干部私分、挪用、浪费土地补偿金也相当普遍严重。(2)征地程序很不完善。我国虽然也有法律规定的征地程序,但可操作性差,难以有效约束征地过程。首先是缺少监督机制。政府征收农村集体所有土地的审批权缺乏必要的法律监督手段和约束机制,造成土地征收权滥用。其次是缺少土地征收合法性审查机制。征收土地是否具备"公共利益"这一法定条件,必须经过规范的审查程序,不能由征地机关说了算。再次是被征地集体及其农户缺少话语权。征地中,集体和农户很少有机会参与,常常是村主任与征地人"暗箱操作",有时,农民连征地合同都无法看到。最后是缺少司法救济机制。《土地管理法》及其实施条例的规定,被征地者在征地范围、补偿标准等方面存在争议的,由县级以上地方人民政府协调;协调不成的,由批准征地的人民政府裁决。政府既是征地主体,又负责确权纠纷、补偿方案纠纷及补偿标准争议的处置。现在,许多征地纠纷,农民起诉到法院,法院不予受理,踢给政府机关。

土地征收的种种问题,最后都落到侵害集体土地所有权和土地承包经营权上。不仅如此,在集体土地可以被随意征收的条件下,土地流转缺乏应有的可预期性,人们无法判断土地流转的最终结果,难以建立稳定的、有效的土地流转秩序。因此,严格规范土地征收，是保护集体土地所有权和保护土地承包经营权的重要举措，也是保证土地流转有序进行的重要基础。严格规范土地征收，首先要在法律上解决土地征收的目的和征收程序问题。土地征收只能基于公共利益的需要。应当明确：公共利益是与国家和社会公众生存与发展直接相关的社会共同利益，不具有商业利益的动机和目的。具体而言，可以参考《土地管理法》第23条对划拨土地的规定：国家机关用地和军事用地；城市基础设施用地和公益事业用地；国家重点扶持的能源、交通、水利等项目用地；法律、行政法规规定的其他用地。划拨土地是从土地使用人的角度理解公共利益，因为土地使用人从事的是公共利益事业，所以无偿划拨其事业需要的土地。政府征收土地后是无偿划拨还是有偿出让给公共利益事业，由政府决定，但能不能征收土地，必须由法律决定。有商业利益目的的如房地产开发而需要占用集体土地的，不应启动征地程序，应在国家对农用土地变性为建设用地和用地需要加以严格审批的基础上，由用地人与集体组织协商在集体土地上依法设定建设用地使用权。征收程序必须公开透明、流程规范、各方参与。政府在决定征收时应向公众公布独立机构出具的征地合理性和合法性的评估书；应组建社会公众代表和被征地集体组织代表以及农户代表的审核委员会审核征地是否必要和征地的具体事项；被征地集体组织和农户有权对征地和征地事项提出异议，诉至法院的，法院必须受理。政府未按征地流程进行而占用集体土地应承担民事侵权责任。

土地的补偿应读成为严格规范征收集体土地的中心环节。许多征地纠纷的发生，不是因为农民反对征地，而是因为土地补偿太低。在广西三村调查中，多数受访农户对国家征地表示理解，但希望得到合理的土地补偿。我国现行的土地补偿制度是以牺牲集体土地所有权和土地承包经营权为基础的，必须进行根本的改变：（1）土地补偿项目应当增加土地本身的价值。土地本身的价值和土地产出能力价值是不同的。土地作为自然空间是一种稀缺的资源，具有一定的市场价值，即便是不毛之地，在特定的位置上也有一定的价值。这种价属于集体组织所有，噬当是征地补偿中首先要考虑的。土地补偿金应该分为两部分，对土地的补偿和对土地产出能力的补偿，前者是集体土地所有权的对价，后者是土地承包经营权的对价之一。（2）现有土地补偿项目的标准应当重新研究和制定。如何判断土地产出能力，不能只凭3年的土地产值。同一块地，不同的作物、不同的生产技术如种子良劣和农产品价格的市场波动等都会造成土地产值相差悬殊。青苗费和安置费也需要合理的补偿标准。我国地域辽阔，土地状况相差很大，制定统一的、很具体的标准不太现实，但法律应当规定必须补偿的项目和基本的补偿原则和标准。物权法规定征地必须安排好失地农民的生活保障就是一个很好的补偿原则和标准。征地不能让失地农民生活无着落，为失地农民提供生活保障，无疑会大幅度提高征地费用。我国应该确立起政府征不起地就不征地的法律政策导向，以遏制政府的征地冲动。（3）建立土地征收中的谈判协商机制。必须废除政府决定征地，同时又由政府决定征地补偿数额的现行做法。土地补偿原则和基本标准落实到具体的征地时，由于土地情况不一，存在着很大的价格空间。作为征地当事人,政府无权单方决定征地补偿数额,应赋予被征地集体和农户在土地补偿谈判中的话语权。双方平等谈判,无法达成一致意见的可提交仲裁或诉至法院。(4)明确土地补偿收益主体和分配程序,确保土地补偿款一分不少地分配给该得的集体和农户。现在土地补偿款常常冒、跑、滴、漏,最后该得的只分到一部分。应当严禁各级政府和有关部门截留、挪用、侵占土地补偿款,违者追究行政责任、民事责任和刑事责任。应当分清土地补偿款的项目,确定哪些该给集体,哪些该给农户,哪些该给土地经营者,不得混淆。应当公开集体组织在征地补偿款上的财务。防止经营层浑水摸鱼。

二、明确和落实集体的土地收益权

农村土地收益分为所有权收益和土地承包经营权收益。土地所有权收益是指土地收益中应该直接归土地所有者享有的那部分,即谁所有谁受益。土地承包经营收益是指土地收益中留归土地承包经营人享有的部分,是谁经营谁受益。现在,土地承包经营权的土地收益权在理论和实践上都比较受重视,而集体的土地收益权往往被忽视。特别是近几年来,为了减轻农民负担,国家取消了农业税,集体组织也大多取消了提留,由此产生了集体组织对土地没有收益权的误解。其实,集体土地有没有收益权和是否提取收益是两个问题。既然土地是集体所有的,就不能说集体对土地收益没有任何权利,这是一个基本的法理。没有收益权的所有权是没有实际意义的。但集体有土地收益权并不等于集体一定要取得土地收益,集体提取土地收益后也是要分配给集体组织成员的,不提取也可以认为是一种分配方式。

集体土地收益权首先体现在征地收入上,《土地管理法实施条例》第26条规定:"土地补偿费归农村集体经济组织所有;地上附着物及青苗补偿费归地上附着物及青苗的所有者所有。征用土地的安置补助费必须专款专用,不得挪作他用。需要安置的人员由农村集体经济组织安置的,安置补助费支付给农村集体经济组织,由农村集体经济组织管理和使用;由其他单位安置的,安置补助费支付给安置单位;不需要统一安置的,安置补助费发放给被安置人员个人或者征得被安置人员同意后用于支付被安置人员的保险费用。"随着征地范围和征地数量的扩大,在补偿被征地农户上发生了大量的矛盾纠纷,社会上响起了保护农户利益的呼声。

集体土地收益权也要体现在集体建设用地的流转收益上。我国不少地方开始进行集体建设用地流转试点。集体建设用地流转虽然只是土地使用权流转,但也涉及集体所有权权益。集体建设用地大多无偿或低价交给企业或个人使用,企业和个人将集体建设用地流转,往往存在着相当大的差价。这个差价应该由土地所有权人和土地使用权人分享。《广东省集体建设用地使用权流转管理办法》第25条规定:"集体土地所有者出让、出租集体建设用地使用权所取得的土地收益应当纳入农村集体财产统一管理。"《南京市集体建设用地使用权流转管理办法（执行）》第 40 条规定："集体建设用地使用权首次发生流转，所有权属镇街农民集体的，土地流转收益全部留镇街集体经济组织；所有权属村或村民小组农民集体的，土地流转收益全部留村或村民小组农民集体。"第 41 条规定："通过流转方式获得的集体建设用地使用权经原批准机关批准再次流转，土地增值收益由原土地使用者与土地所有者协议分配，但土地所有者分配额不得低于 50%。"这些试点规定是否合理可以研究，但肯定集体在建设用地上的土地所有权权益，是值得赞赏的。这些试点还规定了集体取得建设用地收益后的管理。广东省规定，收益 "50% 以上应当存入银行（农村信用社）专户，专款用于本集体经济组织成员的社会保障安排，不得挪作他用。具体实施办法由省劳动保障部门会同省农业、民政、财政、卫生等部门制定，报省人民政府批准后实施。"南京市也规定："集体建设用地流转收益金必须由镇街集体资产管理部门实行专户存储，其中镇街集体土地流转收益专项用于土地资源的开发、经济发展和公益事业建设；村、组集体取得的土地流转收益，专项用于原被占地村、组村民基本生活社会保障和经济发展，不得平调或挪作他用。"这有利于防止集体财产的流失。

三、强化集体对土地流转的审核和监督

土地流转的审核和监督，是指集体组织对土地承包经营权流转依法进行的审核和监督。《农村土地承包法》第 37 条规定："土地承包经营权采取转包、出租、互换、转让或者其他方式流转，当事人双方应当签订书面合同。采取转让方式流转的，应当经发包方同意；采取转包、出租、互换或者其他方式流转的，应当报发包方备案。"但是，在实践中出现了"农户之间私下流转的多，按规定和程序流转的少"的现象，而且还得到了一些学者的支持。有人将土地承粗经营权与集体对土地流转的审核和监督对立起来，认为土地流转不需要集体组织的介入，否则就是侵犯土地承包经营自主权。他们将物权法颁布以前关于土地流转要经发包人同意的规定归因于土地承包经营权的债权性质，认为物权法将土地承包经营权确定为物权后，土地承包经营权就可以自由流转当发现物权法并没有解除土地承包经营权自由流转的限制。有人认为：《物权法》对土地承包经营权的自由流转问题采取了避让的态度。土地承包经营权虽然被明确为物权，却只能按照《农村土地承包法》的规定行使权利，权利仍然不能自由流转，妨碍了农村土地承包经营权的充好行使与实现。因此，有必要废除或修改《农村土地承包法》等法律的规定。

这种观点是违背民法和物权法常识的。物权和债权是从支配权和请求权的角度区分的，能不能流转不是物权和债权的区别。不能说物权一旦不能流转或不能自由流转就不是物权。如果这种说法成立，那么，国有土地所有权、集体土地所有权也不是物权，因为这两种权利在我国都不能流转。罗马法是大陆法系民法的历史源头，罗马法中规定了禁止流通物和限制流通物。按照这些学者的说法，禁止流通物和限制流通物上也就没有

所有权、用益物权等物权可言。这些学者是了解罗马法的，如此信口开河令人难以理解。物权能不能流转、需不需要限制流转，取决于物在社会中的地位和作用。从社会的利益出发，有些物如军火、毒品的流转是必须限制或禁止的。我国的土地流转需要加以一定的限制，也是因为土地对我国社会具有特殊的意义。这种观点的另一个错误是将土地承包经营权视为与土地所有权没有任何关系的物权。土地是集体所有的，只不过是承包给了农户或其他人利用，当农户或其他承包人将土地转给他人利用时，集体组织作为所有权人，难道没有权利审核和监督土地流转是否符合土地承包法和土地承包合同？在民法和物权法中，从来没有哪一种用益物权是不对所有权负有义务的，也从来没有让用益物权人撇开所有权人任意处置财产。为什么集体土地流转上就可以撇开土地所有权人？既为土地所有权人，集体组织关心土地的流转理所当然。这是集体土地所有权的应有之义，也是对土地所有权最起码的尊重。物尽其用要求土地流转，但土地流转不能架空或侵害土地所有权，这应该是土地流转秩序的基本原则。

因此，集体的土地流转审核权和监督权是不应否定的。考虑到目前土地流转上的混乱，应当强化集体组织对土地流转的审核和监督。在土地流转时，集体组织要对土地流转本身进行合法性、合理性的审核，对于不符合法定条件和后果不利于农户以及不能保证土地正常利用的土地流转，有权建议、提出异议、不予同意。在土地流转后，集体组织要对土地利用进行日常监督，监督是否按照法律规定和合同约定的农业用途合理利用土地，是否有损害承包地和农业资源的行为。这些对于建立适应集体土地流转的约束机制，促进土地承包经营权流转市场的形成，保护集体组织和农户的合法权益、保证土地利用符合国家土地法律政策和社会共同利益，具有重要的意义。当然，集体组织对土地流转的审核和监督必须符合法律的规定，不能滥用审核权和监督权。在这里，必须划清依法干预和非法干预之间的界限，既不能将依法干预当成非法干预加以否定，也不能将非法干预当成依法干预加以支持。笼统地指责或支持集体组织干预农户或其他承包人的自主权，都是不正确的。

第五节 确保农民在土地上的合法权益

一、确保农民有地种的权利

法国社会学家孟德拉斯在20世纪60年代研究法国农民时说，其他职业是人们后来形成的，但传统的"农民"具有身份化特征，生来即为农民而非变成农民随着现代大农业的建成，很多国家已经完成了农民职业化，而我国农民很大程度上还是因为生来就是农民，但让农民作为一种职业而不仅仅是身份存在，应该是我国的目标。这就要求农民有地可种。土地承包经营实现了农民有地可种，但如何确保农民有地可种，是一个长期的任务。

赋予农户基于生存理由依法收回已流转土地的权利是确保农民有地种的重点。我国现阶段土地流转的主要动因是农民外出打工。我国城市化、工业化进程迅速，为农村劳动力向城市转移提供了历史性的机遇。据统计，我国已有1亿多农村劳动力转移到城市。在广西三村调查中，农户青壮年外出打工非常普遍，许多农户只有老人和孩子在种地。但是，我国的城市化、工业化具有很强的原始积累的特征，劳动力价格极其低廉而且劳动条件相当简陋，大多数农民即使长期在城市工作，也难完全转化为城市劳动力。低下的工资收入无法应对高昂的城市生活费用，农民工只能将妻儿留在农村。农民工不能享受城镇社会保障，随时可能因伤病、失业或家庭变故而回乡重新务农，尤其是年老的农民工，最后几乎都回到农村在广西三村调查中，我们没有发现农户因打工而在城市定居的情况，相反，见到了许多40多岁的曾有打工经历的农民。出外务工并没有割断农民与土地的生存联系，这就决定了基于出外务工的原因而产生的土地流转具有时续时断的特点。当农民需要土地谋生时，收回流转的土地势在必得。如前所述，生存权高于一切，收回流转的土地应成为农户的一项法定权利。

不得随意收回家庭承包地是确保农民有地种的保障。集体土地家庭承包不是一种恩赐，而是农民生存权利的必然，集体组织没有权利随意收回家庭承包的土地。《农村土地承包法》第14条规定，发包方承担下列义务："（一）维护承包方的土地承包经营权，不得非法变更、解除承包合同……"第26条规定："承包期内，发包方不得收回承包地。"《物权法》第131条也规定："承包期内发包人不得收回承包地。"现在，集体组织随意调整和收回农户承包地的情况已不多见，但出现了以规模经营和产业结构调整名义下收回家庭承包土地的现象，有些其实是由乡镇政府组织实施，由集体组织出面。一度被媒体吹成农业现代化途径而后被中央及时阻止的反租倒包，大多是变相收回承包地，给农户留一个空空的土地承包权名义。农民是不会轻易放弃土地的，农民对于自己不种的土地，多转给亲属或邻居耕种，无偿或只分一点收成，甚至有倒贴的。理论上不易解释这种现象。其实这可以说是农民为确保在其想种地时有地可种而采取的措施。即使农户违反了土地承包合同，例如不交承包费，违反计划生育政策（有些地方将计划生育写入土地承包合同），改变种养内容，私自流转等，集体组织可以要求农户纠正错误，但不能收回土地。收回土地意味着收回农户生存的权利，这是违反人权的。

二、确保农民有公平的土地流转收益

土地承包经营权既有农民的生存价值，也包含着土地使用价值，在流转时应该有相应的对价。实践中经常出现无偿、低价，甚至倒贴的情形，除非流转方自愿，集体组织和有关部门应进行必要的干预，确保农民取得公平的土地流转收益。集体组织在审核土地流转合同时，应关注土地流转费是否体现了土地承包经营权的市场价值，对土地流转费过低，明显与周边的土地流转价格不符的，应查明原因，建议双方重新约定公平的土地流转费。必要时，可以不予备案或不予同意。这不能说违反合同自由原则。土地流转合同不是一般的合同，而是与社会共同利益和农民生存利益直接相关的特殊协议。作为土地所有权人和土地发包人，集体组织有权审核土地流转合同，关注土地流转是否公平，是否损害农户的生存利益。农户流转土地原因各有不同，过低的土地流转费未必出于农户的真实意愿。

确保农民有公平的土地流转收益，最为重要的是要赋予农户单方要求改变土地流转费条款的权利。农户可以提出将无偿流转改变为有偿流转或者调整土地流转费数额。土地流转合同是双方协商一致的结果，对这个结果，农民有可能改变主意。由于土地流转费直接涉及生存利益，为了生存而改变原来的意思表示，是可以理解的，从社会的角度看也是符合人权的。对此，司法解释已有所肯定。最高人民法院《关于审理涉及农村土地承包纠纷案件适用法律问题的解释》第16条规定："因承包方不收取流转价款或者向对方支付费用的约定产生纠纷，当事人协商变更无法达成一致，且继续履行又显失公平的，人民法院可以根据发生变更的客观情况，按照公平原则处理。"但这一条只适用于零流转和倒贴皮，没有涉及调高流转费的问题，不够完善，应从法律的层面上加以明确和完善。

实践中，农户要求提高承包费或转包费的常常被拒绝，理由是合同条款不能由单方意志改变。合同是公平的交易，正是为了公平才需要双方意思表示一致，才形成不能单方改变的规则，以免失去公平。如果交易本身就显然不公平，意思表示一致就失去了合同的本质和意义。大道理要管小道理，以合同不能单方改变为由拒绝农户提高承包费或转包费是不应该的。

三、确保农民参与集体土地事务的权利

我国的农民集体和集体经济组织是在土地公有制的基础上形成的民事主体。长期以来，学者试图以传统民事主体解释集体和集体土地所有权，如特殊共有说、法人所有说等，但总是离实际的状况有很大的距离。其实，最能反映和解释集体所有特征的，是总有。总有是日耳曼法曾有过的一种所有权形式，是以一定的地域上基于共同生活和生产形成的一种村落共同体。总有中，村落共同体行使对土地的管理和处分权能，团体成员行使土地的使用和收益权能，脱离共同体即丧失团体成员身份，也自然失去对土地的使用和收益权。我国的家庭联产承包责任制确定了集体组织成员以户为单位的土地使用权和收益权，集体组织的土地所有权仅仅体现为管理和特定条件下的处分权。无论在内容还是形式上，两者极其相似。总有突出了团体成员的成员权，这对集体组织有很强的借鉴意义。我国已全面实施的村民自治，实际上就是以村民的成员权为基础的，否则无法解释村民自治。因此，集体所有实质上是集体组织成员所有，集体土地的占有和支配最终是集体成员的共同行为。任何一个集体组织成员与集体土地都有着不可分离的利益

关系，在土地分配时可按户取得土地承包经营权，而作为集体组织的成员，参与对土地流转、宅基地和集体土地收益分配等事务，都属集体成员的权利。

保护集体组织少数成员的合法权益也是确保农民参与集体土地事务权利不可缺少的方面。村民自治以少数服从多数为决议原则，但由于历史的原因，同一个或村民小组常有大姓小姓的情况，大姓人多，有可能形成侵害小利益的决议。没有家族的因素，也可能出现侵害或剥夺少数人合法利益的情形。因此，必须保护集体组织少数成员的合法权益。

四、确保农民特殊群体的合法土地权益

特殊群体主要是指农村中的"外嫁女"，离婚妇女、入赘女婿等人员及其子女等。这部分人在集体组织中数量不多，受风俗习惯影响，在集体利益分配上难与多数村民抗衡，处于"弱势"地位。承包责任田、土地入股分红、征用土地补偿、宅基地分配，与农民生产生活关系最密切，也是农民特殊群体的合法土地权最易受到侵害的四个方面。适龄未嫁女、有女无儿户、由外村娶进来的媳妇和嫁出本村的"出嫁女"，最容易遭到侵犯。例如，在征地补偿费分配上，经常出现村里自行制定的"土政策"：婚嫁到本村但户口未迁入的妇女不享受；婚嫁外出而户口未迁出的妇女不享受；离婚或密偶妇女户口迁回娘家的不享受；有两女或两女以上无儿的家庭，只允许一女享受；有儿有女的家庭，女不得享受；有两女或两女以上无儿的家庭，只允许一个"入赘女婿"享受；女方如有兄弟，"入赘女婿"不得享受等。

对特殊群体权益的侵害，往往是以其不属于或已不属于本集体组织成员为理由。这与我国没有统一的集体组织成员资格的认定标准有关。司法实践主要有三种认定标准：单一标准即以是否具有本集体经济组织所在地常住户口作为判断依据；复合标准即以户口标准为基础，辅之以是否在本集体经济组织所在地长期生产、生活作为判断依据；事实标准即以与本集体经济组织是否形成权利义务关系作为判断依据。我们认为，事实标准很难把握，集体经济组织的身份不是一朝一夕形成的，要追溯权利义务关系形成过程举证不易，最后可能变成"说你是你就是，说你不是你就不是"的主观臆断。复合标准也存在着事实上的判断，何谓长期生产、生活，即便上了法庭也很难形成统一的认识，而且过分强调"长期"不利于农业人口向二、三产业转移。相比之下，单一标准是最确定的，不会发生歧义。以户籍为认定本集体组织成员的资格，符合我国农民集体的本质。我国农民集体是在一定区域内基于一定的土地占有和利用形成的村落共同体，在法律上区分不同村落共同体的唯一手段是户籍。因此，只要是当地户口，就应该认定为集体组织成员，就有权享有集体的各项利益，不论是男是女，不是否居住在本村。例如，《安徽省实施〈中华人民共和国农村土地承包法〉办法》第8条就规定了成为集体组织成员的条件："（1）本村出生、户口未迁出的；（2）与本村村民结婚、户口迁入本村的；（3）

本村村民依法办理收养手续、户口已迁入本村的子女；（4）其他将户口依法迁入本村，并经本集体经济组织成员的村民会议三分之二以上成员或者三分之二以上村民代表的同意，接纳为本集体经济组织成员的。"

单一标准会造成户籍变动的单向性。在一些集体经济实力较强的村，嫁往村外的不愿迁出户口，"入赘女婿"大量增多。浙江省一些经济发达的城市郊区，姑娘婚后不出村的平均占到村姑娘总数的90%左右，而娶来的媳妇、入赘的女婿又要求户口迁入。为了"公平"，一些集体经济组织制定了土政策：有的按劳动力人数进行分配，有的按常住人口数进行分配，还有的按常住人口与田亩面积各占50%比例进行分配。对此，可以改革户籍制度，确立两条原则：一是当事人自主决定户口外迁。婚姻关系当事人有权要求户口外迁，也有权决定户口不外迁，本集体组织不能以任何理由不让外迁或强迫外迁。要求出嫁女必须迁走户口，会导致选择对象时受制于户籍，这是违反婚姻自由原则的。二是集体组织自主决定户口迁入。不管什么原因提出户口迁入要求，集体组织都有权做出允许迁入或不许迁入的决定。户口迁入意味着增加新的集体组织成员，意味着集体组织担负新成员的生存责任，意味着原集体组织成员的利益有所稀释。因此，从集体组织全体成员的利益上考虑是否接纳新的成员是正当合理的。

统一本集体组织成员的认定标准，保护特殊群体合法土地权益的问题迎刃而解。现在法院已经判了很多案子，体现出了对特殊群体的保护。但妇女外嫁、结婚入赘、生孩子、离婚再娶是天天有的事，法院审理个案，头痛医头，脚痛医脚，治标不治本。如果不从法律上彻底解决，特殊群体的合法土地权益始终悬在半空。单一标准也许不是完美的，有着自身的弱点，但其确定性使其成为相对而言最为合理和最能操作的标准。户籍标准使本村妇女、外出务工或求学者不会有归属感，而出嫁女和嫁入女的身份其实是相对的，保护了出嫁女的权利，嫁入女也不用担心权益无着落。坚持统一的户籍标准，树立起行为的标尺，长期宣传和实践，有了明确的预期，集体组织及其农民会逐渐接受和适应，侵犯特殊群体合法土地权益的行为就会逐渐减少。

第七章 耕地保护补偿机制及其目标

第一节 耕地保护补偿的理论基础

在对耕地保护补偿机制深入分析前,需要对与之相关的理论进行阐述,为耕地保护补偿机制的构建提供理论基础。这些理论主要有外部性理论、公共物品理论、可持续理论、人地关系理论和现代土地价值理论。

一、外部性理论

外部性概念来源于马歇尔的著作《经济学原理》中提出的"外部经济理论",庇古在1920年发表的《福利经济学》中利用现代经济学的方法从福利经济学角度系统地研究了外部性问题,后来,科斯在其《社会成本问题》一文中提出了"交易成本"的概念,他认为外部性产生的原因是产权没有被明确界定,以上是外部性理论经历的三个里程碑。

外部性是指某个人或某个群体的生产和消费行为,对其他人和群体的生产与消费行为产生了附带的成本或效益,而造成这种经济行为的主体没有支付相应的成本或获得相应的报酬。外部性又分为正外部性和负外部性,正外部性又称外部经济,是指经济主体的行为产生的社会效益大于私人效益,而社会从私人活动中获得的额外收益没有支付给经济主体;负外部性又称外部不经济,是指经济主体的行为产生的私人成本小于社会成本,而经济主体没有承担社会成本。

耕地保护具有非常强的正外部性,耕地资源不仅具有生产物质产生经济效益的功能,而且还具有涵养水源、维护生物多样性的生态效益和维护国家粮食安全、维护社会稳定的社会效益。由于耕地的生态价值和社会价值具有公共性,人们更多关注的是耕地资源的经济价值,保护耕地的外部性问题也随之产生,所以根据外部性理论构建耕地外部性内部化机制,能为耕地保护补偿机制的构建提供依据。

二、公共物品理论

公共物品是指每个人对这种物品的消费不会影响其他人对该物品消费的物品。相对私人物品来说,公共物品具有三个特征:效用的不可分割性、消费的非竞争性和消费的非排他性。效用的不可分割性是指公共物品是向整个社会提供的,具有共同受益和消费的特点;消费的非竞争性是指一个人对公共物品的享用不会排斥和影响其他人对其的享用;消费的非排他性是指一旦公共物品为人所用,便不能排除任何一个享用该物品的受益者。

耕地的生态价值和社会价值具有明显的效用不可分割性、完全的非竞争性和非排他性，符合公共物品的三大特征，这就意味着在使用过程中容易出现"搭便车"的现象，随着人口的增长和消费量的增加，耕地的生态社会效益会出现供应不足的问题，而且耕地资源的正外部性被置于公共领域，耕地不会得到应有的保护，导致征用耕地的成本很低，土地开发的效益与成本分离，会出现"公地悲剧"。

三、可持续发展理论

由布伦特兰报告的《我们共同的未来》首次对"可持续发展"概念作了界定：可持续发展是既满足当代人的需求，又不对后代人满足其需求的能力构成危害的发展。既要达到经济发展的目标，又不能损害人类赖以生存的生态和自然资源；既要满足本国的发展，又不能损害其他国家发展的权利。可持续发展包含了公平性原则、持续性原则和共同性原则。公平性原则包括本代人之间的公平、国际之间的公平和资源利用的公平；持续性原则是指人类经济和社会的发展不能超越资源和环境的承载能力，要将人类的当前利益与长远利益真正结合起来；共同性原则是指可持续发展是全人类共同发展，面临的问题也是全球共同的问题，需要全世界共同努力，将各国的利益与全人类的利益结合起来。

随着经济的发展和人口的增加，耕地的需求量增加，耕地非农化现象突出，耕地数量和质量都有所下降，严重地影响了我国的粮食安全、社会稳定、生态安全和经济的可持续发展。因此需要在权衡"吃饭与建设"的基础上提出合理的耕地保护政策，使得耕地资源能永续、高效地利用。

四、人地关系理论

人地关系即人类与其赖以生存和发展的地理环境之间的关系，人地关系及其观念是随人类生产和社会发展而不断变化的。对人地关系的论述，最早出现在 17 世纪末至 18 世纪初，由法国学者孟德斯鸠和德国学者拉采尔提出的"环境决定论"中，"环境决定论"认为地理环境是人类社会发展的决定因素。18 世纪英国学者马尔萨斯鼓吹人口论，强调人口增加会对社会发展造成阻碍作用。19 世纪中后期出现科学的人口论，认为人口与经济能够协调发展。随着经济的发展，人口急剧增加，资源浪费、环境污染严重，人地矛盾突出，于是在 20 世纪 30 年代出现了适应论和人类生态论，60 年代以后，又出现了人与环境之间的协调论，随后扩展到人与经济领域的协调，近年来，"人口、资源、环境、粮食、能源"已成为全球关注的热点。

在人地关系中，人类既是自然环境的生产者也是消费者；既是建设者也是破坏者。如果人类按自然规律办事，就能实现人地关系的和谐发展，反之，如果破坏地球维持生命的能力，人类终将受到自然的惩罚。

保护耕地资源的目的是实现人地关系的和谐，不断满足人口增长对农产品的需求。控制人口增长能减轻人口对耕地的压力，有利于合理利用耕地，起到保护耕地的作用。在我国，控制人口增长、保护耕地和改善生态环境都能起到保护环境的作用，从而促进经济发展，实现人地协调发展的目的。

五、现代土地价值理论

土地价值理论是土地价格评估的基础，也是耕地区域保护区域补偿价值标准确定的基础。传统的土地价值理论包括效用价值论和劳动价值论，英国经济学家劳埃德最先提出效用价值论，他认为商品的价值表现为人对商品的心理感受，不是商品的内在性质，价值是由人的欲望和人对物品的估价决定的。法国经济学家萨伊根据效用价值提出土地价值的大小取决于土地为人类提供效用的高低，同时提出"生产三要素"论，认为地租是对土地服务的补偿或收入。在效用价值论基础上产生了边际效用价值论，代表人物有杰文斯、瓦尔拉、门格尔、维塞尔等，他们认为价值的尺度是效用和物品的稀少性结合而形成的边际效用，土地的价值即土地给利用者带来的边际效用。

劳动价值论是由威廉·配第最先提出的，他认为"土地的价值，取决于土地所生产的产品量对为生产这些产品而投下的简单劳动的比例大小"。也就是说，土地的价值是由劳动量决定的。亚当·斯密认为生产物品的劳动量就是该物品的价值，其交换的比例取决于生产物品的劳动量，衡量的标准是劳动时间。马克思在劳动价值论和剩余价值论基础上提出地租都是土地所有权在经济上的实现，地租是剩余劳动的产物。

随着经济的快速发展，人口、资源、环境问题日益严重，现代土地价值理论在这种背景下产生，面对日益严重的全球性问题，人们开始重视对资源的生态环境价值的衡量。曲福田教授在对耕地的价格进行研究时指出，传统经济学对耕地价值的认识只停留在单纯的或狭义的经济价值（农产品价值）的基础上，忽视了耕地所拥有的生态功能、景观功能、食物安全及世代公平等社会价值与生态价值，从而在耕地非农化过程中导致大量的社会福利损失。耕地是一种具有多种功能的自然资源，具有多种价值，但在现实利用过程中却忽视了耕地的生态价值和社会价值，使得耕地没有完全发挥其应有的价值，因此，建立耕地保护补偿机制能够在考虑耕地生态、社会价值的基础上制定耕地价值补偿标准，使耕地的全部价值都能得到补偿，从而起到提高耕地利用效率、保护耕地的作用。

第二节 耕地保护补偿机制的分类及其目标

由于城镇扩张过程中耕地的大量流失和土地生产能力的退化，国外在 20 世纪 50 年代就开始关注耕地保护，不仅在理论上形成了国家干预、市场调节和可持续发展等学说，而且在耕地补偿实践上也形成了三种方式：农地发展权的购买与转移、耕地保护的经济补偿与农业补贴融为一体和生态补偿。

20 世纪 80 年代以来，我国经济快速发展，耕地流失现象严重，耕地非农化对粮食安全的影响受到了广泛的关注。20 世纪 90 年代以后，学术界认识到耕地保护对粮食安全的重要意义，提出耕地保护的基本目的是保持耕地总量动态平衡，加强耕地资源保护是保障我国粮食安全的重要措施等分别从不同的侧面和角度对我国耕地保护政策进行评价，认为我国现行耕地保护制度缺乏激励效应，土地收益分配机制设计不合理，应对耕地保护进行补偿。随后，国内学者围绕耕地价值评估和耕地补偿价值标准开展了大景的研究，为耕地补偿标准研究奠定了基础。目前，我国对耕地保护补偿机制的研究有以下几种分类。

一、耕地保护外部性补偿机制

外部性是指一个人或一群人的行动和决策使另一个人或一群人受损或受益的情况，外部性分为正外部性和负外部性：正外部性是指某个经济行为个体的活动使他人或社会受益，而受益者无须花费代价；负外部性是某个经济行为个体的活动使他人或社会受损，而造成外部经济的人却没有为此承担成本。耕地保护外部性是指耕地保护的边际私人成本或边际收益与边际社会成本或边际社会收益相偏离，个人土地利用行为的收益或成本被其他社会成员分享或承担。耕地保护也分为正外部性和负外部性：耕地保护的负外部性主要是指农民为了获得更多的自身利益而过度利用耕地，从而危及环境和耕地的可持续利用，如围湖造田、毁林开荒等造成水土流失、生态恶化等环境问题；耕地保护的正外部性是指耕地保护生态价值和社会价值的外溢，使其他相关方免费享受耕地保护主体所提供的效用输出。

国外耕地保护的外部性及其补偿理论可以追溯到庇古等对私人成本和社会成本之间差异的分析，并首倡给具有正外部性的活动予以补贴。1890 年，新古典经济学的创始人马歇尔在其著作《经济学原理》中，首次提出外部经济的概念，之后，许多学者开始研究外部性。庇古提出了"负的外部性"，他认为当边际私人净产品与边际社会净产品之间存在差异时，就产生了"外部性"。当边际私人净产品价值与边际社会净产品价值相等时，能够实现社会资源的最优配置；但当前者大于后者时，即产生了"负的外部性"。科斯在其《社会成本问题》一文中提出了"交易成本"的概念，他认为产权没有被明确界定是外部性产生的原因。以上是外部性理论经历的三个里程碑，目前在对外部性进行经济补偿的研究中，学者一般采用庇古税方法或科斯产权方法。

国内学者对耕地保护外部性的研究也较多，牛海鹏对耕地保护外部性的内涵、类型和特征进行阐述，构建了城乡统筹一体化的动态耕地保护经济补偿机制；朱新华对基于粮食安全的耕地保护外部性进行理论分析，建立外部性补偿标准的理论模型和补偿途径；邓春燕通过对耕地保护外部性作用下的非农化驱动机理进行分析，测算耕地保护的外部效益，从而构建耕地保护经济补偿机制；牛海鹏、张安录运用综合方法和条件价值法对耕地保护的外部性进行测算；陈美球、洪土林等对农户耕地保护外部性的内涵、表现进行论述，认为政府引导、加大对耕地保护的扶持是农户耕地保护外部性内部化的主要措施。目前，国内学者在耕地保护外部性补偿的研究方面大多还停留在理论研究层面，对相关利益者的补偿缺乏系统的解决方案，实证研究不够充分。

耕地保护外部性是耕地非农化的根本原因，严重制约了耕地保护政策的落实，对国家的粮食安全和生态安全构成了威胁，构建耕地保护外部性补偿机制是耕地保护外部效益内部化的主要措施，其目标是：①基于外部性理论，分析耕地非农化的驱动因素，丰富耕地保护经济补偿研究的理论基础；②通过凸显耕地的生态社会效益，并将其纳入耕地收益中，能够提高耕地经营者保护耕地的积极性；③耕地保护外部性补偿机制能够弥补相关政策缺位的现象。

二、基于发展机会成本补偿的耕地保护补偿机制

从经济学的角度看，由于社会资源的有限性，当资源被用于某一用途获得收入时，就必然会存在一种潜在的损失，这种损失就是放弃的资源在其他方面的使用所能带来的收入，资源供给的有限性和稀缺性是机会成本产生的根本原因，价格关系及不合理的收益配置格局是耕地保护机会成本产生的重要原因。耕地保护的机会成本，主要是耕地保护政策限制耕地转为非农建设用地而损失的收益，这种损失要比直接成本大很多，耕地保护的机会成本等于耕地转为建设用地的纯收益，扣除原粮食用地纯收益的余额。

姜广辉、孔祥斌等指出，对耕地发展机会成本的补偿，一方面是对耕地限制为农业用途而损失的利益进行补偿，其补偿对象是农民；另一方面是对耕地转用的限制，在分析耕地转用过程中功能、权利及利益关系变化的基础上，核算主体的获益情况及耕地的发展权价值，确定耕地保护的机会成本。胡靖认为，耕地上生产的粮食的价值远不能通过市场价值得以体现，由于现实土地用途存在可转换性及农民务工方式的可选择性，粮食生产的机会成本大于贸易所得，因此，政府应该对机会成本给予补偿，以保障国家的粮食安全。

基于发展机会成本补偿的耕地保护补偿机制是把耕地保护的机会成本作为补偿的

标准，严格实行耕地保护政策的地区由于耕地的限制利用，耕地向建设用地转用而获得高效益的机会就会减少，对耕地的机会成本进行补偿，能够减缓耕地流失的现象，提高农民保护耕地的积极性，实现国家粮食安全和社会稳定的目标。

三、耕地生态补偿机制

耕地是人类生存和发展不可缺少的生产资料，不仅能生产农产品实现经济价值，而且具有涵养水源、保持水土的生态价值和保障国家粮食安全及社会稳定的社会价值，随着环境的恶化、耕地资源数量的减少和质量的下降，耕地的生态价值。益受到学者和政府的重视，耕地的生态补偿就是把耕地生态价值表现的外部性内部化，使耕地价值表现得更全面化。

生态补偿是以保护生态环境，促进入与自然和谐为目的的，对于生态补偿的定义不同学者有不同的见解，但一般来说，生态补偿包括两方面的含义：一方面是对自然的补偿，即对已遭受破坏的生态环境进行恢复和重建；另一方面是对人的补偿，即对那些保护生态环境的主体给予经济或政策上的补偿。耕地生态补偿一方面是给予生态价值的提供者或受益者补偿或收费，提高其行为的收益或成本；另一方面对保护耕地资源发展权受限造成的损失或者过多承担了耕地保护任务权益的损失给予补偿。

国内对耕地生态补偿的研究较多，路景兰以生态补偿理论基础为依据，强调耕地生态补偿的必要性和迫切性，并从不同角度提出耕地生态补偿的建议；马爱慧在相关生态补偿理论阐述和问卷统计计量分析的基础上，综合考虑了耕地资源利用的正负外部性、整体与部分的联系，从而确定区域内部和跨区域耕地生态补偿；张艳梅从保护农民权益的角度出发，探究耕地生态补偿中各利益主体之间的博弈过程，得出耕地生态补偿有效实施的前提条件；张齐和田义文将法学和生态经济学中生态补偿的概念综合运用于耕地生态补偿研究中，提出要创新耕地生态补偿方式，完善耕地生态补偿法律。

耕地生态补偿机制主要是为了解决生态产品这一公共物品"搭便车"的问题，鼓励公共产品的足额供应，满足耕地保护外部性内部化的要求。耕地生态补偿机制要达到的目标是：①抑制耕地转为城市用地的速度和规模，正确引导农地非农化趋势，使土地资源的配置更加有效，以实现社会经济可持续发展的目标；②缓解耕地被占用的速度和质量下降的势头，以保证足量高质量的耕地生产满足人类粮食需求，保障国家粮食安全；③调控农民的生产方式和生活方式，减少农民为生产粮食而破坏生态环境的现象，鼓励农民保护生态环境，提高整个社会的福祉。

四、征地补偿机制

在当前工业化和城市化快速发展时期，城市的土地面积快速扩张，农村土地成为城市建设用地最主要的后备资源，土地征收是增加城市建设用地的主要方式。土地征收在给城市带来广阔空间的同时也带来问题：如何保障失地农民的利益不受损失，如何确定征地补偿标准等。土地征收是经济社会发展到一定阶段产生的，是国家为了公共利益的需要，依照法律规定的程序和权限将农村集体土地转化为国有土地，并依法给予被征地的农村经济组织或被征地农民适当的补偿和妥善安置的法律行为。征地补偿机制是征地补偿一系列相关的制度和机构的有机结合，以及它们之间的相互作用，包括征地补偿的标准、方式、范围，征地补偿的就业保障机制，地方政府的绩效评估机制，失地农民的法律援助机制，失地农民的利益表达机制及补偿费的补偿机制等。

从 20 世纪 90 年代开始，国内学者就围绕征地出现的一些问题进行探讨，从征地补偿标准、补偿原则与范围、补偿方式等不同的方面进行研究，企图创新征地补偿制度，使其适应当前经济社会发展的要求。李晶针对土地征收过程中农民土地权益保护方面的问题，以相关理论为指导，将我国城市化进程中征地补偿机制与欧美发达国家和我国港台地区的征地补偿机制进行比较，发现问题，寻找差距，并提出相关对策；邝新亮在研究征地补偿基本理论，分析失地农民补偿现状的基础上，提出完善征地补偿机制的原则和政策建议；刘兴华运用经济学中的博弈论，建立地方政府与失地农民及地方政府与用地企业之间的博弈模型，并引入完善地方政府绩效评估机制的概念，利用管理学中利益相关者概念及相互关系来剖析博弈各方之间的关系。

征地补偿机制关系到农民的切实利益和社会的安定和谐，推进征地补偿机制的创新，建立规范的征地补偿机制，有利于提高集体土地的利用效率，实现农村经济和城市化的发展，实现城乡统筹发展的目标；征地补偿标准要切实考虑农民的利益和今后的生活水平，维护农民的土地财产权益，保障农民社会福利，为三农问题的解决提供保障；改革征地制度，解决国家垄断一级市场带来的问题，实现"同地、同权、同价"的城乡土地一体化市场，促进土地资源的优化配置；对征地补偿机制产生问题的原因进行考察，提出明确具体的解决方案，减少征地补偿中出现的纠纷。

五、耕地发展权补偿机制

20 世纪 50 年代开始，英国、法国、美国等国为了保护环境，保护农地、控制城市建设用地规模过度扩张，相继建立了发展权制度，并取得了良好的社会效益。我国在 20 世纪 90 年代引入"发展权"这一概念，1992 年，原国家土地管理局在《各国土地制度研究》一书中，第一次提出"土地发展权"的概念，指出发展权就是对土地的用途变更，或提高土地使用集约度的权利，土地发展权主要是为防止土地利用过程中随意改变用途保护资源最大效率而设立的，农地发展权是土地发展权的重要组成部分，农地发展权是指土地用途由农用地转为建设用地时获取经济利益的权利，其现实意义是明晰土地增值收益的归属，调节收益分配。

随着土地的有偿使用和流转，耕地转为建设用地带来的巨大增值收益及其分配成为学者关注的热点，引发学界的思考和讨论。台湾学者苏志超在论及农地发展权时，从社会公共投资所引致的土地自然涨价应归社会公共所有的理论出发，认为土地发展权应归国家所有而不应由土地所有权人所有。中国土地法学专家沈守愚认为，土地发展权是一种独立于土地所有权之外的由国家所有的土地权利。周诚在谈到农地"自然增值"分配时，对"涨价归公"作了修正，认为"合理补偿，剩余归公，支援全国"更为确切，并提出"由政府收购农地开发权"的观点。臧俊梅等主张农地发展权归国家所有并无偿授予农民使用，土地所有权由农村集体所有转为国家所有的同时，国家再无偿收回授予农民使用的农地发展权。任艳胜等将农地发展权定义为农地可转为建设用地等不同用途的权利，即可开发农地的权利，认为该产权是土地产权体系的重要组成部分，主要归属于农民集体所有。邓炜等分析了现行征地制度中存在的主要问题，讨论了农地发展权设置的意义和可行性，提出设置农地集体所有权之下的农地发展权以实现土地增值收益的合理分配，以及完善征地补偿机制的建议。可见土地发展权是归属土地所有者还是国家，在理论界并不明确，对农地发展权价格的研究，也是处于初级阶段。农地发展权价值就是农地开发可转为不同用途带来的增值收益价值，是农地未来开发超额地租的折现价值。农地发展权在很大程度上受到农地区位、政府规划等因素的影响，借鉴任艳胜等、王永慧等的研究，以一定理论为基础求取整个区域内平均的农地发展权价值。周建春以耕地外部性价格扣除耕地的国家粮食安全价格、国家生态安全价格后，得出我国耕地发展权价格为17.55万元/公顷。

耕地发展权补偿机制要实现的目标主要有以下几个方面：首先，传统的农村土地产权制度过多强调土地所有权，忽视了农民享有的土地承包权及其他财产权利，导致农民对承包的土地缺乏长期稳定的预期，将农地发展权引入农村土地权利体系中，能实现对传统土地产权制度创新的目标；其次，十分珍惜、合理利用每寸土地和切实保护耕地是我国的基本国策，实施耕地发展权补偿机制可以使得破坏生态环境、盲目占用耕地的成本增高，以此减缓耕地资源减少的趋势，缓解人地供需矛盾；最后，实施耕地发展权补偿机制可以实现按耕地完全价值补偿的目标，充分保障失地农民的权益，防止地方政府滥用征地权，平衡相关主体的权益。

六、耕地区际协调保护补偿机制

为保护耕地，确保国家粮食安全和社会稳定，我国实行了世界上最为严格的耕地保护制度，但取得的效果却不明显，其中一个原因是区域之间保护耕地的责任和义务不明确，没有考虑地区之间资源禀赋和社会经济发展的差异性，以及不同区域在特定社会经济发展阶段中耕地非农化需求的内在合理性。耕地保护区域补偿机制是从区域间责任和义务对等的角度出发，由经济发达、耕地资源较少的地区通过财政转移支付等方式对经济欠发达并承担较重耕地保护任务的地区进行经济补偿，从而达到既能满足社会经济发展对耕地非农化的需求，又能最大限度地保护耕地资源的目的。

近年来，耕地保护区域补偿引起了我国学者的广泛关注。张效军从补偿的价值标准、面积标准及补偿的方式与管理等方面构建了我国耕地保护区域补偿的思路框架。朱新华和曲福田在对我国粮食主产区、主销区和产销平衡区土地产出效率差异分析的基础上，提出了不同粮食分区间耕地保护补偿运作机制。方斌、倪绍祥等从耕地保护易地补充的客观实际需求出发，探讨了耕地保护区域经济补偿的可行性，并提出了构建耕地保护区域经济补偿的思路与模式。这些研究构成了我国耕地保护区域补偿的理论框架。

耕地布局优化的目的是协调工业化、城市化与耕地保护之间的矛盾，释放发达地区的耕地非农化压力，提高欠发达地区土地利用效率。实行耕地区域保护补偿机制的目标，一方面是在保证全区域粮食安全的基础上，根据各区域耕地非农化压力的不同，开展耕地资源的空间配置，使耕地非农化压力得到尽可能的释放，协调全区域粮食安全对耕地保护的需求和各县域社会经济发展对区域耕地非农化的需求，提高土地资源的利用效率；另一方面以耕地发展权价值、耕地粮食安全价值和耕地生态服务价值为基础，确定耕地区际协调保护的价值标准，使耕地保护区域补偿机制引导耕地利用向区际布局优化的方向发展。

第三节 耕地保护区域补偿机制

一、耕地保护区域补偿机制的内涵

（一）耕地

联合国粮农组织规定，耕地包括播种地、割草地、牧草地、菜园地、休闲地等。我国根据《土地利用现状分类》，耕地是指种植农作物的土地，包括熟地，新开发、复垦、整理地，休闲地（含轮歇地、轮作地）；以种植农作物（含蔬菜）为主，间有零星果树或其他树木的土地；平均每年能保证收获一季的已垦滩地和海涂。我国对耕地的定义与国外有所不同，为了研究的方便和准确性，采用《土地利用现状分类》中对耕地的定义。

（二）耕地保护

耕地保护源于粮食安全问题，在经济的发展过程中耕地非农化现象突出，大量优质耕地流失，粮食安全问题，经济、社会、生态的可持续发展问题日益受到人们的关注。耕地保护是指运用法律、行政、经济、技术等手段和措施，对耕地的数量和质量进行的保护。耕地保护是关系我国经济和社会可持续发展的全局性战略问题。"十分珍惜和合理利用土地，切实保护耕地"是必须长期坚持的一项基本国策。

（三）耕地保护区域补偿

补偿，是指抵消（损失、消耗）、补足（缺欠、差额），是对某一产权主体造成的损失进行物质、经济或政策的弥补，能够实现行为主体利益均衡或分配公平，同时也能促进经济社会和谐发展。

耕地保护区域补偿是在确保国家粮食安全的基础上，为了提高土地利用效率，在各区域间合理分配耕地保护目标责任，并且从责任和义务对等的角度出发，通过区域间财政转移支付等方式实现不同区域间耕地保护利益关系的协调，使部分经济发达地区在承担较少耕地保护目标责任的基础上对承担较多耕地保护目标责任的区域进行补偿，从而在各区域之间实现耕地资源的优化配置。耕地保护区域补偿是耕地保护目标责任得到实现的重要保障，是保障国家粮食安全和土地利用效率最大化的重要条件。

（四）耕地保护区域补偿机制

"机制"最早是指机器的构造和工作原理，后来引用到经济学研究中，指经济系统的各个组成部分相互衔接以实现总功能的机理。因此，耕地保护区域补偿机制是以实现可持续发展为最终目标，从区域间耕地保护责任和义务对等的角度出发，运用政府和市场手段进行区域补偿活动、调动耕地保护积极性的各种规则、程序和方法，激励和协调的制度安排。

二、耕地保护区域补偿机制的意义

（一）使耕地保护政策真正落到实处，抑制耕地过快减少

我国正处于城市化快速发展阶段，耕地保护形势日益严峻，长期以来，我国政府采用世界上最严格的耕地保护政策旨在实现耕地保护以保障粮食安全。然而，作为耕地保护政策重要组成部分的耕地总量动态平衡、土地用途管制、建设用地的年度供应计划在很多地方出现失灵的现象，其原因是这些耕地保护政策忽视了资源禀赋和社会经济发展的区域差异性及不同区域在特定社会经济发展阶段中耕地非农化需求的内在合理性。耕地区域保护补偿机制是根据布局优化结果确定耕地保护目标责任，以耕地非农化收益为基础、结合耕地价值和耕地赤字／盈余状况确定补偿标准，使耕地保护政策能够起到保护耕地的作用，抑制耕地过快减少。

（二）在保证粮食安全的前提下释放耕地非农化压力

耕地区际优化布局的目标是在保证全区域粮食安全的基础上，根据各区域耕地非农化压力的不同，开展耕地资源的空间配置，使耕地非农化压力得到尽可能的释放，协调全区域粮食安全对耕地保护的需求和各县域社会经济发展对区域耕地非农化的需求，提高土地资源的利用效率。本书要解决的关键问题之一就是综合考虑全区域粮食安全要求、各区域耕地非农化需求和各区域耕地非农化需求紧迫的程度，进行耕地资源优化布

局。

（三）协调区域发展利益，体现区域公平

当前的耕地保护区域补偿机制研究大多基于耕地利用现状，由于补偿标准与土地利用效率和耕地非农化需求脱钩，有可能出现土地利用效率高、耕地非农化需求迫切的区域需要承担耕地保护任务，而土地利用效率低、耕地非农化需求不足的区域不承担耕地保护任务，使得区域之间发展不协调，"吃饭"与"建设"的矛盾更加突出。耕地保护区域补偿机制在各区域间合理分配耕地保护目标责任，并且从责任和义务对等的角度出发，通过区域间财政转移支付等方式实现不同区域间耕地保护利益关系的协调，使部分经济发达地区在承担较少耕地保护目标责任的基础上对承担较多耕地保护目标责任的区域进行补偿，从而在各区域之间实现耕地资源的优化配置，实现区域公平发展。

（四）确定耕地区际保护，引导耕地利用向区际布局优化的方向发展

耕地区际协调保护的区域补偿是引导耕地资源向布局优化的方向发展，实现耕地保护目标的关键所在。本书以武汉城市圈各县域耕地发展权价值、耕地粮食安全价值和耕地生态服务价值为基础，采用各县域耕地赤字／盈余进行修正得到武汉城市圈各县域耕地保护区域补偿价值标准。采用这种思路得到的耕地区际协调保护区域补偿价值标准与区域耕地赤字／盈余结合起来，可以起到耕地保护的杠杆作用。此外，本书提出的耕地区际协调保护区域补偿价值标准、保证耕地补偿地区应支付的耕地保护补偿价值标准小于或等于该区域耕地发展权价值、耕地粮食安全价值和耕地生态服务价值之和，而在受偿地区该标准则大于该区域耕地发展权价值、耕地粮食安全价值和耕地生态服务价值之和，从而使耕地区际协调保护区域补偿价值标准的实施具有较高的可行性。

三、耕地保护区域补偿机制研究现状

在耕地保护补偿方面，国外学者早在 20 世纪中期就开始关注耕地保护给相关群体带来的福利损失及发展机会的限制，认为耕地保护会对土地所有者产生"暴利"和"暴损"的福利非均衡问题。Innes 提出应该对耕地保护遭受"暴损"的农户进行补偿以保证耕地保护政策的有效实施。Jeffrey 从耕地非市场价值出发，提出应对耕地保护行为予以补偿。近年来，学界研究重心逐渐转向对农地外部性、选择价值、发展权定价的测算，通过 CVM、HPM、TCM 等评估技术量化耕地的选择价值和外部性，为测算耕地补偿标准奠定基础。

近年来粮食安全与经济发展的矛盾日益突出、地区发展不平衡问题的加剧，我国学者对耕地保护区域补偿机制的研究越来越多。张效军是较早研究耕地保护区域补偿机制的学者，他在对经济增长与制度关系的分析及其对我国耕地保护制度的历史变迁和运行效果评价的基础上，构建了耕地保护区域补偿机制，并以黑龙江省和福建省为例，探

明了耕地保护区域补偿机制的运行，在对土地价值理论分析和耕地价值核算的基础上，对耕地保护区域补偿机制中价值标准确定进行了探讨，又以区域及全国农用地分等成果为基础，对耕地保护区域补偿机制中面积标准进行探讨；臧俊梅等从农地发展权的视角，构建耕地总量动态平衡下的区域耕地保护补偿机制，试图以农地发展权的产权手段来解决"异地指标调剂"的跨区域耕地保护问题；马驰和秦明周在分析区域耕地保护补偿的理论依据的基础上，提出构建我国区域耕地保护补偿机制的建议；柯新利通过文献研究，对我国耕地保护目标责任及区域补偿的相关研究进行了梳理，并提出了我国耕地保护目标责任及区域补偿未来的研究重点。

国外由于粮食安全压力小，耕地保护以保护生态环境保持自然景观和开放空间为主要目标；耕地保护补偿以解决耕地保护过程中产生的福利非均衡问题为主要目标，这些研究为我国耕地保护相关研究提供了理论和方法基础。目前，我国学者对耕地保护区域补偿机制的研究形成了一定的框架，并以某区域为例探讨机制的运行，为我国耕地保护提供了良好的建议和措施，为保障国家粮食安全和社会稳定起到了积极的作用。但是，当前的耕地保护区域补偿机制研究大多数是根据耕地利用的现状来确定耕地保护目标、以耕地价值为基础确定耕地补偿标准的，这导致耕地保护补偿机制在部分地区出现失灵的现象，因此，耕地保护补偿机制还需要在不同区域发展特点的基础上不断完善。

四、耕地保护区域补偿标准

确定补偿标准是构建耕地保护区域补偿机制的关键。糜和平和王玄德等基于资源环境经济学理论设计了耕地资源价值体系及其测算方法，并以重庆市为例定量测算了耕地保护区域补偿标准；雍新琴和张安录基于耕地保护的粮食安全目标与机会成本，分析补偿标准确定的依据，提出补偿标准及额度测算的技术思路与方法，并进行实证研究；吴泽斌和刘卫东根据区域耕地保护的机会成本和粮食安全折算的耕地盈余或赤字量，测算出耕地保护区域间的经济补偿标准，以矫正耕地保护的外部经济损失；毛良样认为在确定耕地补偿标准时可分为两种情况：一种是区内非占补平衡部分耕地，其补偿不涉及机会成本，只需给农民一定的激励补偿；另一种是占补平衡部分耕地，需考虑机会成本损失给予耕地保护补偿。马驰、张效军和王苗苗在对耕地利用现状研究的基础上，对耕地的价值标准和面积标准进行核算，以此确定耕地补偿标准。

确定耕地补偿标准是构建耕地保护补偿机制的基础工作，学者对耕地补偿标准测定的方法进行了多种探讨，但没有形成一个统一的测算方法。而且，目前耕地区域保护补偿的研究大多是根据耕地利用现状确定耕地保护目标责任，使部分区域耕地非农化压力难以释放，补偿标准与耕地非农化收益脱钩，难以真正起到耕地保护杠杆的作用，所以，需要对耕地补偿标准进行深入研究。

（一）区域耕地保护目标责任

明确区域耕地保护目标责任是确定补偿标准的依据，当前由于耕地保护目标不合理，致使一些耕地保护政策尤其是耕地总量动态平衡政策失效。在经济发达地区，社会经济发展对耕地非农化需求十分旺盛，耕地保护目标责任确定得过高，往往导致区域耕地非农化压力难以释放，从而一些区域屡屡调整土地利用总体规划以释放耕地非农化压力，在一些区域甚至违法占用耕地，导致耕地总量难以实现平衡。而在经济欠发达地区，耕地非农化压力较小，耕地非农化效率低下，但是为了争取下一轮的耕地非农化指标以保证区域经济发展，在土地利用总体规划中划定较高的耕地非农化指标，从而导致区域土地资源的低效利用和严重浪费。

目前，区域耕地保护目标责任的确定方法主要有以下三种。

1. 需求导向型

根据区域人口预测的结果，结合人均粮食消费水平，测算保障区域粮食安全所需要的粮食产量；在此基础上，根据区域耕地资源的自然生产条件、复种指数、作物种植的粮经比（粮食作物与经济作物的比例）及粮食单产水平等测算区域耕地保护目标责任。

2. 供给导向型

以耕地资源利用现状为基础，通过测算退耕还林（草）面积、建设用地扩张占用耕地面积、灾害耕地面积等造成的耕地面积减少量，以及土地开发与整理、基本农田整治、土地复垦、后备耕地资源开发等造成的耕地资源增加量，测算区域耕地保护目标责任。

3. 供需平衡型

分别测算区域耕地资源供给量和区域耕地资源需求量，在供需平衡分析的基础上得出区域耕地保护目标责任。

上述三种方法中，第一种途径可以实现通过耕地保护实现粮食安全的目标，但是由于没有考虑到耕地保护与建设用地扩张之间的矛盾，在执行过程中往往会有一定的难度；第二种途径从土地资源现状出发，具有较强的现实性，但由于缺少对耕地需求量的测算，因此很难起到保障粮食安全的作用；第三种途径既考虑了粮食安全对耕地的需求，又考虑了耕地非农化导致的耕地有效供给，是耕地保护目标确定的合理途径。

（二）耕地保护区域补偿价值构成

测算耕地的完全机制是确定补偿标准的前提条件。目前，一般认为耕地价值主要包括耕地经济价值、耕地生态价值和耕地社会价值，这是从耕地自身出发考虑的耕地价值构成，但耕地保护区域补偿价值标准的测算并不能完全根据耕地的价值构成进行测算。比如，耕地的经济价值可以通过不同区域之间的农产品市场交易实现，因而不需要计入耕地保护区域补偿的价值标准。耕地非农化只会造成区域内部的部分农民失去劳动机会，这部分价值在耕地非农化的过程中已经进行补偿,所以耕地社会价值中的提供就业保障的价值也不应计入保护区域补偿的价值标准。

耕地保护区域补偿是对不同的区域采取不同的耕地保护政策,使得本属于某一区域的耕地保护任务转移到其他区域,而耕地保护责任的这种转移导致转入区域的发展受到了限制,因此需要由转出耕地保护责任的区域向转入耕地保护责任的区域进行补偿,以弥补转入区域由于承担过多的耕地保护责任而蒙受的损失。因此,耕地保护区域补偿的价值标准可以从以下几方面进行考虑。

1. 耕地发展权价值

土地发展权价值是指将耕地改为最佳利用方式的权利。耕地区际协调保护的结果会使得一些区域承担较少的耕地保护责任而将这一部分责任转嫁给另一些区域,接收耕地保护责任转入的区域相当于失去了相应的发展权。因此,需要对接收耕地保护责任转入的区域进行经济补偿,以保证耕地区际协调保护政策的顺利实施。

2. 耕地粮食安全价值

我国实行世界上最严格的耕地保护政策,其目的就在于保护现有的耕地,确保国家的粮食安全和社会稳定。在耕地区际协调保护的政策设计中,一部分区域将耕地保护的部分责任转嫁给其他区域的同时,也就将确保国家粮食安全的责任转嫁给相应的区域。换言之,接收耕地保护责任转入的区域在耕地区际协调保护的政策设计中承担了更多的国家粮食安全的责任,因此必须由耕地保护责任的转出区域向耕地保护责任转入区域进行补偿。

3. 耕地保护的生态环境价值

耕地在向人类提供农产品的同时,还具有调节气候、净化与美化环境、维持生物多样性等生态功能。这些生态功能会随着耕地的流失而流失。因此,耕地生态功能的保护也是耕地保护的重要内容。在耕地区际协调保护的政策设计中,随着耕地保护责任在不同区域之间流动,耕地生态功能的保护也随之在不同的区域之间流动。承担更多耕地保护任务的区域也为人类提供了更多的生态功能,因此,在耕地保护区域补偿过程中需要考虑不同区域的耕地所提供的生态环境价值。

总体而言,当前耕地保护区域补偿机制是基于耕地利用现状的,根据耕地利用现状确定耕地保护目标责任,没有考虑不同区域的经济发展状况的不同,使部分区域耕地非农化压力难以释放,导致土地违法现象层出不穷,既没有真正起到保护耕地的作用,也没有形成地区的良性发展;当前补偿标准是通过测算耕地的发展权价值、粮食安全价值和耕地保护的生态环境价值来确定的,没有考虑耕地非农化收益,导致耕地保护的激励作用不强,不能阻止耕地转为非农用地,难以真正起到耕地保护的杠杆作用。

因此,针对目前耕地保护区域补偿机制存在的不足,本书需要根据区域布局优化的结果确定耕地保护目标，结合耕地赤字／盈余确定补偿／受偿地区；耕地补偿标准的确定需要一方面测算耕地的价值，另一方面测算耕地非农化收益，以此构建的耕地保护区域补偿机制才能起到真正保护耕地的作用。

第八章 生态安全与耕地保护

耕地系统是一个复杂的系统，对其评价需要考虑多种层次属性，所以需要根据其评价的目标和要求寻找合适的评价方法，建立科学的指标体系，研究影响耕地质量地球化学的内、外部因素，并遵循一定的原则。

耕地土壤环境质量综合评价的主要评估指标分为内部因素和外部因素，内部因素作为主要评估指标包括土壤元素含量、土壤 pH 等，外部因素作为辅助评估指标包括大气质量、灌溉水质量和农作物质量安全性等。本章根据《土地质量地球化学评估技术要求（试行）》，评估指标分为肥力养分指标和环境健康指标两类。建立具有多层次性的指标体系，对耕地土壤环境质量有相同影响的一组指标为一个层次。比如肥力养分指标和环境健康指标为两个指标层，肥力养分指标进一步划分为大量元素指标层和微量元素指标层，环境健康指标层分为重金属元素指标层和土壤 pH 指标层。

评价的主要思路是：首先，土地质量地球化学评价要遵循 9 项原则，分别为主导性原则、系统性原则、独立性原则、生产性原则、空间变异性原则、定量与定性相结合原则、实用性原则、相对稳定性原则、区域性原则，根据这些原则对不同层次的指标层筛选适宜评价的元素；然后依据生态学、土壤学和土壤学相关学科的理论和经验对各评估因子选择隶属函数模型，得出相应的隶属度；其次，采用层次分析法对不同指标层进行权重赋值，基本原则是同类型的指标两两进行比较，看其对耕地环境质量的影响程度；再次，采用加法模型获得土壤肥力和环境健康的综合指数；最后，将土壤肥力评价结果和环境健康评价结果进行叠加获得最终的土壤环境质量综合分析等。

第一节 土壤肥力分等评价

选取土壤中的营养元素进行土壤肥力分等评价。评估指标筛选遵循的原则包括以下几个方面

（1）主导性原则

所选评估指标应是对其起主要影响的主导因子，以增强评估的科学性和简洁性。

（2）系统性原则

土地资源是一个经济生态系统，所以所选评估指标应能够反映土地资源利用的各个方面，如土地自然属性、经济发展、生态环境等。

（3）独立性原则

该原则要求所选的指标体系能够尽量反映土地的全部属性。指标间不能出现因果

关系，避免重复评估。

（4）生产性原则

指标应选取那些影响土壤生产性能的土壤性质。

（5）空间变异性原则

所选评估指标应在空间上有明显变化，存在着突变阀值的土壤性质。

（6）定量与定性相结合的原则

把定性的、经验性的分析进行量化，必要时对现阶段难以定量的指标采用定性分析，减少人为影响，提高精度。

（7）实用性原则

所选的评估指标为能被大多数接受并且数据容易测定，重现性好。

（8）相对稳定性原则

评估指标一方面应是土地在一段时期内稳定；另一方面是对气候和管理条件变化较敏感，使其能够监测出土壤质量退化所导致的指标变化。

（9）区域性原则

成土母质及土地类型复杂使得影响土地质量的因素各不相同，因此在指标选取、分级赋值、权重确定等方面必须要体现不同区域的土地特点。指标体系可以在不同区域间进行比较，且可正确反映区域土地的自然和社会经济条件。

根据以上原则，土壤肥力评价选取了包括氮、磷、钾、有机质、硫、钙在内的大量元素指标和包括硼、钼、锰在内的微量元素指标。

一、评价方法

采用模糊隶属度函数模型对土壤质量进行评价，根据生态学、土壤学、植物学等相关学科的理论和经验来确定各评估指标隶属函数模型，根据生态效应曲线的形态选择合适的隶属函数来进行描述。

根据模糊数学的理论，将选定的评价指标与土壤肥力之间的关系分为戒上型函数、戒下型函数、峰值型函数3种类型的函数，参照前人的研究结果，通常情况下，土壤N、P、K、S等大量元素，B、Mo、Mn等微量元素和有益元素可采用戒上型函数，As、Cd、Ni、Pb等重金属元素采用戒下型函数，土壤pH和环境健康指标采用峰值型函数。

基本评价思路为：根据元素类型选取隶属函数；把符合正态分布的数据进行分级：作为隶属函数的界限值。用层次分析法给各评价因子打分并计算出对应的权重值；把实测值代入选定的隶属函数进行计算，求出各评价因子的隶属度；最后采用加法模型对各评估因子进行权重和隶属度计算，获得土壤肥力地球化学综合指数。

（一）选取隶属函数

N、P、Ca、B、Mo 元素采用戒上型函数模型：

$$f(x) = \begin{cases} 1, & x \geq U \\ 0.1 + 0.9(x-D)/(U-D), & D < x < U \\ 0.1, & x \leq D \end{cases}$$

式中，U 为上限值；D 为下限值；x 为实测值。

（二）确定隶属函数的界限值

将筛选出来的各项指标进行异常值剔除，使其服从正态分布或对数正态分布。对处理后的数据利用 SPSS 软件按照累积频率曲线法进行五级划分，统计出累积频率 20%、40%、60%、80% 和 100% 对应的含量值，将其作为戒上型隶属函数的上限值和下限值。

（三）计算评估指标权重

评估指标为土壤有益元素时，样品中元素含量越少，越缺乏，权重值就越大；反之，权重值越小。评估指标含量特征相近时，变异系数越大，权重值就越大。C_{ij} 表示因素 i 和因素 j 比较相对于目标的重要性等级。

决策目标层为土壤肥力指标，中间要素层为大量元素和必需微量元素，N、P 和 Ca 是大量元素的元素指标层，B 和 Mo 是微量元素的元素指标层。

对于中间层要素，大量元素是影响植物正常生长的主要因素，作物生长对微量元素的需求量相对较少，大量元素比微量元素显得更重要，重要程度看评估区的元素含量情况，评估区大量元素整体较为丰富，而微量元素在评估区缺乏面积相当大，所以认为大量元素比微量元素稍微重要而不是明显重要。

对于大量元素指标层，N、P 和 Ca 的一、二级样本分别占评估区总样本的比例为 39.54%，61.26% 和 55.79%，N 表现最为缺乏，其次是 Ca、P；从空间变异性来看 Ca 的块金值和基台值的比略大于 N，所以 N 比 P 十分重要，N 比 Ca 比较重要，Ca 比 P 稍微重要。

对于微量元素指标层，B、Mo 缺乏区样本占评估区总样本分别为 95.13%、78.43%，但是相差不大，所以 B 比 Mo 稍微重要。

（四）土壤肥力分等评价

依据所选的隶属函数公式和算出的权重值，按下式计算比壤肥力地球化学综合指数（P）：

$$P_i = 0.5592 f(N) + 0.0901 f(P) + 0.1007 f(Ca) + 0.1875 f(B) + 0.0625 f(Mo)$$

对全区各评估单元计算出土壤肥力地球化学综合指数（h），根据土壤肥力评价与分级标准进行土壤肥力分等评价。

三、评价结果

（一）大量元素

富阳区表层土壤大量元素筛选指标为 N、P 和 Ca，对三项评估指标的实测值进行权重和隶属度计算，并将评价结果进行普通克里格插值获得土地质量评估大量元素分等图。

富阳区表层土壤大量元素主要属于肥力中等，其次为肥力高和肥力低。其中肥力高的土壤占富阳区的 16.16%，主要分布在中部地区的东洲街道、春江街道、大源镇、上官乡，南部的常绿镇、湖源镇以及西南的禄渚镇和新桐乡。肥力中等的土壤占了富阳区总面积的 81.65%，在富阳区几乎都有分布，肥力低的区域仅占富阳区总面积的 2.19%，主要分布在富阳区北部的高桥镇、富春街道以及西南部的渌渚镇和新登镇。

（二）微量元素

富阳区表层土壤微量元素筛选指标为 B 和 Mo，对两项评估指标的实测值进行权重和隶属度计算，将评价结果进行普通克里格插值获得土地质量评估微量元素分等图。富阳区表层土壤微量元素肥力主要以中等为主，占该区总面积的 73.44%。肥力高和肥力低的土壤面积相差不大，分别占富阳区总面积的 13.20% 和 13.36%，肥力高的区域主要分布在研究区东部的东洲街道、渔山乡、里山镇和大源镇，肥力低的土壤在全区范围内都有零星的分布，没有明显的区域性特点。

（三）土地肥力综合评估

综合土壤大量元素和必需微量元素，对富阳区土地肥力进行分等，土壤肥力综合分等结果，土壤肥力各级面积及其百分比。土地肥力高的土壤面积为 35km^2，仅占富阳区总面积的 1.92%，主要集中分布在中部地区的东洲街道、里山镇、春江街道和大源镇，其他地区也有零星分布。肥力中等土壤分布面积最多，为 1653km^2，占富阳区总面积的 90.53%，全区范围内都有分布。肥力低等级的土壤面积为 138km^2，占总面积的 7.56%，分布在研究区北部的高桥镇以及西南部的渌渚镇、新登镇，万市镇和洞桥镇也有零星分布。

第二节 土壤环境健康质量分等评价

一、评价标准

选取土壤中重金属元素和酸碱度（pH）进行土壤环境健康质量评价，重金属元素包括砷（As）、镉（Cd）、镍（Ni）、汞（Hg）、铅（Pb）、锌（Zn）、铜（Cu）、铬（Cr）。

根据主导性原则，选择土壤环境指标相对超标的元素。根据土壤环境质量标准，在评估区土壤中，以下两种情况均不参与评估：①当pH＞6.5时，重金属元素含量一、二级之和占总评估面积比例大于50%；②当pH<6.5时，重金属元素含量一、二级之和占总评估面积比例大于80%。本评估区pH<6.5，根据指标筛选原则对土壤重金属元素进行选择，具体如下。

富阳区总体上重金属元素含量不高，其中AS元素含量一、二级土壤面积之和所占比例为99.64%，Ni元素一、二级土壤所占比例为99.28%，Hg元素一、二级土壤所占比例为98.20%，Pb、Cr元素100%属于一级土壤，As、Ni、Hg、Pb和Cr五种元素含量较低，对研究区几乎没有危害，因此不参与评估。Cd元素一、二级土壤所占比例为71.94%，故选Cd为评估指标。

另外，虽然Zn和Cu的一、二级面积之和达80%以上，但相较于其他重金属元素．土壤中Cu、Zn含量较高，Cu元素有74.1%的样点低于一级土壤环境质量标准，Zn元素有41.27%的样点低于一级土壤环境质量标准，结合有害重金属污染评价结果可知，Zn和Cu元素的污染情况也较严重，因此将这两种元素纳入重金属元素的评估指标体系中。

pH是土壤中一项重要的理化性质，pH反映了土壤本身的酸化或碱化程度，影响许多元素的形态分布．更直接影响作物对元素的吸收、运输和利用，因此pH是必须选择的评估指标。

综上，选择Cd、Zn、Cu和pH作为环境健康指标。

二、评价方法

将选定的评价指标按戒下型函数、峰值型函数计算隶属度，按照与土壤肥力评价相同的方法进行评价，最终获得土壤环境健康地球化学综合指数。

（一）选取隶属函数

对Cd、Zn、Cu三种重金属元素采用戒下型隶属函数：

$$f(x)=\begin{cases} 0.1, & x \geqslant U \\ 1-0.9(x-D)/(U-D), & D<x<U \\ 1, & x \leqslant D \end{cases}$$

式中，U为上限值；D为下限值；x为实测值。

pH采用峰值型隶属函数：

$$f(x)=\begin{cases} 0.1, & x \leqslant D, x \geqslant U \\ 0.1+0.9(x-D)/(O_1-D), & D<x<O_1 \\ 1, & O_1 \leqslant x \leqslant O_2 \\ 0.1+0.9(U-x)/(U-O_2), & O_2<x<U \end{cases}$$

式中，U 为上限值；D 为下限值；O_1 和 O_2 为最优值；工为实测值。

（二）确定隶属函数的界限值

将筛选出来的各项指标进行异常值剔除，使其服从正态分布或对数正态分布。对处理后的数据利用 SPSS 软件按照累积频率曲线法进行五级划分．统计出累积频率 2.0.%、40%、60%、80% 和 100% 对应的含量值，这些值即为戒下型隶属函数的上限值和下限值，峰值型隶属函数的上限值、下限值及最优值。

（三）计算指标权重

评估指标为土壤重金属元素时，样品中重金属元素含量越高，污染越严重，权重越大；反之，权重越小。

决策目标层为环境健康指标，中间要素层为环境元素和 pH，Cd、Zn、Cu 是环境元素的指标层。

对于中间层要素，重金属元素在土壤中的富集会导致土壤质量下降，被植物吸收后影响植物的生长，更严重的是通过作物的富集影响人体健康，对生物体有强烈的毒害作用，pH 是土壤中一项重要的理化性质，酸碱度的高低直接影响植物对各种元素的吸收与运输，会抑制对营养元素的吸收或是加强对重金属元素的吸收，与土壤环境健康地球化学行为有着紧密的联系，总的来说重金属元素比 pH 重要。重要程度要看其在研究区的含量，由于研究区表层土壤重金属元素总体上含量不高，而研究区表层土壤的 pH 值整体稍偏酸性，对研究区受酸化影响较大，所以认为重金属元素比 pH 稍微重要而不是十分重要。

对于环境元素指标层，Cd、Zn、Cu 都属于有毒重金属元素，会通过作物引起人体致病。研究区 Cd 含量低于一级自然背景值的比例为 30.93%，Zn 含量低于一级自然背景值的比例为 41.22%，C.u 含量低于一级自然背景值的比例为 74.10%，Cd 的污染程度略高于 Zn，Cd 的污染程度明显高于 Cu，所以认为 Cd 比 Zn 稍微重要，Cd 比 Cu 十分重要。

（四）土壤健康环境质量分等评价

依据所选的隶属函数公式和算出的权重值，对土壤元素含量分析结果按下式计算环境健康综合参数（Ph）：

$$P_h = 0.4826 f(\text{Cd}) + 0.2121 f(\text{Zn}) + 0.0553 f(\text{Cu}) + 0.2500 f(\text{pH})$$

三、评价结果

综合土壤重金属元素和 pH，对富阳区土壤环境健康质量进行分等，得出了土壤环境健康评价结果。可知研究区环境健康综合质量大部分区域都属于中等，面积为 1339km²，占富阳区总面积的 73.33%。环境健康质量好的土壤主要分布在研究区北部的春建乡，中部的新登镇、富春街道、鹿山街道的部分区域以及东北部的渔山乡，其他地区也有零星分布．面积为256km^2，占富阳区总面积的14.02%。环境健康质量差的土壤面积为231km^2，占研究区总面积的12.65%，主要集中分布于研究区西北部的万市镇和洞桥镇以及中南部的环山乡、场口镇、常安镇，另外富春街道、渌渚镇和新登镇也有零星分布。

第三节 土壤环境质量综合评价

一、土壤环境质量综合分等

依据土壤肥力分等和土壤环境健康质量分等的综合评价结果，将研究区分为优质、优良、良好、中等、差等五个等级。

二、不同土壤类型的环境质量等别特征

富阳区的土壤类型主要为红壤、水稻土、石灰岩土、粗骨土、黄壤等，不同土壤类型中大量元素、微量元素和重金属元素的含量情况是不一样的，从而造成分等差异。将土壤环境质量综合评价结果与土壤图叠加，进一步统计出不同土壤类型的质量等级，可以看出不同土壤类型的质量差异。

红壤在研究区的面积最大，为1059.52km^2，其主要为优良耕地，面积为952.19km^2，占红壤面积的89.87%，其次为中等耕地，面积为78.72km^2，所占比例为7.43%，良好耕地、优质耕地和差等耕地的比例都很低，分别占2.16%、0.45%和0.09%。。

水稻土面积第二，为407.60km^2，主要是优良耕地，面积为345.60km^2，占水稻土面积的84.79%，其次为中等耕地，面积47.57km^2，占11.67%，其余等级的土地比例都很低。水稻土的优质耕地和良好耕地与其他各土壤类型比较，所占比例是最高的，优质地面积为4.85km^2，占比1.19%，良好地面积为9.54km^2，占比2.34%。

石灰岩土面积为123.81km^2，中等耕地面积最大，为86.61km^2，占石灰岩土面积的69.95%，其次为优良耕地，面积36.18km^2，占29.22%，良好耕地面积很小为1.03km^2，仅占0.83%，没有优质耕地和差等耕地。

粗骨土面积为107.48 km^2，其中优良耕地面积为67.06km^2，中等耕地面积为37.26km^2，这两者占大部分面积。黄壤面积67.14km^2，只有优良和中等土壤分布，分别占黄壤面积的89.98%和10.02%。其他耕地大部分面积也是优良等占94.38%。

总的来说，红壤的综合等别较高，有90.32%以上面积为优质优良耕地，其他依次为黄壤、水稻土、粗骨土，优良以上的耕地分别占89.98%、84.79%、63.60%，石灰岩土的等别最低，有69.95%面积的土壤属于中等。

三、不同土地利用类型的环境质量等别特征

富阳区的土地类型以及样点采集情况主要以旱地、水田、林地、其他土地为主，不同的土地利用类型就有不同的耕作和管理模式，因此元素含量也会因地而异。将土壤环境质量评价结果与土地利用图叠加，进一步统计出不同土地利用类型的质量等别情况，从而得出不同土地利用类型之间的质量差异。

水田分布面积为226.39km^2，优良地占了大部分面积，为189.06km^2，占到水田总面积的83.51%。其次为中等地，面积为28.59km^2，占12.63%，优质地面积为2.58km^2，占1.14%，与其他土地利用类型的优质地比较，分布面积相对较大。

旱地分布面积为63.11km^2，主要也为优良地，面积为51.07km^2，占旱地总面积的80.93%。其他等级依次为中等地、良好地、优质地和差等地，分别占17.02%、1.34%、0.68%和0.02%。

林地分布面积最大，为1162.84km^2，其主要为优良地，面积为976.20km^2，占林地总面积的83.95%。其次为中等地，面积为159.66km^2，占13.73%，良好地、优质地面积很小，占比依次为1.85%、0.40%，差等地所占比例为0.08%，与其他土地利用类型的差等地对比，占比较高。

其他土地分布面积为373.66km^2，主要为优良地和中等地，分别占82.84%和14.75%，其他等级面积都很小。

总的来说，水田的等别较高，优质地、优良地共占84.65%。其次分别为林地、旱地和其他土地，优质地、优良地分别共占84.35%、83.62%和81.61%。可知富阳区不同土地利用类型的质量分等特征差异并不是很大。

第四节 耕地质量和生态环境管控

一、土地管理视角下重金属污染防治管理

（一）土地利用/覆被变化（LUCC）对土壤重金属积累的影响

土地利用/覆被变化（LUCC）是驱动环境演变的最重要的人类活动之一，对重金属在环境或者生态系统中的累积、分布、运移等行为影响巨大。研究发现，土地利用和覆被变化是控制土壤重金属空间累积和分布的重要因子，土地覆被可以直接吸纳重金属，亦能通过改变土壤物理、化学和生物性质从而控制重金属在土壤中的移动性和活性，造成土壤中重金属的累积直至污染。

植物是LUCC的重要介质，是土壤重金属累积的重要控制因素。单株植物一方面通过根际表面吸收或固定化作用降低重金属淋失，另一方面，通过根际有机酸活化作用、根际微生物活化或者有机质分解增加重金属淋失，所以重金属的累积取决于这两种作用

的强度。以往单株植被研究多偏重于富集效应或者淋失效应，目前国外学者开始关注植物对土壤中重金属累积综合效应的研究，并在恢复实践中开始选择既能固定土壤又能从中大量富集重金属的植物。可见，针对特定重金属污染物，通过筛选并恢复对其有超稳定和超萃取特性的植被，可以减弱土壤中重金属污染物的移动性和毒性，减小其伴随土壤水蚀、风蚀和淋失的总量，超富集植物还能从土壤中大量摄取重金属，实现重金属从土壤到植物的有效转移，从而控制或者稳定污染区面积。

在农用地尺度上，土地利用以改变植物种类和植被类型为核心内容，改变了覆被（尤其是植被）组成及其结构，促进或者减缓了生态水文过程，进而改变了土壤理化性质、土壤和植被特性，最终改变了多种来源的重金属的迁移和扩散过程，造成其在土壤中的累积。因此，农业用地类型决定了重金属带入的强度，对土壤重金属的累积有重要影响。例如，研究发现菜地、污灌农田和设施农地的土壤重金属含量普遍高于常规农田。

工业、交通等都是重金属的重要释放源，对土壤重金属的累积特点具有重要影响。释放源的特点和空间格局决定了土壤中重金属的累积特点（Ross, 1994）。2C 矿企业及其废弃物堆放场地往往形成点污染源，影响范围超过数公顷，形成以工矿为中心的污染场地，距离污染点越近，土壤重金属累积越高。交通用地周围往往沿路域形成条带式的重金属污染格局。Lin 等分析了台湾省昌华县土壤重金属污染和景观格局的关系，发现土壤铬、镉和镍浓度和景观多样性指数呈显著正相关，而景观多样性和城市化程度（工厂数量）正相关，表明了城市化和工业化对重金属污染格局有很大影响。Chang 指出在一个面积为 $2.69km^2$ 的场地上，重金属空间分布格局与厂矿、灌溉沟渠的位置显著相关。Blake 等研究景观修复对 Fendrod 湖底沉积物的重金属污染影响后，认为掩埋于修复景观下的矿山废料增加了土壤中重金属的异质性，降雨的空间变异进一步促进了部分土壤中的重金属释放，使得重金属污染过程变得复杂。

由于 LUCC 和重金属污染过程伴随着强烈的人类活动，而城市又是人口密集、活动强烈、土地利用/覆被变化剧烈的地域，因此，对区域尺度的 LUCC 与土壤重金属累积和污染关系的研究集中在城市土壤研究上。城市土壤重金属的累积和污染的原因较多，其重金属含量远比未利用地和乡村径流中的污染物含量高。而工业活动对城市土壤重金属的累积影响最为重要，尤其由于金属矿物的开采利用，铅、镉、汞已成为主要的危害人类和环境的有毒物质。如 Imperato 等研究了那不勒斯市的土壤，发现工业区土壤铜、铅和锌含量显著超过公园和居住区，工业区铜的含量甚至接近铁路和轨道旁土壤。潘根兴等研究了江苏省某县不同环境下土壤铜和铅的活化率，发现工业发展给土壤环境带来了强烈的重金属污染冲击。康玲芬等通过对兰州西固区 5 种土地利用类型下的土壤重金属含量进行研究发现，铅、锌、铜、镉和汞的含量在不同土地利用类型下差异显著，综合污染指数由大到小排列为：工业区＞农业＞道路两侧＞居民区＞公园。可见，与矿业等工业活动相关的土地利用方式不仅伴随着重金属元素的大量释放，造成了工业区土壤重金属的大量累积，而且工业废气和粉尘沉降及工业废水灌溉导致了受体土壤重金属的累积。李恋卿等和荆旭慧等在太湖地区以乡（镇）环境为单元，研究了不同土地利用对水稻土耕作层重金属累积的影响，发现工业环境下农田表层土壤重金属有效态含量、总量和污染指数均高于非工业环境。李晓燕等通过对北京市大规模的取样调查，系统探索了土地利用方式对土壤重金属的累积特征，发现砷、镉、铜、镍、铅和锌的综合累积程度由高到低的顺序为工业区＞公园＞商贸区＞校园＞住宅区＞城市广场＞交通边缘带。马建华等分别于1994年和2006年在城市不同功能区的同地点采集表层土壤砷、铅、镉和汞含量数据并进行重金属污染评价，发现城市土壤重金属含量及其污染程度空间变异十分明显，工业区污染最严重，土地利用方式变化和土地权属变更对城市土壤重金属污染具明显影响。郊区农田转变为城市用地后，土壤重金属污染程度有加重趋势，且重金属污染变化与经济发展具有明显的正相关性。可见，城市土壤重金属含量的空间分布具有明显的空间异质性，主要受城市产业布局、功能分区、工业活动及与污染源距离的影响。

以上分析表明土地利用方式决定了工业用地的工业活动类型和强度，以及农业用地的施肥量和耕作管理制度，而这些因素进一步导致了某种土地利用类型下土壤重金属含量空间分异。另外，区域尺度的LUCC对水土流失过程会产生很大影响，加上降雨和大气沉降的时空变异，造成"源"和"汇"景观在特定条件下相互转化，而重金属的累积及其生态效应取决于景观的源－汇特性，重金属的累积是其迁移扩散过程的直接结果，作为一类物质流，其迁移扩散过程往往为景观格局所决定，所以"源－汇"格局改变引起重金属污染格局改变。

总之，不同的土地利用／覆被类型及其搭配组合控制生态系统中重金属元素的输入和输出能力各异，构成重金属污染的源－汇镶嵌格局，合理的土地利用／覆被类型及其搭配组合有利于重金属在生态系统或者景观间的截持或者运移。所以，通过优化土地利用／覆被格局可以最大限度地控制或者减弱重金属在土壤中的累积和分布，明确景观毒理生态学中的毒物－景观要素－景观格局－生态过程关系，从而有助于接近甚至达到重金属污染防治、风险预测、修复污染土壤的目的。

二、土地整理与耕地重金属污染防治

土地整理是目前我国补充耕地面积和提高土地利用效率的重要手段。土地整理最早出现在中世纪的欧洲，其中以德国的土地整理历史最悠久，法国、加拿大、日本、韩国等国也适时开展了土地整理。尽管我国有关土地整理的工作很早就已开展，但土地整理概念的正式提出还颁布的《中华人民共和国土地管理法》为标志，并因此形成符合我国当前经济社会发展需求的土地整理概念：依据土地利用总体规划并结合土地利用现状，采取行政、经济、工程、技术和法律等手段，通过合理配置土地资源、调整土地利用结构，来提高土地利用率，改善和保护生态环境，促进土地资源可持续利用与社会经济可持续发展。在土地整理问题的研究上，国外主要集中在土地整理与农业、农村发展的关系、整理模式、整理效应、整理评价以及整理技术等方面，研究重点由早期的着力改善农业生产条件、促进农村和人口密集地区的发展逐步过渡到保护自然和生态景观、维护土地生态安全、重建土地生态系统，研究中重视吸收景观生态学的理论和方法，重视生态学、社会学、经济学等多学科联合，重视科学研究与工程技术的联合。国内的研究主要涉及土地整理理论、整理规划设计、整理效应评价、整理技术、整理潜力、整理模式、整理资金来源、公众参与等方面。

虽然我国土地整理在增加耕地面积、提高土地利用效率和改善农业生产条件上发挥了重要作用，但也出现了诸如"重数量、轻质量、轻生态"等问题，尤其随着新时期我国工业化、城镇化进程的加快，耕地污染问题日趋严重。我国耕地污染主要是由采矿、冶炼、化工等工业产生的"三废"以及污水灌溉、农药和化肥的不合理施用等引起的。另外，据调查，我国320个重点污染区中，污染超标的农田农作物种植面积为$6.06\times 10^5 km^2$，占监测调查总面积的20%；其中重金属含量超标的农产品产量与面积约占污染物超标农产品总量与总面积的80%以上，尤其以Pb、Cd、Zn、Cu及其复合污染最为突出。

在土地整理实践中，在整理工作开始前很少考虑耕地污染情况，很少对耕地污染进行调查、评价和修复，这就导致工程竣工后虽然耕地面积增加、土地利用率提高，却极容易出现污染面积扩大，污染物二次转移，污染情况复杂化等新问题。土地整理工程性措施是人类对土地生态系统的强烈干扰土地整理的方式、方法和技术措施不当可导致土壤结构、肥力和生物学性状发生变化，对土地生产力构成不良影响，从而导致土地退化。例如，土地整理工程中的机械化填埋容易造成土壤板结，破坏表土熟化层，致使土壤中微生物大量减少，有机质含量降低，土壤生态系统失衡，从而破坏土壤结构。在机械化填埋和土地整理后，农作物的单一化连片种植会使生物多样性减少，增强雨水对土壤的冲刷淋洗，使土壤养分失衡，不利于水土保持，从而影响整个农田生态系统的稳定。而对污染耕地进行土地整理更是会伴随耕地土壤质量恶化、作物产量和品质下降等现象。

我国有3亿亩耕地受重金属污染，占全国总耕地面积的1/6。重金属污染具有持久性、难降解性和高毒性等特点，一旦进入土壤很难清除。目前我国土壤重金属污染修复的重点，仅局限于矿区复垦地、工业三废排放区等污染极其严重的小范围区域，所用的修复手段大多数为价格低、针对性强、操作易的植物或微生物修复方法。这些方法虽然能够改善土壤环境质量，但修复周期长，易造成土地闲置，并不适用于大面积低污染的耕地土壤重金属污染修复。与美国等国家重金属污染土壤大多面积或体积较小故主要采取固化填埋的处理方式所不同的是，我国耕地土壤重金属的污染修复目的是恢复土壤的农业生产功能，满足农业的生产要求，这就决定了我们的产业技术是固化、稳定化污染物，即在土壤原有位置上用化学药剂与重金属元素发生化学反应，使其不再被雨水浸出或被植物根系吸收。但由于原位化学稳定化药剂配方往往不够合理，必须要添加很多才能起到稳定效果．导致修复成本过高、土壤性质改变和植物减产等后果。

  可以说，目前重金属污染耕地修复仍然面临多重困境。哪些污染耕地该修复？修复后能否满足耕种需要？若不能满足，应如何调整其土地用途？这些问题都不应与土地整理分道而行。由于土壤本底中自然就含有一定数量不同种类的重金属，外源污染又会增加重金属含量，当耕地质量下降、土壤酸化等造成其活性增强时，就可能被农作物吸收并形成累积。通过采取农艺耕种等措施，可以调控农作物对重金属的吸收和累积状况。对污染较重的耕地调整土地利用类型和农作物种植结构，不再种植农作物而改种经济作物，并对残余物去向进行监控，不得再回流进入耕地。国内学者已认识到运用土地整理工程手段对浅层耕地重金属进行修复，可以在成本较低的情况下降低耕地的环境风险水平。但在土地整理过程中污染修复技术选择、污染物暴露途径阻隔和土地用途改变等问题仍需要深入探讨。

  总结起来，至今已开展了十多年的土地整理工作，不仅是补充耕地的一种手段，更是提高耕地质量、提升耕地产能的有效途径。但在过去的工作中，这种有效性更多是通过完善"田、水、路、林、村"基础设施体现出来，而非通过改善治理耕地质量来提升耕地产能。从砷、镉、铬等各种土壤污染事件，到中毒的商品粮生产基地．面对经济快速发展和城镇化所带来的耕地污染问题，传统的土地整理工程对此并没有充分地考虑。借助土地整理的契机，将污染防治纳入到土地整理任务中十分必要，国家已将这一概念放入生态文明建设顶层设计之中，财政部联合农业部已启动了重金属污染耕地修复综合治理项目，并先期在湖南省长株潭地区开展试点。在土地整理过程中，控制污染物扩散和修复现有污染需要调动环保、农业、水利等多个部门，需要融合管理学、生态学、地理学、环境科学和建筑工程学等多个学科，需要在土地整理工程技术、整理模式方面进行创新研究，需要得到配套政策支持。这项工作对于提高土地整理的效益具有实际的应用价值，对于提高农产品质量、保障粮食安全具有重大意义。

三、土地利用规划与重金属污染防治

  当前，土地污染、大气污染和水污染等多种污染问题涌现，其与土地利用规划及后期管理中环境公义设计和管制模式的缺失不无关系。土地利用规划必须体现环境公义的特征，避免因经济发展造成对周边的环境污染和落后地区公共服务设施的忽视；土地利用规划的本质在于对未来用地的规划，需要对过去因不恰当的土地利用行为或不合适的土地政策造成的污染问题进行制约。因此，规划部门可以通过改变土地用途对当前重金属污染产业用地进行限制，也可以通过土地用途管制对污染土地实行修复与用途管制

相结合的法律治理。

（一）建立工业用地空间缓冲带

工业用地的不合理利用会对周边区域或更远区域的生态环境造成严重的负面影响，也是重金属面源污染的主要根源。工业"三废"的排放会使其周围土壤富集各类重金属元素，从而降低其所在区域的土地质量。根据富阳区重金属元素的分布情况对研究区进行污染程度分析以及重金属污染源解析，胥口镇和新登镇的污染相对较低，在这两个镇附近需要建立工业用地与居住区之间的缓冲带，如绿化带、开放空间、对环境不产生负效应的转型产业等，使其与具有污染性的工业用地保持一定的安全距离。另外，需要制定相关政策规范来把控工业用地的选址，限制一些特定的、会导致严重污染的工业用地类型及其附属设施用地的建设。

（二）已污染工业用地的整治

缓冲带的建立主要是针对当前还尚未有严重污染的用地或者未来规划的工业用地，而对西北部的万市镇、洞桥镇，北部的高桥镇和受降镇以及从富春街道往南发展的11个乡镇，已被重金属强度污染，对这些区域的机械制造业、造纸业和矿产冶金业等工业用地集中区域进行专门管制和规划，必要的话对这些地区的工业用地进行用途变更。需要注意的是，对于规划变更的工业用地，是不能直接在原用地上进行人口聚集程度高的用地类型建设的，比如居住区、商厦、学校、酒店等，以免引起更严重的社会问题。这是因为在工业生产过程中，会产生多种复合的重金属污染物．这些重金属污染物会长期滞留在原工业用地及周边土地内，如果不加以综合整治，进行宗地处理．就会危害到在这里长期居住的人们的健康。规划部门在进行城市规划时，必须依据现有污染性工业用地的分布情况，合理规划即将建设的人口聚集地，避免这些区域受到污染物的侵害。另外，政府需要对已污染工业用地进行控制、修复和治理，实现土地利用的可持续性。

（三）重金属污染耕地的用途管制

为了应对严峻的耕地重金属污染形势，如何在预防与治理污染的同时，通过优化土地用途管制的内涵，由政府运用管制工具对污染耕地加以及时的管控，是一个具有理论和现实双重价值的问题。

重金属污染耕地修复和治理存在多方面阻碍，如农民环保水平和自主修复能力有限、修复的技术条件不够完备、修复资金短缺等，这决定了污染耕地的修复需要与土地用途管制相结合。据保守估计，修复被污染的土壤需要1000亿元。中国目前的环保投入不管是从政策上还是经济上，均无法提供如此大力度的支持。当然，意识到资金困境以及其所导致的阻碍问题，并不是主张将污染耕地弃之不予修复。而是主张修复必须与管制相结合，这样才能保证污染耕地综合治理的效益．防止污染农产品和危害人类健康。

由于不同农产品对重金属污染物的吸收能力存在差异，不同的环境场景和土地利用方式将会构成不同的风险水平。基于风险管理方法，在考虑制订耕地修复计划时，应主要考虑污染程度及未来用途，而非一刀切式地追求完全修复。结合环境科学的研究，使重金属污染耕地的种植接受一定指导，不但能防止农产品污染带来的风险，而且可以净化土壤。研究表明，通过采用科学方法、遵循科学规律来规划污染耕地的空间利用，对污染耕地实施适当和及时的用途控制，能从源头上控制污染农产品的产生。同时，种植具有较强重金属吸收能力的作物，并对这些成熟作物进行适当的处理，是一种便于操作的改善土壤的方法。结合污染耕地的土壤修复转变传统的土地利用思维，不但能保障农产品安全，还能逐渐治愈土壤。

由于污染耕地的修复需要一个很长的过程，修复期间不产生经济收益。对污染耕地实行用途上的管制，可以在土壤污染尚不能完全进行修复时，指导农民对污染耕地的整体利用，一定程度上有效遏制了污染耕地对农产品生产的不良影响，控制了危害农产品的生产与流通。

对污染耕地实行用途管制必须建立在土地监测的基础上，通过对污染状况的评价和分析将耕地划分为不同的区域，实现分区管理，再结合管制工具实现有效的行政控制。土地用途管制的落实主要依靠编制总体规划和计划、限制审批权限、耕地占补平衡、农田特殊保护和执法监管这五个方面。对污染耕地实行用途管制时，污染耕地经监测与划定范围后，管制权归属及如何运行是根本问题。在土壤污染领域，耕地污染情况经由环保部门监测和确定后，应由县级以上环保部门会同农业部门和国土部门制订相关规划，并报请同级人民政府批准并公布实施。由于环境污染导致耕地危害，这种情况下管制权应当归属环保部门．并应确立环保部门的牵头地位，以赋予其对污染土地的控制权。环保部门在掌握污染数据的同时，必须根据污染空间和污染程度规划污染耕地的用途管制范围及方式。在实施过程中，土地权利人需要对特定耕地进行用途调整与变更的，需报请环保部门批准。在管制内容上，应全面考虑到耕地直接关系着农产品生产，涉及公共安全，在农产品有影响公共健康之时，对受重金属污染耕地应采取休耕的管制，或在土地利用规划中改变其利用类型。根据土壤污染监测结论，对污染耕地应区分用途进行有针对性的管制，如对污染严重的耕地可以开展有偿开发利用试点，突破二元制土地所有制的束缚。

对重金属污染耕地实行用途管制的具体实现方式，可以借鉴"用途分类＋用途分区＋用途变更许可"的体系展开。①由环保部或农业部在污染监测的基础上，对耕地重金属污染程度进行分级，选出高风险污染耕地。已经有地方出台地方规范性文件，对重金属污染土壤区分重点防控区和非重点防控区，并采取不同的环境管理政策。根据实践经验，耕地污染程度等级划分应在环保部门监测数据的基础上开展，会同国土部门和农业部门进行耕地用途分类规划，确定特定污染地块不适宜种植的农作物的种类，或提供种植种类的范围。②对于重金属污染耕地实施管制性行政指导。具体地说，重金属污染耕地用途管制中的行政指导应遵循的原则是：首先，在改变污染耕地利用类型方面，应主要以农用为主，对于能够通过调整种植结构、改变耕作制度有效减少重金属进入食物链或减缓农产品污染的耕地，不变更土地利用类型。其次，对于调整后种植的农作物仍然会产生食品安全危害，或污染达到不适宜种植农作物程度的耕地，尽量在二级土地类型内进行调整，以减少烦冗的行政程序；如污染级别特别高，不适宜耕作种植粮食和蔬菜，应先行种植林木等，并对行政相对人予以一定经济补偿。③对于污染特别严重的耕地，应将其划定为禁止生产区，在权利人利用土地前，必须经环保部门用途管制许可通过。目前，面对中国土壤污染严重的现实，有人提出对严重污染的农田进行封闭，治理达标后再使用，或者将农田用地改为建筑用地。比较合理的做法是：对于污染特别严重的土地建立禁止生产区，对于危及生存的土地甚至需要进行生态移民。具体实施方案由环保部门报告地方政府研究划定，并对污染耕地采取登记制度，对其利用实行严格的许可制度，可以转化为其他用途，供投资者有偿开发。另外，环保部门可以会同国土和农业部门形成联合机制，参照《基本农田保护条例》的规定，以环保部为主管部门，对于污染耕地进行登记并可供查阅，由乡（镇）政府与村民委员会签订污染耕地土地利用承诺书。针对污染严重的耕地，经过一段时间的管制或修复，权利人可以申请恢复种植或恢复土地用途，但需要经过环保部门的批准。通过对污染耕地实行用途管制，能够在全国土壤修复全面开展之前，有效遏制农产品污染和危害。

四、耕地质量和生态环境管控对策

相比其他国家，我国耕地资源最少、质量最差、利用强度最高、对耕地的依赖性最强，耕地资源保护和利用问题是一个只能靠我国自己破解的难题。从富阳区的几项指标来看，存在耕地数量不足、质量不高，处于亚健康状态等问题。耕地本身提供的自然肥力已经难以保证粮食生产，高肥、高药式的利用相当于不断给耕地吃"保胎药"，损害了基础地力，造成了耕地污染。我国当前的耕地保护方式要正逐步转向"管控、建设、激励"多措并举，"用途管制、占补平衡、土地整治、补偿激励"综合施策，以形成更完善、更符合新时代特征的制度框架体系，为确保粮食安全、生态安全、国家安全，构筑坚实的土地资源基础。为此，提出以下耕地质量和生态环境管控建议和措施。

第九章 耕地资源可持续性利用

第一节 工业化进程中耕地资源的可持续利用

一、土地利用

（一）土地利用结构

2005年启动、2007年完成的鄄城县1：10000土地利用现状更新调查项目的数据显示：全县农业地1244844亩，占79.39%；建设用地231914.9亩，占14.79%；未利用地91340.7亩，占5.82%。在农用地中，耕地面积1004138亩，占农用地面积的80.66%；园地面积13902亩，占农用地面积的1.12%；林地面积114546亩，占农用地的9.2%；其他农用地面积112258亩，占农用地的9.02%。

全县农业用地、建设用地、其他用地之间的比例为22：4：1。农用地中以耕地为主，占80.18%；建设用地中，城镇工矿用地面积占16.46%，其中农村居民点用地面积占83.54%；农村居民点用地中通过整理可以节约1/4的土地。

（二）耕地面积

1. 全县的数据

关于鄄城县的耕地面积，来自国土部门和农业部门部门的数据存在差异。根据国土局的数据，耕地面积从2005年底的1000215亩，增加到2009年底的1009909万亩，增加9694亩；来自农业部门（统计年鉴）的数据，2005年耕地面积972915亩，增加到2009年的987805亩，增加14890亩，农业部门的耕地面积总量和增加量的数据均小于国土部门的数据。根据国土部门的数据，2010年耕地面积又采用了与2005年相同的数据。

2. 分乡镇的情况

作为粮食为主导产业的农业大县，鄄城县各乡镇耕地面积占土地总面积的比重很大，为57.67%~73.16%；全县平均人均耕地面积平均值为1.46亩，各乡镇的平均值为1.26~1.78亩。

二、乡镇工业化进程和耕地保护

（一）工业园区

鄄城县地处山东省西南边缘地区，地理位置闭塞，也没有自然资源优势，其在经济增长中的特征是：城市化水平低，工业化起步晚。为了推动地方工业化进程，2000年以来，地方政府采用了建立工业园区，以无偿提供土地、实行减免及税收优惠政策的做法，要求全县直属机关部门和乡镇招商引资，以推动地方工业化进程。

2006年以前，鄄城县采用的是在各个乡镇建立小型工业区，完成各乡镇的招商引资任务。在这样的地方政策推动下，各个乡镇面临着巨大的双重压力。一方面，国土部门要求占用耕地需要补充，这需要财政资金的投入，而鄄城地方财政十分困难；另一方面，由于没有资源和技术优势，即使无偿提供土地，招商引资也十分困难。

自2006年以后，鄄城政府为了提高土地利用效率，采用了县城附近统一划定工业园区的方式，各乡镇的招商项目统一进入园区。这样的做法，减少了乡镇违规占用耕地的风险，受到乡镇干部的欢迎。

工业园区占地20平方公里，在县城的东部，涉及城关镇、凤凰乡和郑营乡三个乡镇。其中，城关镇涉及占地的自然村9个，占工业园区面积的50%；凤凰乡涉及占地的自然村10个，占工业园区面积的30%；郑营乡涉及占地的自然村9个，占工业园区面积的20%。

根据县的规定，投资密度达到每亩土地100万元，可以进入园区。对进入工业园区的企业，实行减免政策和税收优惠，作为全县直属机关部门和乡镇招商引资的砝码，全县每个季度对各单位招商引资的业绩进行排名。

工业化刚刚起步的鄄城县，需要一定的建设用地指标支撑。国土部门每年给鄄城县下达的指标是500亩，当地政府认为不能满足当地的需求。

（二）耕地占用与耕地补充——富春乡的调查

鄄城县乡镇的工业区，一般而言就是在乡镇所在地的村庄中划出一片耕地，无偿提供给进入本乡镇的企业；同时，本乡镇负责找到可以补充的耕地。作为黄河下游的沿黄平原县，鄄城土地后备资源相对丰富，土地整理工作一直在努力地开展，目的是补充耕地，增加粮食产量和农业产值，被调查的富春乡就是如此。

1. 富春乡基本情况

全乡3.6万人口，面积为6.9万亩，耕地面积4.4万亩，全部能够灌溉。种植的主要作物是小麦、玉米、花生，一年两季。根据1996年土地利用规划时核定，耕地中80%为基本农田。目前，已经完成第二次土地利用规划，对基本农田按图斑进行划定，待批准后，将与农户签订协议。

2010年全乡产值10亿元，其构成为：①农业产值4亿元；②人发产业产值4亿元；③氢尿酸产值1.5亿元；④纺织（棉纱）产值5000万元。全乡外出就业劳动力8000人，其中5000人在外从事收购人发。

2. 富春乡耕地减少与补充

2000年以来，富春乡耕地减少共500亩，分别为：人发工厂占地200亩；九州农药占地110亩（尚未投产）；化工90亩（氢尿酸）；小型人发企业园区100亩（没有投产）。

乡政府占农户耕地采用租用的方式，按每亩800斤小麦的当年价格补偿，由乡政府首先承担两年的租金，如果两年后工厂仍不开工，乡政府不再承担租金。富春乡耕地全部为无偿出让给企业，目的是招商引资。在富春乡截至2020年的土地利用规划中，预留出600亩土地作为非农产业和公共事业用地。目前，按照县的规定，各乡企业全部进入县工业园区，各乡镇不允许建工业园区，这对乡土地管理所是件好事，减轻了乡土地所的工作难度。

为了全县的占补平衡，1998年富春乡复垦盐碱地80亩，成为村集体土地，直接承包给个人种植；2003年复垦盐碱地60亩。复垦盘碱地的土地整理，由市财政每亩补贴2000元。

2007年富春乡执行市级土地整理项目，投入30万元，为1000亩耕地改善灌溉条件，由乡政府组织招标实施。2010年开始实施省级农业综合开发项目，投入900万元，为1万亩耕地改善生产条件。其中，5000亩耕地在本乡，由县乡两级政府组织实施，村干部负责清理障碍和协调工作。

（三）乡镇工业化中的土地管理—箕山镇的调查

1. 箕山镇的招商引资

箕山镇辖27个行政村、73个自然村，人口5.4万人，耕地面积6.2万亩，为鄄城县工业基础较好的乡镇。过去的重点项目是地毯加工，但近年来已经衰落。

在全县工业化进程中，由于招商引资是县级对乡镇干部的考核指标，所以乡镇干部具有利用本乡镇土地无偿出让作为本地吸引资金的强烈的冲动，同时这也是无奈之举。

箕山镇作为工业化刚刚起步的乡镇，2005—2010年对工业用地有相当的需求，相对大规模的工业企业要进入县工业园区中，而达不到规模要求的企业仍然留在本镇，箕山镇是全县完成招商引资任务较好的乡镇之一。

本乡镇的引资项目占用的土地需要由本乡镇承担补偿职责。目前，本乡镇工业用地全部采用租人的方式，与村庄中的每个农户签订30年的租入协议。根据耕地的质量和位置，确定补偿标准。补偿由乡政府实施，具体而言，是乡镇政府与每个村民签订协议，乡政府将资金给村支书（村主任），再发到农户手中。资金来源于本企业的税收，如果一个企业的税收不能弥补其占地补偿成本，则需要以交纳费用的方式补上。

2. 乡镇土地管理所的工作

乡镇土地管理所的重要工作职责，就是经常性地巡查，杜绝占用基本农田的现象，做到及时发现和上报在本乡镇土地上发生的任何改变土地用途特别是农用地用途的行为。

在箕山镇，农用地用途改变存在两种情况，乡镇土地管理所采取不同的方式进行处理。第一，对于乡镇主导的引资占地，全部上报给县国土局。第二，对于农户占地盖房（主要是在临街的地方盖房）的行为，及时发现并制止。在房屋没有完全封顶之前，属于土地部门可以管理的范围，土地站可以阻止建房的行为，或者报告给县土地稽查大队强制拆除。如果房屋已封顶，则需要按照法律程序移交法院强制执行。

在对本乡镇约10公里道路两侧200米的范围内，没有划定为基本农田，目的是为今后10年的发展留出可以利用的土地，也使得本乡镇国土所基本农田保护的工作管理相对轻松些。

近些年，箕山镇完成了两个土地整理项目，增加耕地1100亩，作为占用耕地的补充。其一，2004年完成盐碱低洼地复垦1000亩；其二，2010年启动了一个市级土地整理项目，结合新农村建设搬迁一个自然村，得到100亩耕地。

（四）新农村建设与耕地利用

全县498个行政村、1099个自然村，平均每平方公里1.06个自然村，全县户均宅基地0.4亩，存在村庄分散、农村居民点内人口密度小、空闲地多和利用率低的现象。按照县城建局的规划，计划将1099个自然村合并为65个中心村。

2009年全县开展试点，每个乡镇设两个试点村，全县133个自然村合并为33个居民点，到2010年12月已启动了29个居民点的建设。根据县的估计：80%的村庄为"空心村"，试点的133个自然村集中为33个居民点后，可能腾出土地4000亩。

在组织机构方面，县成立了新农村建设指挥部，作为临时办事机构。在资金保证方面，该县出台了土地置换政策，计划每亩土地5万元补助。

当地"空心村"的含义是，村民在村庄中心的老房子被空置，而到村边或路边盖新房子居住。其中，2万元用于基础设施，3万元用于补偿老百姓拆迁。现实的情况是，县财政资金难以到位；农民盖房的资金部分为自筹备，部分来自农村信用社贷款（月利率6.3厘，一般贷款3万～4万元）。从开发方式看，允许多种形式，主要包括开发商建房、村庄集体建房、村民自己建房。

据介绍，进展总体顺利，有两方面的原因：一方面，农村不再划新的宅基地，年轻人需要新房；另一方面，农村村民自己盖新房需要7万～8万元，这样的方式可以满足村民对房屋的增量需求部分。

目前这种所谓新农村建设的做法，将诱发农村居住方式的重大变革，当地长期自然形成的村落面临消亡，政府的意图是通过村庄居住方式改变，将居民点集中，达到土地用途改变的目的，但在工业刚刚起步和城市化水平较低的鄄城县面临着众多的挑战。

第二节 城乡统筹中耕地资源的可持续利用

一、农村土地制度改革

（一）成都城乡统筹的进程

2002年，成都市双流县提出"三个集中"：工业向集中发展区集中，农民向城镇集中，土地向规模经营集中。2003年成都市开始统筹城乡综合配套改革试验，成立了"统筹城乡发展办公室"（推进办），2006年改为"城乡统筹办公室"，2008年国家发展和改革委员会批准"成都城乡统筹试验区"。

2003年以来，成都市探索的是一条以"三个集中""三次产业互动"为核心，城乡一体、协调发展的新型城镇化道路。

一是推动工业向集中发展区集中。按照产业集群发展的规律，成都统筹城乡产业布局，将全市116个开发区整合为21个工业集中发展区，在此基础上，进一步建立13个市级战略功能区和一批区（市）县产业功能区，在优化空间发展格局、促进资源节约集约利用的同时，为城市和县域经济快速发展提供了有力支撑，形成了对城镇发展和农村人口转移强大的辐射带动能力。

二是引导农民向城镇和农村新型社区集中。2003年以来，上百万农民进入城镇、农村新型社区以及第二、第三产业，实现了生产和生活方式的根本性转变，同时为土地规模经营创造了条件。

三是推进土地向适度规模经营集中。通过在依法、自愿、有偿前提下流转土地承包经营权，全市1/3的耕地已实现规模化经营，这成为发展现代农业的制度基础。

在实施城乡统筹过程中，成都于2008年启动了农村土地产权制度改革，对农民土地、房屋等权利的确认、登记和颁证工作真正展开。

（二）农村土地产权改革的政策和行动

1. 农村土地产权改革的政策

农村土地产权制度改革是农村产权改革的基础环节，是城乡统筹的重要内容，它与村级公共服务和社会管理改革、土地综合整治密切关联。在成都农村工作中，将农村产权制度改革、新型

基层治理机制建设、村级公共服务和社会管理改革、土地综合整治并称农村工作"四大基础工程"。在成都的农村改革与发展中，加强耕地保护和完善农村土地制度，是其农村产权制度改革的中心环节。

2008年1月1日，中共成都市委、成都市人民政府发布了《关于加强耕地保护进

一步改革完善农村土地和房屋产权制度的意见（试行）》。该文件提出"深化农村土地和房屋产权制度改革，建立健全归属明晰、权责明确、保护严格、流转顺畅的农村产权制度，切实推动农村资产资本化，促进农民生产生活方式转变，为统筹城乡科学发展创造条件"，正式启动了农村产权制度改革。

农村土地产权改革的宗旨是，实现农村集体土地与城市国有土地的"同价和同权"，还原本属于农民的财产权利，使农民与其他利益体共同分享城市化土地增值的成果。

农村土地产权改革对农地保护和农业发展的含义是，土地可以转包、出租、互换、转让、股份合作，扩大生产规模、进行专业化生产、集约化经营，使不同土地－劳动禀赋比率的农户的土地边际生产率均等化，借增加新的生产要素或者原有生产要素素质的上升而提高配置效率和农业生产率。

2. 农村土地产权改革的行动

2008年以来，成都严格要求确权以实测面积为基础，切实做到实测与台账、权证、耕地保护合同记载及耕保基金发放面积"五个一致"，系统厘清土地、房屋财产关系。到2010年，全市2661个村、35857个组集体经济组织、212万户农户、485万宗农民承包地、宅基地、房屋等农村产权的确权、登记、颁证工作已基本完成。

与开展确权颁证同步，成都建立了市、县、乡三级农村产权交易平台，制定完善了相应的交易规则和办法，为推动农村产权规范有序流转创造了必要条件。

成都市农村土地制度改革行动的脉络是：土地确权—土地流转—建立产权交易平台，实现土地集中和适度规模化经营。2008年成都出台"一号文件"指出：组建新型集体经济组织，通过招、拍、挂的方式出让集体建设用地，逐步建立城乡统一的建设用地市场、以公开规范的方式转让土地使用权，实现城乡土地"同权同价"。农村集体土地产权主体权益实现最重要的两个环节是确权和流转。

成都土地产权改革之前一个政策行动是，从土地向规模集中到土地向适度规模经营集中，这已融合在成都作为全国统筹城乡综合配套改革试验区的政策行动中。

在本轮改革之前，成都平原农村土地产权制度是基于20世纪70年代末的改革形成的，具有我国农村土地产权制度的共性特征，即农村实行家庭联产承包责任制，农村土地实行集体所有，分户包干使用，农民享有土地的占有权、经营权和收益权。农村集体土地产权是二元主体，一是村民委员会和村民小组代表所有权，村民享有土地使用权，即承包土地经营权和宅基地使用权；二是农地使用权由村民承包经营，不得随意改变土地用途。集体成员承包的土地只可转包、互换、转让等方式流转，禁止对外入股和抵押。在使用权上，集体土地只能用于农业生产或农民宅基地建设使用，在收益权上，当国家需要征收集体土地的时候，给农民相应的补偿，但是补偿的标准远远低于土地市场价格。在处分权上，我国法律严格禁止农村集体土地所有权的转让。如果要开发某块农民集体所有的土地，只有先被国家或地方政府征收，然后再由国家或地方政府出让土地使用权。

3. 耕地保护及社会改革政策

（1）耕地保护基金政策

农村土地产权改革前，主要通过土地规划的管控来实现耕地保护。2009年以来，成都市出台耕地保护基金的政策，成为对耕地保护方法的有力补充，通过给履行了耕地保护责任的农民发放个人养老保险补贴和给村集体经济组织提供财政资金补贴，推动农民和村集体组织共同承担耕地保护责任，实现政府保护耕地和农民增收双赢。一方面，增强了农民保护耕地的责任感，改善了农民生活条件；另一方面，也实现了成都平原耕地的可持续利用和保护。

耕地保护基金政策的具体内容是，对成都市的600多万亩耕地按照严格的规划和土地用途管制进行保护。成都建立耕地保护基金，以市县两级的土地增值收益为主要来源，每年筹资28亿元，按每亩300～400元的标准为承担耕地保护责任的农民购买社保提供补贴，惠及全市170多万农户。

（2）村级公共服务补贴

村集体经济组织财政资金补贴的具体内容是，2009年成都市委、市政府决定，在全市范围内实施村级公共服务和社会管理改革，由市县两级财政每年安排7.12亿元，为全市每一村（涉农社区）每年安排20万～30万元的专项资金，由村（涉农社区）居民自主安排用于本村（涉农社区）的公共服务和社会管理支出。

村庄实现集中居住后，村庄公共事务管理的问题凸显出来，包括生活垃圾、村容村貌、基础设施管护等，村庄的物业化是必然之路，这需要资金的保证，成都市以雄厚的财政资金为此提供了保障。

（3）城乡一体化的社会保障体系

2008年，成都颁布实施《城乡居民基本医疗保险暂行办法》，实现全市城乡居民基本医疗保险政策统一、待遇一致。2010年，颁布实施《成都市城乡居民养老保险试行办法》，建立城乡一体的居民养老保险制度，实现了城乡社会保障制度全面并轨。同时，成都将农村劳动者按常住地纳入城乡一体的就业服务体系，并建立起覆盖城乡困难群体的就业援助体系，实现了城乡劳动力市场的统一。

4. 户籍改革

2010年底，成都出台户籍改革意见：全域成都统一户籍，到2012年底，城乡居民将全面实现自由迁徙，并享有平等的基本公共服务和社会福利。农民进城不以放弃农村宅基地使用权、土地（林地）承包经营权等原有利益为代价，农民的各项权益不因居住地、职业的改变而受到侵害。

剥离了附着在户籍之上城乡公共服务和福利的差别，使农民还原为一种职业而不只是一种身份，为保护和发展好农民的合法权益奠定了基础，加速了社会公平化的进程。

5. 农村土地综合整治

从2010年起，成都在全市范围内统筹推进农村土地综合整治，计划用6年左右的时间彻底改变农村地区的面貌，并新增30万亩耕地。

6. 土地整理与城乡建设用地增减挂钩政策

"土地整理"在成都平原的村庄成为很"时尚"的词汇和行动，为什么会出现这种现象呢？为了调动社会力量参与到土地整理中，成都市采用了土地整理后新增指标可以兑换建设用地指标的方式，即充分利用城乡建设用地增减挂钩政策，初衷是在城乡资源之间搭建市场化的互惠共享机制，合理分配土地增值收益。

这样，为了拿到建设用地指标，金融市场资金参与到村庄的土地整理中成为一种必然的选择。土地整理的出指标率一般为10%左右，主要来自宅基地退耕后增加的耕地，以及过去由于耕地面积上报数量小于实际数量的差额。因为土地整理后的村庄均采用农民住房集中连片的方式，一般情况下，整理1亩土地的投入至少为20万元，这意味着开发商拿到1亩建设用地指标的投入要达到200万

（二）成都市土地规模经营模式

成都市开始统筹城乡综合配套改革试验区的试点，2008年开始农村土地产权制度改革，土地规模经营奠定了土地产权制度的基础。目前，成都市土地规模经营模式分为七种：土地股份合作社经营模式；土地股份公司经营模式；家庭适度规模经营模式；"土地银行"经营模式；业主租赁经营模式；"大园区+小业主"经营模式；"两股一改"经营模式。其目标都是土地规模经营和增加收入。

各种经营模式的组织形式、运行机制和分配方式有一定差异。前六种经营模式的共同点是，土地承包经营权从农户方转移出去，其差异有两点：①转移出的土地承包经营权管理的方式；②农户出让土地承包经营权获得回报的方式。"两股一改"模式则是以农村产权确权颁证完成为前提，已经超越了土地承包经营权的范畴。

三、通过土地整理而集中出租耕地——袁山社区的调查

成都市新津县普兴镇袁山村，距离县城14公里，于2007年改为袁山社区。该村2006年以前是成都市级贫困村。

2006年开始申请县的新农村建设项目。2007年开始实施四川省国土部门出资的土地整理一期项目，2007年底完成，全村40%的农户参与到一期项目中，实现集中居住。住房由政府统一规划和设计，按每人建筑面积35平方米标准自己建造，这样三口之家的建筑面积为105平方米。每人得到建房补助6000元（当时房屋每平方米造价400-500元）。

2009年启动第二期项目，2010年底完成。第二期每人补助15000元（这时房屋造价每平方米700～800元）。

2010年，社区辖6个居民小组，371户，1008人，居民集中居住户341户。全村面积达4426亩，土地整理前该村上报耕地面积1700亩，宅基地面积500亩左右；土地整理后，耕地面积确认为2426亩，并由成都国土部门批准增减挂钩项目，挂钩周转指标为236.45亩。

全社区村民通过抓阄方式，以村民小组为单位，重新得到各户承包经营的耕地。全村900亩水田，仍由各户种植水稻，满足各户自己的需求。之所以自己种植水田，农户的解释是，市场支付不起水田出租的价格；农户认为每亩水田需要获得至少2000元或者1500斤稻谷的补偿，如果有老板能够支付，当然可以出租水田。

全村农户规模流转耕地1500亩，租给一个老板种植青花椒，出租期限30年，每亩租金600斤稻子。由于花椒价格波动，承包老板并未获得很好的回报，拖欠农户租金现象时有发生。

袁山社区2008年3月启动农村产权制度改革，2010年6月全面完成确权颁证、耕保基金发放等工作，并颁发集体土地所有权证7本、土地承包经营权证371本、农村集体建设用地（宅基地）使用权证368本、房屋所有权证363本、林权证262本，发放耕保基金59.79万元。

四、"大园区+小业主"的耕地经营模式—柳江村的调查

成都市新津县普兴镇柳江村面积为4600亩，其中水田1300亩（丘地）、旱地1700亩（坝地）；分为13个村民小组，共800户、2200人。该村自1982年从1户种植蔬菜开始，蔬菜种植以市场方式逐步扩大，2010年已经发展到当地3镇5村的2万亩，已经形成品牌和市场规模效益。

这里蔬菜基地采取"大园区+小业主"的模式，全村共有500多农户，自己经营．菜地。其中，绝大多数种植劳动者为50岁以上的人员，一般种植规模为2～3亩。中间商贩直接在菜地边与农户协商订购并将蔬菜拉走。采用非常简单的季节性竹竿塑料大棚种植（每个棚4～5分地）或陆地种植，为的是保证在种菜的间歇，每年还可以种植一季水稻。这种经营模式最大的优势是，由于风险分散而具有较强的承担市场风险能力；而"大园区+大业主"经营模式，可能因为一两年的失败而难以恢复。

目前，"大园区+小业主"的农业经营模式在成都平原具有一定的生命力，关键点就是以家庭为基本生产经营单位的业主分散了市场风险；同时，政府提供基础设施和市场体系建设，通过品牌实现了小业主与大市场的连接和获得可持续的回报率。由此得到的启示是，农业经营获得平均回报的关键是与现代要素的连接，在于产品价值的实现途径，而不一定依赖于土地的规模化经营。

2011年,村庄已经被规划将通过土地整理后实现集中居住,土地整理后不允许在原地盖房。目前一般农户宅基地为1~1.5亩(666~999平方米),集中居住后每人占地面积为35平方米,每户平均可以腾出1亩,即宅基地还耕的面积就是增加的建设用地指标。按2011年标准每人获得建房补助1.5万元,绝大多数老百姓对集中居住可以接受,只是认为种植蔬菜所用农具较多,需要有专门的生产用房。另外,老百姓也在担忧,曾经在本村完成的一个土地整理项目存在质量差、后续管护和保修难的问题。

在柳江村已经执行耕地保护补偿制度,基本农田每年每亩补偿400元、一般农田每年每亩补偿300元。自2010年,该村得到28万元的公共服务经费,但提出的条件是,村干部要让全村各家各户都知晓,并且完成全村每户的征求意愿表,让各家各户对此笔资金用到什么地方发表意见和进行监督,这项工作使得村干部很头疼。该村干部目前还面临另外一个难题:成都第二绕城高速经过柳江村,占地300亩,每亩补偿29920元。目前阶段,征用农民土地的补偿标准与农民的预期相差甚远,使得征地工作难度很大。表现为以下三点:第一,在产权永久不变后,土地的目的是传宗接代,农民不愿放弃土地使用权。第二,2010年本村一亩基本农田每年蔬菜收入为1万元左右,还可以种植一季水稻,能够满足口粮。第三,从老百姓和村干部的角度看,"基本农田"是随着规划而不断地调整的,可以调整为"一般农田",也可以变成"建设用地"政策的随意性,使村干部很难说服农民支持国家的政策。

五、启示一耕地保护政策肩负着地方城乡统筹的使命

成都地方政府耕地保护的政策和行动与土地产权制度相联系,即耕地保护是列入地方经济发展的宏观政策中,服务于地方中心工作的目标,而不是耕地本身的维护和种植粮食的内容。在以农村集体土地产权制度改革为中心环节的城乡统筹中,通过农村土地与城市资金的配置,即耕地的资产属性与现代金融要素有效结合,实现以城市化为推动力的地方经济发展,并关注农村土地使用者的财产收入。

(一)耕地保护基金制度补充耕地资产性收益

成都地区农用地超过1300万亩,农田为647万亩。其中,基本农田600万亩,即50%以上的农用地已经不是农田。粮食产量在20世纪90年代达到400万斤,21世纪初为300万斤,近几年基本在270万斤左右。目前对粮食产量是刚性要求:必须稳定在当前的水平。

目前成都的"耕地保护基金",是对维持农业用途的耕地一律给予补偿。耕地种植的品种可以是粮食、经济作物、蔬菜、林果业等,种植方式可以是大田或者是设施农业,以支付社会保障资金的方式补贴给土地经营权的所有者(即农户),即补偿是跟着土地的权利走,而与土地经营者(业主)没有直接关系,即便土地已经出租给业主经营,获得补贴的仍是原来的农民。

从政府的角度，耕地保护基金的作用是通过保护耕地所有者的公平（而非保护耕地经营者的公平），保护耕地的农业用途和缩小城乡收入差距；从农户的角度，耕地保护基金的功能是降低了业主租赁土地的成本，换句话说，只要业主的租金（分红）提高，就用不着国家拿钱补助，所以，这样的做法本质上还是补贴了业主。

成都耕地保护基金的发放是以确权为基础的，是耕地的资产属性所获得收入的补充，而非其农业生产资源属性的补偿，使耕地所有者不用从事农业生产就可以获得资产性收入，这与一般意义上的农业补贴政策有差异。农业政策补贴的出发点是，农业比较收益低于社会平均收益，进而鼓励耕地的农业生产用途和农业经营者从市场上获得可以持续发展的回报。简单地说，两者的差异是资产性收入的补充和资源性生产成本的补偿。从这里可以看到，这样的补偿不具有农业生产环节的含义，不是对农业经营者的补偿，而是财产性收入的补充，是在确权基础上使耕地所有者直接获得财产性收入。那么接下来是两个问题。

第一，为什么成都市政府要承担这样的支出呢？现阶段，农户耕地在完成确权的同时，耕地的使用权发生了转移，即农户已经不再是耕地的经营者，农户耕地就业的机会和维持基本生活保障的功能丧失了。新的耕地经营者需要承担相应的责任，保证农户从放弃的耕地使用权中得到不降低生活水平和稳定性的补偿，这样新的经营者需要通过以租金或分红的方式补偿从耕地获得的收入，政府则承担着稳定农户基本生活保障的功能，为此，政府采取以耕地保护基金名义获取基本社会保障的做法。

第二，为什么成都市的财政资金能够承担得起这样的支出呢？这由目前的土地制度和征地制度决定。从农村征用的土地的成本与成为国有土地出让获得的收入之间，存在巨大的超额利润。但这样的过程能够持续多久？这决定着成都对耕地资产收入提供补充的生命力；而土地出让是否可以获得超额收益，是开展这样资产性收入补充的条件，这决定着在广大的农村并不具备可复制性。

稳定和持续地获得一定数量的耕地指标，并且这些耕地指标可以进入交易环节而稳定地获得收入，是成都耕地保护基金得以持续和村集体经济补贴得以持续的财政制度保障。

（二）土地经营规模不是耕地可持续利用的重要影响因素

从调查的袁山社区和柳江村的土地经营方式看，袁山社区实现了集中居住和规模化种植青花椒的产业经营，但并未从市场上获得良好的回报，暴露出规模化经营难以应对市场风险的弱点；而柳江村"大园区+小业主"的农户家庭经营，从土地上得到了很好的经济收入，并且每年还可以种植水稻，增强了农户生产经营的稳定性。

基于这样的现实，自2010年开始成都市政府已经从城乡统筹初期提出的"土地规模经营"改为"土地适度规模经营"。

第三节 贫困地区发展中耕地资源可持续利用

四川旺苍的调查

旺苍县位于四川盆地北缘,米苍山南麓,隶属广元市。土地面积 2976 平方公里,2009 年底森林面积 137354 公顷,占土地面积的 46.11%;耕地面积 18558 公顷,占土地面积的 6.23%;总人口 46.48 万人口,农业人口 35.78 万人,城市化率为 30%。

2009 年全县生产总值 40.28 亿元。其中,第一产业增加值 11.08 亿元,第二产业增加值 16.36 亿元,第三产业增加值 12.83 亿元;城市居民可支配收入 11567 元,农民人均纯收入 3457 元,财政总收入 24497 万元,是国家级贫困县和"5·12"地震的灾区县。

一、耕地资源及其利用

(一)耕地面积的数据

1992 年土地详查"一调"数据显示,旺苍县耕地面积 92 万亩,基本农田保护面积 85 万亩;2009 年"二调"数据显示,耕地面积 66.6 万亩,基本农田保护面积 58.95 万亩。根据相关的数据,到 2009 年底耕地面积为 27.84 万亩。其中,水田 11.06 万亩,旱地 16.78 万亩。该县农业部门(统计年鉴)数据常年为 28 万亩左右。

如此大的数据差异,使得旺苍的耕地资源成为一个难以界定的概念。数据差距的原因在于:农业部门的耕地来自产量估算的数据,低估了耕地面积;国土部门的数据则基于遥感判读数据,旺苍县北山的面积为全县的 2/3,耕地面积也占全县的 2/3,绝大多数为坡耕地,25 度左右的坡耕地也不在少数。但这些山坡上的耕地,实际上多数已经种植经济林或改为其他用途,不适宜耕作,所以存在高估耕地面积的现象。

(二)农业生产与耕地利用

1. 播种面积

2009 年耕地面积 27.84 万亩,农作物播种面积 79.68 万亩,复种指数为 2.86。当地农户种植模式为:旱地种植小麦-玉米;水田种植稻谷-油料作物(油菜)。

旺苍县水田面积 11.06 万亩,常年水稻播种面积 11.06 万亩(当地水稻种植一季,即水田 100% 耕种),油料作物播种面积 8.90 万亩,复种指数为 1.80。

除了水稻和油料作物之外,如果农作物全部种植在 16.78 万亩的旱地上,农作物播种面积达到 55.73 万亩,复种指数达到 3.56。这显然是不够合理的,问题就出在耕地面积的数据上。

实际上,旱地主要种植小麦、玉米作物,这两者播种面积为 25.57 万亩,以全部旱地 16.78 万亩作为分母，则旱地的复种指数为 1.52。这意味着其他作物播种的耕地面积没有统计在农业部门的耕地面积中，这部分播种面积达到 34.17 万亩，主要种植作物为豆类、薯类、药材、蔬菜、青饲料等。因此，出现了农业部门与国土部门耕地面积数据的差异。

2. 粮食产量

2009 年，旺苍县粮食总产量为 178696 吨，粮食作物亩产 335 公斤。其中，稻谷总产量 61038 吨，亩产 553 公斤；小麦总产量 61038 吨，亩产 379 公斤；玉米总产量 41396 吨，亩产 306 公斤；油料作物总产量 13096 吨，亩产 147 公斤。若按统计数据，耕地面积亩均粮食产量为 642 公斤。

3. 提高耕地生产力

对于农业在经济社会发展仍占重要地位的旺苍县，农业基础设施建设和提高耕地生产力是当地耕地可持续利用中的首要问题，包括坡耕地改造、建设高标准农田，扩大灌溉水源，提高土壤肥力。这不仅仅是经济问题，也是关系到农民生活和社会稳定的问题。旺苍是四川 88 个产粮大县之一，也可以为我国新增 1000 亿斤粮食计划做出贡献。

经济增长中的耕地保护问题，从农业部门看更需要注重耕地质量。测土配方施肥是提高耕地质量的举措之一，旺苍县从 2008 年启动这项工作，到 2011 年已经覆盖全县所有耕地。这项工作包括以下内容：①全县取样 4000 个，建立耕地地力评价系统；②进行田间试验；③发放农户配方施肥；④引进一个企业建立生产配方肥，建立销售网点。

4. 农业经营方式与耕地保护

以农户为基本生产经营单位的种植方式是旺苍农业生产的主导模式，这样的制度安排与当地深丘和山区的资源环境条件相匹配；分散的生产方式可以实现标准化、品牌化和规模化。针对本地的特点，耕地保护需要的政策是：给予耕作农户补贴和支持，可以采取普惠制与示范带头相结合的方式。

（三）土地管理政策与耕地保护

作为城市化和工业化进程相对缓慢的国家级贫困县，在 2008 年"5·12"地震前，全县每年 15～20 公顷建设用地指标，基本能够满足当地经济发展的土地需求，不存在建设用地占用耕地的现象。该县曾经在 4 个村实施过国家土地整理项目，新增耕地 4000 亩；这些新增的建设用地指标全部被借出用于四川的发达地区了。

"5·12"地震后，为完成灾后重建任务，旺苍县一次性从省国土部门获得 750 公顷建设用地指标，需要 3 年内用完（2011 年 7 月到期）。250 公顷的农房建设指标，2010 年底基本用完；250 公顷的工业用地指标和 250 公顷的基础设施建设用地指标，后两项建设用地指标均未用完。从 2011 年 8 月起，每年仍将执行原来的每年 15～20

公顷建设用地指标，对于经济刚刚起步的旺苍县，建设用地指标压力陡然增大，而被发达地区借走的土地指标存在偿还的途径吗？

2009年旺苍县开始实行建设用地城乡挂钩政策，但这需要财政出资，在经济欠发达的旺苍县不存在实行建设用地招、拍、挂的可能性。实际上，问题出在全国只执行一个统一的土地政策，不能完全适合贫困地区的现实。目前迫切需要解决的问题是，支持老百姓发展生产和改善生活，包括高山移民，退耕还林，发展经济林、药材、茶叶等适合山区的产业，以及保护当地生态环境的政策。在这个过程中需要进行农业产业结构调整，在旺苍县的山区不可能实现保住国土部门的基本农田数量，即来自国土部门的基本农田数据需要调整。

（四）一个传统农区村庄的耕地利用——张华镇友坝村

友坝村全村237户、717人，分为7个社。自2008年"5·12"地震到2010年底，全村减少20多户，因为在城镇买了房，不回村居住了。全村面积为573.8公顷（约8607亩）。其中，水田480亩，旱地90亩，地震后重建中增加耕地12亩（来自重建中老宅基地的复耕）；林地2871亩，园地55亩，水面8亩，荒地320亩，宅基地约240亩（每户1亩左右）。

当地农户一年种植两季：小麦-玉米-红苕，小麦、玉米产量均为150公斤/亩；水稻-油菜，稻谷产量300公斤/亩，油菜产量150公斤/亩。根据当地农民估计，每亩田种粮纯收入300元左右，每亩地的纯收入400元左右。近10年来，该村耕地基本没有变化（只是地震后重建中老宅基地复耕增加12亩），粮食产量也基本稳定。

老百姓种粮主要是为了满足口粮。现在土壤板结很严重，该村从7～8年前开始就不使用农家肥了，现在全村只有4头耕牛。全村普遍实行秸秆还田，大约35%的秸秆还了田，其余部分作为燃料。当地一种小型农机具作用很好（一种人工旋耕机），全村60%的农户拥有这种机械，购置价格为7000元，个人支付3500元，国家补贴另外的50%。现在遇到的问题是：过去柴油每升3.2元，现在每升7.3元；当地人工费用为70～80元/天。

在过去的2～3年时间里，麻雀、野鸡、野猪很多，对庄稼影响很大。为了驱赶麻雀对油菜的破坏，村民们要用驱除剂，每亩油菜要多投入100元；由于野猪对玉米破坏很大，近两年村民已经不再种植玉米了。村民强烈要求国家出台相应的政策，保护农民的庄稼安全，村民最现实的要求是给他们配备气枪，或者由政府聘用拥有气枪的专门工作人员。

该村农户从2008年开始，已经办理了林权证、土地使用权证、房屋证。2010年流转耕地150亩，2011年1～4月流转耕地30亩，涉及40户左右，流转的程序是流转双方跟村干部或小组长说一下就可以了。该村有3户种地大户，每户种植面积为

10～15亩，其特点是家庭劳动力年长、家里有机械、地边有水塘。该村土地流转中流出户不收取费用，粮食直补由土地流出户得到，这相当于土地流转中流出户得到了一定补助；因为该村种地的收入微薄；如果土地位置不好，则没有人代种。

"5·12"地震后，允许农户在自家耕地建房，全村有66户重新修了房子，20户自己在外（主要是县城）买房。全村劳动力430人，常年外出劳动力247人，过年不回家的占20%，40%的家庭已经到县城或乡镇买了房子。全村在劳动力年龄内务农人数为10～20人，村里这几年普遍存在办喜事和丧事时缺乏劳动力的现象，而且这种情况越来越严重。目前，村干部思考这样的问题：在友坝这样的山区，年轻人不回来种地，今后山区怎么经营？10年后没有多少问题，20年后就不好说了。土地收益低是根本问题，山区的粮食主要是自供自足，政策应引导集约化管理，谁来解决市场、技术服务、组织形式的问题？

二、城乡统筹试点与耕地利用

（一）起源和进程

旺苍县于2007年底提出"城乡统筹"，由于2008年"5·12"地震被搁置，2010年真正提上议事日程。2010年启动3个试点村，2011年又启动19个试点村，即已经确定22个试点村，出台专项规划和专项改革方案，列入广元统筹试验区。

第一，土地流转改革。县成立土地承包经营权流转中心，35个乡镇有工作站。在杜仲基地建设中，采取租用的办法。

第二，完善林权制度改革。全县办证工作已经完成，完成1笔林权抵押贷款，由省农业银行批准，贷款额度为1.5亿元。林权抵押贷款的难点是缺乏相应的中介评估机构。

第三，农村建房模式的探索。目前旺苍是通过重点工程而实现，包括工业园区、高速公路、生态移民。广巴高速公路集中安置点42个、灾后重建集中安置点65个、工业园区集中安置点10个，共涉及1.5万人。

第四，推进新农村建设。全县建成90个生态小康新村（每个乡镇都有），完成2.6万农户建房。

第五，脱贫工程。修农村公路1472公里，安全饮水936处，农村沼气4.1万口，农房维修6.39万户，劳务输出2.56万人。

（二）嘉川镇和平村试点

1. 嘉川镇基本情况

全镇人口5.4万人，农业人口2.8万人。该镇是全县经济大镇、工业大镇、工业强镇，交通便利，2010年财税收入1.2亿元，工业产值达30亿元。同时，也是矛盾大镇和污染大镇，在大量拆迁中遇到很多问题，特别是政府的政策不能覆盖实践中遇到的情况。全县5个工业园区中的3个在嘉川，嘉川工业园区面积大约为6平方公里。

地震以来，全镇征地3500亩。其中，和平村征地2000亩，涉及500户。2009年每亩耕地补贴3万~3.5万元，2010年每亩耕地补贴超过4万元。其中，企业承担3万~3.5万元，其余为县财政补贴。目前土地出让方式全部为划拨，作为县招商引资项目。进驻的工业企业全部为环境污染严重的产业转移项目，污染治理任务很重。

2. 城乡统筹试点的和平村

嘉川镇城乡统筹试点村为和平村，面积4.5平方公里，辖8个社，共668户2132人。全村6400亩农用地。其中，种粮耕地700亩，林地3600亩。

和平村位于煤化工工业园区基地。地震后引入攀枝花钢铁公司的20万吨焦化项目（投资9.7亿元），以及下游企业4家（分别是合成化工、沥青、甲醇和液态天然气加气站），本园区规划面积1500亩，其中焦化厂占地800亩。由工业带动了第三产业，拉动了消费。村庄成立了劳动服务公司，就地安置、就地就业。

在目前全村的人口结构中，70%为农民，30%为居民（失地农民占30%）；大多数家庭失去部分土地，这样家庭有两个户口簿，部分家庭成员仍为农民，部分家庭成员为居民。

嘉川镇及和平村，尽管是本县自然条件和经济发展很好的乡镇和村庄，但这里仍然基础设施落后，老百姓缺乏就业机会和基本社会保障。在这样的背景下，地方政府面对所谓的城乡统筹试点，本质上贫困地区的农村发展内容包括以下方面。

第一，迫切需要加强基础设施建设。

第二，推动产业发展，以保证老百姓有稳定性的收入。当地居民产业发展的形象说法是"头戴绿帽子（林业），腰缠钱袋子（工业），脚踏粮凳子（种植业）"。这里的农户并没有放弃种植业生产，因为这里的耕地是该县的优质农田。

第三，制度建设，如农村户口和城市户口低保政策、养老政策、医疗政策的巨大反差以及外来人口如何安家？涉及跨区域的政策。

第四，村庄公共服务。目前和平村集中居住小区垃圾管理借鉴的是"户堆放、村收集、镇转运、县处理"模式。但是，在"村收集"这一环节遇到了困难，因为村里没有钱雇用专门的人员承担这项工作。

第五，政府业绩与老百姓利益。政府的业绩指标考核成为城乡统筹的驱动力，而不涉及老百姓的经济利益。现在的情况是：政府着急，而老百姓无所谓。

（三）白水镇卢家坝村

1. 卢家坝村的耕地利用

全村面积为14平方公里，辖10个村民小组，共755户、2253人。全村耕地1607亩，林地 13420 亩，其他农用地 510 亩，建设用地 1058 亩，未利用地 1142 亩，撂荒地 600 亩。该村的撂荒地涉及几百户，全部为路途遥远、耕种不方便、立地条件差、野猪出没、收益低山坡地，已经撂荒 5 年以上，有些耕地已经开始长出树木。这些撂荒地的农户仍可得到粮食直补。土地流转户 40 多户。

近 10 年来，耕地呈现减少趋势，其原因是：撂荒、建设占地、集中建房、洪水冲毁。该村最后一次调整土地是 1998 年，目前基本已经接受耕地承包使用权永久不变，即生不增、死不减。全村粮食单产稳定，水田一直是 100% 种植，单产 1200 斤/亩，感觉上是耕地质量越来越好，每亩水田净收入 600 元。本地两分水田可以满足一个人的口粮，全村一半的家庭口粮自给自足，另外一半的家庭需要购买粮食。

2. 新农村建设与集中居住小区

全村新农村建设集中在基础设施上，包括修建村社道路 17.8 公里，已经硬化 9.8 公里，准备再新修 2 公里。辖区内有县里建的供水站，集中供水 620 户，占全村户数的 80%。生活能源是煤、柴和液化气，单纯用液化气作为能源的户数占总数的 10%，2011 年该村通天然气。

村民集中居住的起源是建设四川广旺卢家坝水泥厂。该厂为国有企业，年产水泥 110 万吨。这是一个 2005 年县里的招商引资项目，2005 年 5 月开始征地，共涉及拆房户 219 户。水泥厂建设一度搁置，最终于 2008 年 "5·12" 地震后开工，2009 年建成投产。水泥厂共占地 520 亩，其中 315 亩为村庄土地，其余为在原址的中央钞票厂土地。根据介绍，该村征地的补偿按照国家最高标准执行，为 3.6 万～4.71 万元。为了安置拆迁户，集中建设了卢家坝住宅小区，采取统一规划、自己建房的方式，占地 58 亩，其中 36 亩为新征地，其余 22 亩为原印钞厂土地。

在集中小区住房安置过程中，住房的占地面积分为两种标准：3 人及 3 人以下户占地 90 平方米、4 人及 4 人以上户占地 120 平方米，可以修建两层或三层楼房。房屋土地的获得分为三种情况：被占用宅基地和拆迁住房的村民，用原来的宅基地置换，采取差额补偿的方式（例如如果原宅基地 200 平方米，现在住房占地 120 平方米，对相差的 80 平方米按照征地标准的一半补偿）；对厂房内的购房户，按 40 元/平方米购置土地；对厂房内的暂住户，按 60 元/平方米购置土地。2009 年建房成本 600 元左右，建房户中的 90% 得到了土地或住房补贴；同时，政府帮助协调信用社小额贷款，每户贷款额度 3 万元，贷款户占建房户的 60% 左右。

该村工业发达，有 1 个水泥厂、3 个煤矿、1 个煤炭的洗选厂。借助便利的交通和工矿业的优势，交通运输业发达。劳动力外出打工者很少，本地就业达 450 人以上。其中，水泥厂就业 160 人左右，有两个煤矿就业各 70 多人，有一个煤矿就业 40 人，洗选厂就业 10 人，从事汽车运输 100 人以上。2010 年上报农民人均纯收入 3850 元，根据村干部估计实际人均收入6800元。

3. 城乡统筹试点的进展

卢家坝村为旺苍县统筹城乡试点，开始于2007年7月，起因是四川省确定自贡、德阳、广元为2007年启动的城乡统筹试点地区，其中广元试点为欠发达地区的代表，旺苍县则作为广元市工作的一部分而启动。2008年刚刚起步，便遇到了"5·12"地震，工作重新开启是2010年10月。

卢家坝村为工业园区试点村，具体行动包括：第一，利用灾后重建的机遇，集全县之力，建村委会办公室，修村道和社道，搞安全饮水，改变村庄面貌。第二，协调农村信用社给农户提供建房贷款。第三，围绕工业园区，组建运输公司（有100多辆运输车）、劳务公司（有计划地进行培训）。第四，制订户籍制度改革实施方案，该村有60%的村民愿意参与改革，形成城乡二元户口结构，部分农民成为居民。第五，村庄改为社区，改变村级治理结构。第六，进行农村产权确权登记（林权、土地承包权、房屋权），当地邮政储蓄银行小额贷款中心开展农村产业抵押贷款业务。

目前遇到的困难如下：第一，户籍改革后缺乏相应的配套政策，即国家仍是二元户籍制度背景下而遇到的一些问题，如居民的迁移、计划生育、低保、医疗等。第二，新农保在贫困地区的城乡统筹中没有资金来源，需要建立贫困地区的农村养老基金补贴。第三，贫困地区城乡统筹中缺乏项目的支持。第四，林权抵押（农村产权）贷款缺乏中介评估机构。第五，城乡建设用地指标挂钩政策，指标可上市交易卖钱，旺苍作为贫困地区的建设用地指标被借走了，得不到钱。

（四）高阳镇温泉村

与前两个村庄不同，温泉村位于旺苍县北部山区，北山人口为全县人口的1/3，其中有10万人口为贫困人口，这里仍然要靠当地的自然资源发展，坡耕地治理对于当地老百姓脱贫和粮食安全具有重要作用。同时，北山是川北重要的生态功能区，是本县的扶贫开发重点区。

温泉村全村152户、527人，共6个社；面积达8.6平方公里，耕地580亩，茶园2000亩，林地3万亩。该村距离县城20公里。

2010年纳入全县3个统筹城乡试点村，到2011年4月，全村修水泥路1.5公里，解决了两社（28户）的安全饮水，正在建设一社（37户）的集中安置点，建造成本730元/平方米，采用统一建造、各户付钱的方式。安置点分为两种户型：大户型占地120平方米、建筑面积240平方米，为二层三开间；小户型占地90平方米、建筑面积180平方米，为二层二开间。根据农户自己的选择建造。另外，计划改造老茶园950亩，其中标准化茶园300亩。

2009年征用耕地65亩，每亩补偿2.7万元。涉及37户搬迁，宅基地和房屋补贴一般为10万元左右。由于征用土地，解决了65人的养老保险和40人的失业保险。征用耕地用于当地的温泉旅游开发。2010年林地流转9000亩，为广元红林开发公司承包，期限30年，一次性支付承包费用每亩80元（30年），当地老百姓可以继续砍柴。

温泉村这样的山区贫困村仍面临很多发展中的问题，如基础设施不足，农户生活中的饮水、道路等问题没有完全解决，仍采取传统的农业生产方式，不具备集中居住的可能性。尽管旺苍县将其作为城乡统筹试点村，也只是希望能利用这里的土地进行生态旅游开发。

三、启示

（一）贫困山区基本农田保护需要技术政策支持

由于旺苍地处秦巴山区，近20年来自国土部门以"土地详查"为依据的基本农田数据与来自农业部门以"粮食产量"为依据的耕地数据之间存在巨大的差异，致使国土部门的基本农田保护失去现实意义。为此，在统一的宏观耕地保护政策下，需要针对山区陡坡土地面积大、生态与耕地保护任务相互交织的特征，通过制定具有可操作性的技术政策，采取与平原和农区有差异的耕地保护措施。在基本农田保护政策中，坡耕地治理的重要作用不容忽视，应注重山区的生态保护。

（二）贫困地区城乡统筹的尴尬

在经济发达地区实现城乡统筹的进程中，应以土地产权改革为中心环节，通过实现农村与城市土地的"同价"，至少在短期内可以支撑起农村人口的医疗、养老、就业等相互配合的政策改革内容。但是，这样的土地政策不可能为贫困地区提供资金支持，地方财力没有能力推动相应的配套改革。

旺苍经济发展处于工业化的初中级阶段，城乡和体制二元结构明显，开展统筹城乡工作难度较大。如何在贫困地区开展统筹城乡综合配套改革试点工作，是一个值得探讨的课题。到目前为止，在旺苍的工业化进程中，土地发挥的作用主要在于以低价格招商引资，集中在资源转化项目上，土地资本价值的实现尚未起步。这里的城乡统筹被赋予了推进工业化、新农村建设和扶贫开发的使命；实际上，在贫困地区开展城乡统筹试点，是当地政府的一种选择，需要谨慎行动。

第四节 粮食主产区耕地资源的可持续利用

黑龙江宾县的调查

2011年10月23～27日，课题组成员一行两人前往黑龙江省宾县，就耕地可持续利用问题进行实地调研。调研采用座谈与实地考察相结合的方式。24日上午，在县农委会议室组织召开了县农委农技推广站、农委经管站、国土局、水务局、环保局等部门参加的座谈会，讨论了宾县耕地可持续利用问题，并收集了相关资料。根据调研要求，选择了两个乡镇：一个是工业化、城镇化的典型乡镇和村庄——宾西镇西川村，另一个是农业生产的典型乡镇和村庄——满井镇江南村。数据来源主要包括宾县统计局提供的统计年鉴、国土资源局提供的数据资料以及农委经管站提供的数据资料。由于口径不统一，在数据分析中前后可能存在某些不一致的地方。

一、经济发展

（一）概况

宾县位于黑龙江省南部，地处松花江南岸，隶属哈尔滨市，县城宾州镇距哈尔滨市54公里。全县面积3844.7平方公里，自然概貌为"五山半水四分半田"，地势为南高北低，南部山区呈条状沿东南县境延伸，东部为丘陵地带，北部沿江为河谷平原区。按照地形而言，山地面积占37.2%，丘陵区占32.4%，河谷平原区占30.4%。

全县耕地面积16.74万公顷；森林面积11.24万公顷，森林覆盖率为29.2%；草地面积为0.62万公顷。

全县行政区划为5乡12镇，143个行政村、1616个自然屯，21.34万户。总人口为62.9万人，其中农业人口为51.9万人。

宾县是全国产粮百强县、大豆振兴计划示范县、烤烟生产重点县，是黑龙江省肉牛生产基地县、地产果生产基地县。

（二）经济发展状况

1. GDP变化情况

2010年宾县生产总值实现151.2亿元。其中，第一产业增加值32.8亿元，对经济增长的贡献率为14.8%；第二产业增加值52.5亿元，对经济增长的贡献率为49.1%；第三产业增加值65.9亿元，对经济增长的贡献率为36.1%。

2010年农、林、牧、渔业总产值53.51亿元。其中，农业产值19.57亿元，林业产值1.65亿元，畜牧业产值31.73亿元，渔业产值0.22亿元，农、林、牧、渔服务业产值0.34亿元。

"十五"期间，地区生产总值从2001年的36.20亿元增加到2005年的66.85亿元，增加了30.65亿元，增长了84.67%；"十一五"期间地区生产总值从2006年的78.93亿元增加到2010年的140.21亿元，增加了61.28亿元，增长了77.64%。

2001—2010年地区生产总值的发展速度波动性很大，2008年、2009年发展速度较快，分别为19.8%、18.1%。"十五"期间宾县地区生产总值的发展速度平均为11.5%，"十一五"期间地区生产总值的发展速度平均为16.0%，比"十五"期间增加了4.5个百分点。第一产业、第二产业、第三产业产值的发展速度也具有波动性特点。

2. 产业结构变化情况

大量实证研究表明，产业结构变动遵循一定的规律。一般情况下，随着经济的发展和人均收入水平的提高，劳动力、资本在三次产业间的分布会发生规律性的变化。由于产业间产品附加价值的差异以及由此带来的相对收入差异，劳动力首先从第一产业向第二产业转移。当人均收入水平进一步提高时，劳动力又向第三产业转移。社会资本分布的重心也逐步从第一产业向第二、第三产业转移。宾县三次产业的发展特点也符合这一规律。

宾县地区生产总值构成变化表现出一个明显的特征，就是第一产业、第二产业比重呈现下降的态势，第三产业比重呈现上升的态势。2001年，第一产业产值比重为34.9%，高于第二产业产值比重（33.2%）和第三产业产值比重（31.9%）。2003年，第一产业、第二产业、第三产业呈现"均衡态势"，其产值比重分别为33.6%、32.6%、33.8%；到2010年，第三产业产值比重达到43.6%，高于第一产业产值比重（21.7%）和第二产业产值比重（34.7%）。

宾县人均GDP增长较快，从2001年的6024元/人增加到2010年的24030元/人，增加了18006元/人，增长了2.99倍。

（三）农业生产情况分析

1. 种植业生产情况

从2001年到2010年，宾县农作物播种面积呈现逐年增加的态势。从2001年的13.86万公顷，增加到2010年的17.20万公顷，增加了3.34万公顷，增长了24.10%。同期，主要粮食作物播种面积从12.59万公顷，增加到16.43万公顷，增加了3.84万公顷，增长了30.50%；蔬菜种植面积有所萎缩，从0.52万公顷减少到0.24万公顷，减少了0.28万公顷，减少了53.85%。

宾县主要粮食作物包括玉米、水稻、大豆，产量从2001年的39.67万吨，增加到2010年的87.57万吨，增加了47.90万吨，增长了120.75%。由于蔬菜种植面积的萎缩，其产量也有所下降，从6.99万吨减少到5.07万吨，减少了1.92万吨，减少27.47%。

相对于玉米、大豆播种面积，宾县种植面积比较小。尽管全县水稻种植面积有所增加，但不同乡镇种植面积相差较大，而且两个时期变化也较大。在17个乡镇中，水稻种植面积减少的有7个，分别是宾西镇、宾州镇、平坊镇、糖坊镇、鸟河乡、永和乡、宁远镇，减少幅度分别为101公顷、90公顷、70公顷、52公顷、50公顷、11公顷、8

公顷。尽管永和乡、宁远镇水稻种植面积减少了,但由于其单产在增加,总量也有一定程度的增加。所有乡镇水稻单产都在增加。这些数据表明,各乡镇水稻种植面积还比较小,但通过改善农田水利条件,发展水稻种植,可以提高粮食产量,确保粮食安全。

2. 养殖业发展情况

宾县畜牧业发展比较平稳,全县各类畜禽专业户有10500个。其中,养牛专业户3800个,养殖专业户4000个,养禽专业户1500个,特种动物养殖专业户1200个。

2010年,全县黄牛出栏量19.1万头,存栏37.3万头;生猪出栏量50.8万头,存栏39.5万头;家禽出栏量762.8万只,存栏395.4万只。

肉类总产量达8.2万吨,奶类产量708吨,水产品产量6700吨。

二、耕地资源利用状况

(一)耕地变化

宾县耕地面积为16.74万公顷。其中,旱田16.03万公顷,水田0.71万公顷。全县耕地中,一等耕地面积4.12万公顷,占24.61%;二等耕地面积6.02万亩,占35.96%;三等耕地面积3.46万公顷,占20.67%;四等耕地面积1.73万公顷,占10.33%;五等耕地面积1.42万公顷,占8.48%。

1. 耕地数量变化

2001~2010年,宾县耕地面积呈现递增的态势。从2001年的13.99万公顷,增加到2010年的16.74万公顷,增加了2.75万公顷,增长了19.66%。其间,也有一定的波动性,大致可以划分为三个阶段。

第一阶段:2001~2003年,耕地面积呈现明显的递减特征。从2001年的13.99万公顷,减少到2003年的13.53万公顷,减少0.46公顷,减少了3.29%。

第二阶段:2004~2006年,耕地面积呈现稳定态势。耕地面积增加到2004年的15.13万公顷之后,一直维持稳定。

第三阶段:2007~2010年,耕地面积呈现稳定态势。耕地面积增加到2007年的16.74万公顷之后,一直维持稳定。

耕地面积增加的主要来源一般包括土地整理、土地复垦、土地开发以及农业结构调整。2003~2010年,宾县耕地面积增加量综合为1584.27公顷。其中,土地整理增加耕地面积418.12公顷,占26.39%;土地复垦增加耕地面积1101.23公顷,占69.51%;土地开发增加耕地面积55.55公顷,占3.51%;农业结构调整增加耕地面积25.01公顷,占1.58%。

一般来说,耕地面积减少的原因有四个:建设占用、灾害损毁、生态退耕以及农业结构调整。对于宾县而言,耕地面积的减少主要是建设占用以及部分的农业结构调整,不存在灾害损毁与生态退耕。从2003年至今,宾县耕地面积共减少1041.65公顷。其中,建设占用面积为1014.88公顷，占 97.43%；农业产业结构调整占用耕地仅26.78公顷，占2.57%。从动态变化来看，有3个年份耕地面积减少量在100公顷以上。其中，2004年耕地面积减少量最大，为574.16公顷，2003年为142.07公顷，2010年为110.98公顷；同年，建设占用耕地的比例分别为99.95%、99.35%、92.28%。2009年耕地面积减少量仅7.56公顷，其中建设占用比例为26.19%。建设占用耕地面积变化过程中，波动性比较大，但农业产业结构调整占用耕地的面积总体上呈现递增的态势。这是国家转变增长方式、调整产业结构发展战略在农业生产领域的具体执行的结果。

2. 土地流转情况

宾县根据土地流转的实际情况，逐步完善了转包、转让、4.快和出租等土地流转方式，规范了土地流转合同，建立健全了纠纷仲裁机构，依法开展土地承包和流转纠纷仲裁，妥善解决土地承办和流转纠纷，进一步推动了全县土地流转。

2010年，全县土地流转面积为17608公顷。其中，农户自行沉转面积为14462公顷，占土地流转面积的82.14%。参与土地流转的农户数为18025户，占全县农户总数的8.45%。其中，转出土地的农户数为11007户，占61.07%；涉及农村劳动力转移农户数23505户，农村劳动力转移数量为44791人，土地流转后全家外出务工农户为4433户。

从各乡镇土地流转情况看，有8个乡镇土地流转面积都超过了1000公顷，分别是：鸟河乡（1931公顷）、满井镇（1664公顷）、糖坊镇（1520公顷）、常安镇（1366公顷）、宾安镇（1328公顷）、居仁镇（1302公顷）、宾州镇（1295公顷）、宁远镇（1188公坝），分别占全县土地流转面积的10.97%、9.45%、8.63%、7.76%、7.54%、7.39%、7.36%、6.75%。这8个乡镇土地流转面积总和为11594公顷，占全县土地流转面积的65.85%。

各乡镇中，只有宾州镇、经建乡两个乡镇的土地沉转不定农户自行流转，其余的乡镇都存在农户自行流转，而且农民自转的土地面积占土地流转面积的比重都很大，除了摆渡镇、常女镇比例分别为87.40%、70.22%外，其余都在90%以上。

（二）耕地质量变化情况

1. 灌溉面积的变化

耕地面积中有效灌溉面积是耕地质量的一个重要方面。如果有效灌溉面积逐年增加，以及有效灌溉面积占耕地面积的比例逐年增加，则表明耕地资源的质量得到了改善。

从宾县的实际情况来看，有效灌溉面积很小，不足1万公顷。2001年，全县有效灌溉面积为0.97万公顷，是最近10年有效灌溉面积最多的一年。之后减少到2002年的0.60万公顷，2003年降低到0.34万公顷，其后连续7年都是递增的，到2010年增加到0.72万公顷，仍没有达到2001年的水平。

有效灌溉面积占耕地的比例也表现出相似的动态特征，2001年有效灌溉面积占耕地的比例为6.90%，连续两年下降，到2003年下降到2.54%，随后就是连续7年的递增，到 2010 年增加到 4.29%。由此可以判断，宾县农业生产还处于一种靠天吃饭的状态，农田水利需要进一步加强，以满足国家粮食安全的需要。

2. 化肥施用量

在资源能源约束日益加剧的情况下，种植业能够保持稳定发展，特别是粮食生产实现了八连增，化肥的投入和科学施肥功不可没。在未来一个时期，化肥对农业生产的作用仍然不可替代。我国是农业大国，也是化肥生产和消费大国，化肥的总产量和消费量均占世界的 1/3。我国用占世界 9% 的耕地消费了世界 35% 的化肥，生产了世界 19% 的谷物、49% 的瓜果蔬菜和 19% 的水果，养活了世界 21% 的人口。专家分析，在我国，化肥对粮食增产的贡献率在 40% 以上。

但过量使用氮肥则会造成严重的面源污染。有关研究结果表明，我国氮肥利用率为 30% 左右，不及发达国家的一半。2010 年我国第一次全国污染源普查公报显示，农业源总氮占排放总量的 57.2%。万吨，增加了 2.94 万吨，增长了 119%。氮肥施用量从 1.13 万吨，增加到 1.93 万吨，增长了 0.8 万吨，增长了 71%；磷肥施用量从 0.45 万吨，增加到 0.73 万吨，增长了 0.28 万吨，增长了 62%；钾肥施用量从 0.28 万吨，增长到 0.74 万吨，增长了 0.46 万吨，增长了 164%；复合肥施用量从 0.60 万吨，增长到 2.00 万吨，增长了 1.40 万吨，增长了 233%。

三、实现耕地可持续利用的政策建议

（一）耕地可持续利用中存在的问题

1. 用地结构不尽均衡

宾县现有的土地利用结构是长期以来形成的，有一定的合理性，但不同区域的用地结构不均衡。如林地集中分布于南部和东部山区，而北部和西部则较少分布；牧草地近 85% 分布在北部沿江几个乡镇，而且以天然草地为主；耕地中 93.8% 为旱地；此外，还有一些超坡耕地尚未退耕，土地利用经济效益不高。

2. 土地利用存在一定的盲目性、不合理性

长期以来，土地利用缺乏统一的科学规划，盲目利用土地主要表现在：陡坡地开荒、毁林及毁草开荒、在无水资源的旱田改水田等方面存在不少问题，结果得不偿失，同时不合理的乱占滥用土地现象时有发生。

3. 人地矛盾日益尖锐

1998 年第二轮承包之后，耕地承包面积就没有进行过调整，直接导致了农村人地不均衡分配问题，目前多数"80 后"三口之家只有一个人的耕地，由此带来了一些社会问题。

4. 土地退化严重

黑土耕地资源正在急剧退化，表现为水土流失严重，土层变薄，土壤肥力减退，耕地质量下降，黑土理化性状日趋恶化，黑土耕地数量难以稳定。其原因不仅在于气候、地形、土壤、冻融、植被等自然因素的影响，而且更重要的原因在于过度开垦和掠夺式经营、工农业生产造成的土壤污染、耕作制度不合理、土壤实用功能转移等人为因素的影响。

（二）实现耕地可持续利用的政策建议

从目前来看，通过土地整理、复垦等措施，宾县耕地的数量在增加，但质量较差的耕地所占比重也在增加，因此，需要采取有效措施加强耕地的治理。

1. 耕作制度的实施需要国家层面的立法

宾县传统耕作制度，对于黑土地 3 年就要进行一次深翻，但目前这种耕作制度已经难以实施，严重影响了耕地的可持续利用。因此，需要通过立法，将有利于耕地保护的耕作制度推广下去，对那些拒不采取耕作制度的农户，依法收回其承包土地。

2. 建立保护性耕作的长效机制

针对宾县不同区域特点选择保护性耕作的主导技术模式，并以机械化措施为主，加强农机农艺结合。根据该区域旱作农业的特点，建设保护性耕作工程区，建保护性耕作长效发展机制，引导广大农民群众主动自觉地采用保护性耕作技术，加快推进保护性耕作技术的普及和应用。

3. 完善农技推广机制

建立以省农机技术推广站为主，农业、水利、环保技术部门和相关大专院校参加的保护性耕作技术指导中心，探索保护性耕作技术模式和推广机制，制定技术规范，对实施保护性耕作的农业和农机大户要优先给予国家购机补贴。

4. 研究开发秸秆还田技术

目前，宾县农作物秸秆焚烧现象非常严重，原因是缺乏适应低温条件下秸秆腐烂的技术，以及适应丘陵地形特点的机械。因此，应根据宾县气温、地形特点，研究开发秸秆还田的新技术。

第十章 耕地保护机制

现阶段我国的耕地保护问题不仅仅是经济问题,更涉及体制和政策问题。耕地保护政策的制定和实施需要综合考虑诸多因素,政策目标的实现需要调动政策实施主体的积极性,需借助完善的耕地保护体制与机制来保障耕地保护政策目标的实现,确保我国经济社会的可持续发展。党的十七届三中全会指出,必须坚持最严格的耕地保护制度,层层落实责任,坚决守住18亿亩耕地红线。要划定永久基本农田,建立保护补偿机制,确保基本农田总量不减少、用途不改变、质量有提高。要严格保护耕地,加快农村土地整理复垦,大规模建设旱涝保收高标准农田。总理在政府工作报告中明确提出,城乡建设要坚持最严格的耕地保护制度和最严格的节约用地制度。各级政府要转变发展观念,切实树立和落实科学发展观,改革与科学发展观相冲突的体制障碍与制度缺陷。近年来,国土资源部加强了国土资源保障能力的建设,深入开展"保经济发展保耕地红线工程",坚定不移地促进土地利用方式转变,积极推进经济发展方式转变,必将有利于"两个严格"制度的实施。本章拟从经济管理、行政管理与法律管理三个方面提出耕地保护的若干对策。

第一节 耕地保护的经济管理对策

一、转变经济发展方式,加快产业转型升级,促进土地节约集约利用

转变经济发展方式不仅包括经济增长方式从粗放型转向集约型,也包括产业结构优化升级、经济运行质量和效益提高。转变经济发展方式包括发展理念的转变、发展道路的选择、发展模式的创新,实质上是解决如何发展得更好的问题。经济发展方式的转变要求资源利用方式转变;经济发展方式要求又好又快,土地利用方式就需要节约集约利用。要实现经济增长模式由粗放型向集约型转变,就需要走科技含量高、资源消耗低、环境污染少的集约型工业化道路。而做到了这一点,一方面有利于促进传统的土地利用方式方法的变革,另一方面也可通过促进土地节约集约利用,加强产业的用地管理为经济发展方式转变提供支撑。

第一,不断提高产业用地集约利用水平与效益,降低产业耗地系数,设置差别化的产业用地调控门槛,促进产业转型升级。我国的产业用地利用总体上较为粗放,土地投入和产出水平与发达国家(地区)有较大差距,以开发区产业用地为例,上海市在2006年国家级开发区土地投资强度为12761万元/公顷,市级开发区为2701万元/公顷,而1999年台湾高雄市、楠梓市和台中市的开发区土地投资强度分别达到了22 000万

元/公顷、26000万元/公顷和47 0(8)万元/公顷；韩国马山市和里市以及马来西亚槟榔市的开发区土地投资强度已经达到20 000万元/公顷、7000万元/公顷和6000万元/公顷。在土地的产出水平方面，在全国土地利用率较高的长江三角洲地区的一些国家级开发区，近年来年均GDP约为5200万元/公顷，而省级开发区地均GDP约为3000万元/公顷，尚不到发达国家的最低土地产出水平。主要是产业用地摊子铺得太大，并存在一定程度的闲置土地，导致土地利用的低效。为此，应切实加强产业用地的集约利用管理，适时开展产业用地集约利用评价，为产业转型、开发区扩区升级提供政策依据。通过出台不同产业的用地标准，推行建设项目用地控制指标管理，有效地对项目建设用地实施量化定额和定性控制双重技术指标的管理，并以容积率、投资强度、用地结构比例等刚性指标对行业用地规模进行有效控制，合理限制企业内部行政办公、生活服务设施以及绿化用地面积占项目总用地面积的比例，提高产业用地的门槛，并加强产业用地节约集约利用的管理与监督，将产业用地的GDP耗地系数控制在一个合理的水平。

严格产业供地政策，制定差别化的产业用地指南，科学引导产业用地合理需求。今后一段时期，产业结构优化与布局调整，应当优先保障战略性新兴产业、高新技术产业和服务业的用地，对于电力、煤炭、焦炭、电石、钢铁、有色金属、建材等行业的落后生产能力的产业用地需求则要严格限制，对于国家产业目录及政府明令淘汰、禁止类的产业项目，一律禁止供应土地。城市新增建设用地优先满足基础设施、生态环境等民生工程。城镇住宅项目和传统的工业性项目鼓励通过盘活存量，解决用地。此外，在传统产业改造、转型过程中，要加强企业用地的盘活，运用经济手段加强关停并转企业存量用地的整治与优化配置，提高企业集约用地水平。

第二，保持城市理性增长，严格控制城市外延扩展，通过科学的规划手段控制城市规模边界，限制建设占用耕地，加快城市内部土地整治，提高城市土地利用的综合效益。进入21世纪，我国的城市化进程不断加快，统计数据显示，2009年我国城镇化率已达46.6%，中国社会科学院《2009中国城市发展报告》显示，2001～2007年，地级以上城市市辖区建成区面积增长率是70.1%，但人口增长率只有30%，说明土地的城市化快于人口的城市化，城市外延扩张问题仍相当突出，据2010年8月开展的中国城市国际形象调查，我国200多个地级市中有183个正在规划建设"国际大都市"。

因此，要严格控制城市外延扩展，通过制订科学的土地利用总体规划和城市规划，画好城市边界和基本农田边界"两条红线"，严格限制城市建设用地总规模，严格控制城市新增建设用地占用农用地特别是占用耕地，确保城市经济和社会发展的理性增长。结合城市旧城改造，积极推进市地整理，开展城市土地储备。加大"旧城镇、旧厂房、旧村庄"土地整治、盘活力度，为城市建设提供新的用地空间，以缓解对耕地占用的压力，可通过适当提高容积率、采取出让优惠政策、减免有关税费等办法，提高开发商参与三旧改造提高土地利用效益的积极性。通过明晰土地产权、量化土地资产价值，促使存量土地资产以不同的价格进入市场进行交易,实现土地的产权流动与重组,达到生产要素与土地资源的优化配置。积极引导土地使用者使用未利用地和废弃地,加大闲置、违法用地的治理力度。国土资源管理部门要对适宜开发的未利用地做出规划,引导和鼓励将适宜建设的未利用地开发成建设用地。积极复垦利用废弃地,对因单位撤销、合并、迁移等原因停止使用,以及经核准报废的公路、铁路、机场、矿场、学校等使用的原划拨土地,应依法及时收回,重新安排使用。此外,还要积极鼓励土地的立体利用,开发利用土地的地上地下空间。对现有城市建设用地,在符合规划、不改变用途的前提下,采取优惠政策鼓励土地使用者增加容积率、提高土地地下空间的利用率。

第三,改变过度依赖物质资源消耗和投资驱动的经济增长模式,构建合理的消费、出口与投资驱动经济增长的机制,增强科技、管理等要素对经济发展的作用,降低经济增长对土地要素的依赖。长期以来,我国投资型驱动的经济增长方式,带来的代价是物质、资源、能源消耗过快,污染加剧,土地要素对经济增长的贡献率较高,发达地区的经济发展与城市建设没有摆脱对土地的过度依赖。因此,要实现经济增长模式由粗放型向集约型转变,就需要走科技含量高、资源消耗低、环境污染少的集约型工业化道路。在人地矛盾日益尖锐的情况下,增加科研投入,提高人们的土地利用知识、水平及自主创新能力,加快科技成果向现实生产力转化,积极培养和引进技术人才,大力应用和推广先进的科技成果,发展现代产业,实现以物质资源大量消耗为基础的增长向以科技进步、劳动者素质提高、管理创新转变为基础增长的转变。在经济发展中,应由主要依靠投资、出口拉动向依靠消费、投资、出口协调拉动转变。用地政策的调整要顺应这一转变,一方面通过完善收入分配制度,合理调整国民收入分配格局,着力提高城乡中低收入居民收入,增强居民消费能力,进一步促进经济发展;另一方面,政府要确保社会公共事业、服务业用地和各类民生用地(如保障性用房土地)的需求,通过合理的土地政策引导居民消费,保障改善民生、社会保障和公共服务的项目用地。

二、积极稳妥推进财税体制改革,减少地方政府对"土地财政"的依赖,促进土地资源的高效配置

第一,合理确定中央政府与地方政府的财政收入、土地收益分配比例,调动地方政府土地内涵挖潜的积极性。根据财权、事权相匹配的原则,进一步完善现行的分税制度,适当增加地方政府尤其是县乡财政预算内收入比重,减缓地方政府"以地生财"的利益诱惑,从源头上控制好农地非农化,减少对耕地资源的占用。同时,改革现行的城市土地出让收益分配与使用制度,进一步完善国有土地使用权出让收支管理办法,新增建设用地土地有偿使用费在中央财政和地方财政间合理分配,专项用于耕地开发基金,不得挪作他用,调动地方政府"盘活存量生财、集约用地发展"的积极性和创造性。与此同时,还需要规范省以下财政收入和政府支出责任划分,将部分适合更高一级政府承

担的事权和支出责任上移，并强化省级政府在义务教育、医疗卫生、社会保障等基本公共服务领域的支出责任，提高民生支出保障程度。

第二，改革现行土地税制，提高耕地资源占用税课征标准，实行按耕地质量等级累进课税和差别化的税率政策。对占用资源课税是加强资源保护的一种经济手段，我国颁布实施了《中华人民共和国耕地占用税暂行条例》，但耕地占用税实行的是从量计征，税额为占用耕地每平方米1～10元，课税标准明显偏低，起不到限制占用耕地资源应有的作用。国家对该条例实行了修订，课税标准提高到10～50元/平方米，但依然是采用从量计征的办法。这种课征方法不能体现耕地的质量及价值差别，从严格保护耕地的角度出发，应对占用耕地建房或者从事非农业建设的单位或者个人课以重税，将耕地的质量等级或价值价格作为征税的主要依据，并按耕地质量等级进行累进课税，通过提高耕地占用的税收成本，迫使耕地占用者尽可能地节约用地。今后耕地占用税要与城市土地使用费相对接，使土地使用者更加关注利用城市低效、闲置土地、开发利用废弃地，这样就可以促进土地的节约、合理利用，更好地保护耕地。此外，为保证国家能源、交通、水利等基础设施及公益性设施项目建设，占用耕地可以实行差别化税率，具体地规定各种项目适用的税率。

第三，改革、完善城市不动产税制，使地方政府从土地、房地产的保有、流转环节获取合理的地方财政。西方发达国家经验表明，土地、房地产的相关税收是地方政府财政收入的重要来源，主要通过对存量不动产征收物业税、房产税等方式创造财政收入，这样既体现了公平性，也保证了政府有相对稳定的财政收入。目前，我国地方财政在全国财政收入中占30%左右，但需要承担教育统筹等60%的公共产品开支，地方政府财权与事权处于不匹配的状况，不得不依赖于土地财政。我国不动产税收占地方政府收入的比例还比较低，地方政府预算外的主要收入来源是土地出让金。但土地出让金并不是一种稳定的收入来源，而且现行的出让制度是一种典型的"寅花卯钱"卖地制度，不利于土地资源的可持续利用。而不动产税，由于是基于不动产价值征收的，其税收额相对稳定，又因为能够增加不动产的保有成本，长期来讲对房地产市场价格会有调节作用，因此不动产税是地方政府收入与调节收益分配较好的选择。所以，应积极探索改革土地、房地产保有环节、流转环节的税收，使地方政府能够获取稳定的财政收入，减少地方政府占用耕地、出让土地从而获取收入的冲动。

三、进一步完善土地市场体制，加强土地市场的宏观调控与管理

第一，按照"两种产权、同一市场、价格统筹、统一管理"的模式，构建城乡一体化土地市场，统筹城乡土地管理。构建一个城乡一体化的土地市场体系，有利于打破长期以来的城乡二元结构，促进生产要素在城乡间的公平、合理与有效配置，有利于消除现行征地制度的弊端，减少建设占用耕地的压力。建立、完善统一的城乡市场需要统

一的交易规则，需要给予集体土地与国有土地同等待遇。公平是市场经济有效运行的前提，交易规则的不公平不可避免地会导致部分市场交易主体利益受损，从而致使市场配置土地资源的低效甚至无效。针对中国当前城乡二元土地市场引致的交易规则不公平，有必要在构建和谐社会的引导下，打破城乡壁垒，尽快建立健全的农村土地市场，赋予集体土地流转应有的法律地位，并与城市土地市场管理的相关政策相衔接，尽快出台城市规划区范围内的集体土地征收（公益性）、规划区范围外的经营性集体土地流转及农民宅基地流转管理办法。同时，出台集体建设用地的市场流转、价格政策、收益分配与集体土地保障基金等管理办法，并在新一轮《土地管理法》修订中加以体现和规范。针对当前城乡二元土地市场分割、城乡地价扭曲、灰色交易、隐形市场、管理混乱等问题，借鉴城市国有土地价格体系的经验，按照保护农民土地权益的原则，对农村建设用地基准地价、标定价格、最低限价等进行调查与评定，构建科学合理的农村建设用地价格体系，按照同地同价原则，做好城乡建设用地价格体系的衔接，特别是城郊结合部城乡地价水平的衔接，为城乡一体化土地市场的构建打好基础。

第二，改革征地补偿制度，实行"同地同价"，建立政府、企业（土地使用者）多元化主体安置补偿的经济机制。现行的土地征收没有限定在公共利益性质的用地，补偿的标准也明显偏低，集体土地财产和农民的合法权益得不到充分的保障，地方政府、开发商在经济利益驱动下，通过土地征收方式以很低的征地价格占用了城郊和交通沿线的大量优质耕地，以较高的土地出让价格获得大量的土地出让金收益，这是地方政府征地冲动的原因所在，因此，必须对征地制度进行改革。当务之急是改革征地补偿办法，提高征地补偿标准，实行"同地、同权、同价"，应依据同级别区段内城镇不同用途的土地基准价格合理测算被征农用地（耕地）的价格水平，建立征地的最低保护价标准，并按照当地土地市场的实际，实行按市场价格征地。在征地拆迁安置方面，应探索多元化的安置补偿的经济机制，政府、企业（土地使用者）应根据征地利益的大小承担相应的责任。此外，应取消对集体土地产权的歧视，赋予集体土地与国有土地同等待遇，允许经营性集体土地产权在符合土地利用规划和用途管制的条件下进入市场流转，要开放集体建设用地使用权流转市场，允许其直接进入城镇土地市场，同国有建设用地使用权享有同等权利，实行统一价格，同场交易，这样不仅能促进集体土地市场的发育与完善，也有利于形成农村集体建设用地与城市建设用地市场全面接轨的城乡一体化的土地市场体系，有利于更好的保护耕地资源。

第三，改革土地出让制度，实行差别化的供地政策，加强供地的全程监管。我国当前的土地出让制度采取的是一次性出让若干年土地使用权并收取全额土地出让金的做法，这种制度的弊端体现在：一方面对企业的经营活动形成了相当大的资金压力，另一方面也会助长土地投机，滋生泡沫经济，破坏正常的社会经济发展秩序。因此，首先需要对现行的土地出让制度进行改革与完善，如积极稳妥地推行年租制，可以选择原划拨土地进行试点，选择经营效益好的行业和土地市场比较活跃的地区作为突破口，租金征收范围先易后难，租金标准起步可低一些，以后根据企业的实际情况逐步调整。其次，通过价格水平、用地门槛、出让合同管理等途径，实行差别化的供地政策。如产业用地的供应，中心城区周边的工业用地区域及重点开发区要提高产业配套能力，增强吸纳产业转移和集聚产业的能力，要优先保证此类用地供给。远郊与一般开发区要着重发展特色产业，适度发展生态环境可承载的生态型产业。生态保护区域的产业用地要加强地质灾害风险的评价，重化工业用地尽量不配置在该区域。房地产用地的供应要优先保证保障性用地供给，尽力满足一般性住宅用地需求，严格限制或禁止高档商品住房用地。再次，要加强供地的全程监管力度，对土地出让合同中已明确的投资强度、容积率等指标及土地开发利用的若干规定，要加强审核与监管，严格按合同条款对项目进行竣工验收，对不按合同进行建设的，核减用地面积、收取土地违约金或土地闲置费，或者依法收回土地使用权，促进土地利用效率的提高。

第四，重视运用地价政策工具的管理职能，充分发挥地价杠杆的调控作用。当前我国城市建设用地粗放利用、闲置浪费现象较为普遍，节约集约用地的潜力巨大。充分利用地价这一经济杠杆，可起到优化配置土地资源，集约利用土地的作用。一是要建立健全土地市场动态监测制度，积极引导合理的土地需求。当前，要合理确定地价监测范围，健全和完善城市地价监测点制度，适时进行城镇基准地价水平的更新与地价指数的编制与发布工作，加强对土地供需、地价及土地市场动态变化的分析，及时判断和把握土地市场与宏观经济运行的协调状况，科学预测各业发展对土地的需求。二是要加强一级土地市场出让地价的管理，确保交易底价、实际交易价格水平维持在一个合理的水平，显化国有土地资产的真实价值，稳定市场预期，防止地价大起大落。三是，利用地价杠杆鼓励节约集约用地、保障新型产业及民生用地。如对国家产业政策鼓励的项目降低厂房租金、地方税收等；对企业盘活存量土地，利用原有厂区土地进行增资扩建或改造的，免交增加建筑面积的土地出让金；对高科技、高效益的工业用地以及民办的文教用地，在土地的供应上和价格上给予适当优惠；四是采取提前收回或优先购买等多种方式，通过定价手段防止土地市场中的不正当交易或逃避国家土地税收的行为。

四、完善耕地保护的财政支持与区域补偿政策

第一，建立有利于区域协调的耕地保护区域财政补偿机制。耕地保护区域补偿资金管理机构通过预测各区域现在及未来一定时期内耕地需求量和存量，计算各区域耕地赤字或盈余，确定需要补偿和被补偿的区域；然后按照一定方法确定耕地补偿的面积标准和价值标准，并确定区域补偿或被补偿的资金额；最后依据相关补偿方案进行补偿。这种耕地保护的区域补偿机制具体操作过程可分为三个步骤：一是测算区域耕地合理保有量；二是确定耕地区域补偿标准；三是选择并实施补偿方案。按照"统一标准、分年

收取"的原则，依据耕地保护区域补偿资金管理机构对各地每年的耕地赤字或盈余核算结果和补偿资金的核算结果，对耕地赤字地区以年租制形式，收取耕地补偿的资金，并建立耕地补偿基金。根据公平原则，由耕地保护区域补偿资金管理机构以现收现付的形式，把耕地赤字区上缴的资金直接转移支付给耕地盈余区，专项用于耕地盈余区耕地开发、整理、复垦和基础设施建设与完善，提高耕地质量和保护生态环境。耕地保护区域补偿资金管理机构负责对区域补偿进行监督。为激励耕地赤字区域缴纳补偿资金的积极性，应制定配套的补偿奖惩措施，对按时足额缴纳补偿资金的耕地赤字区采用适当地多给用地指标等方式进行奖励；对未完全履行缴纳补偿资金义务的区通过暂停下达用地指标等方式进行惩罚。此外，还应对获得补偿资金的耕地盈余区的资金分配和使用情况进行监督，确保资金的规范有序使用。

第二，建立耕地保护的公共财政补贴制度。通过建立耕地保护公共财政补贴制度，加大耕地保护的经济补贴力度。财政投入向基本农田保护和耕地保有量多的地区倾斜，提高地方基本农田保护的积极性。耕地保护补贴资金可以通过以下几个渠道筹集：第一，地方政府征地供地税费的收缴部分，包括土地部门收缴的土地管理费、新增建设用地有偿使用费、耕地开垦费等相关费用以及土地出让金的一定比例，税收部门收缴的耕地占用税、契税等相关税收。第二，开发商取得土地时，根据土地面积大小增收耕地保护附加费。由于耕地本身具有正外部性效益并具有保障农民基本生活条件的作用，从经济学角度和公共福利政策的角度考虑，应增加开发商在农用地转为建设用地过程中的用地成本，增收开发商耕地保护附加费，来弥补耕地数量减少带来的损失。第三，根据工业反哺农业精神，工业上缴税收中增加耕地资助税种或将收缴的现有税收一定比例用来反哺农业。由于承担耕地保护责任主要是地方政府和拥有承包经营权的农户，因此，耕地保护补贴对象主要考虑地方政府和农民。结合农用地分等定级成果，制定耕地质量检测标准与耕地环境补贴办法，根据对耕地的投资额、耕地的面积、质量和综合生产能力确定具体的补贴额度。补贴给地方政府的那部分资金，主要用于农田水利建设、田间道路建设和农田防护与生态保持工程建设等，改善农业基础设施条件和耕地利用环境方面的投资；定期定点组织开展农业高产先进技术培训方面的投入；以及对地方政府保护耕地的额外奖励。补贴给农民的那部分资金，主要用于补偿农民增加耕地数量和提高耕地质量的成本，以及对农民保护耕地的额外奖励。

第三，国家财政预算要加大对耕地尤其基本农田保护的投入，向粮食主产区及耕地保有量比例偏高的地区倾斜，调动地方政府与农民保护基本农田的积极性。国家在进行年度财政预算支出时，要加大对农业种粮、对耕地保护的投入，对粮食主产区及耕地保有量比例偏高的地区加大财政支持力度。要提倡和鼓励农业生产者在其耕种的基本农田区内增加生产投入，加强基本农田的基础设施建设，改善农业生产条件，积极应用新技术、新品种，增施有机肥料，合理施用化肥，保持和培肥基本农田的地力，为优质、高产、高效、无公害农业体系的建设提供有力保障。国家和地方要对有利于提高基本农田质量、增加有效利用面积和改善土地生产条件的活动，在资金、技术等方面给予大力支持。要重点扶持和开展一些基本农田保护区的农地整理项目，通过项目的实施使基本农田质量和生产经营者收益都得到明显的提高。通过树立基本农田建设和生产经营的示范典型，起到"以点带面"的作用，引导大家增加对基本农田的投入，使农业投入倾向于投在基本农田上，防止各项投入的低效或浪费，切实保护基本农田，提高耕地保护的效果。

第二节 耕地保护的行政管理对策

一、深化土地管理体制改革，抑制地方政府的过度行政干预

（一）健全和完善土地行政管理的垂直管理体制

在我国现行的行政体制和相关制度的整体构架下，虽然实施了国土资源行政体制改革，建立了省以下垂直管理体制，但由于土地制度本身及其外部环境政策所存在的阶段性体制漏洞和制度缺失仍然没有得到彻底解决，如市县级以下国土管理部门的人事编制权、财权仍控制在地方政府手中，导致地方国土管理部门不能弱化政府自行、自由调配土地资源的动力与能力，造成大量的耕地被占用、资产严重流失、管理较为混乱的局面。通过集权管理，赋予国家土地管理部门对土地管理违法行为的直接监督检查权，建立以中央和省级为主的相对集中的土地管理体制，加强中央对地方土地管理工作的垂直领导和监督。建议土地管理部门由省垂直改为中央垂直，强化上级土地管理部门对下级土地管理部门的垂直管理，不同层级的土地管理机构作为上一级机构的下属机构、派出机构或执行机构，只对上一级管理部门负责，不受同级地方政府的领导。在现有土地垂直管理体制的基础上，进一步实施"人权、事权、财权"三位一体的土地垂直管理体制，以强化国土资源管理部门耕地保护的职能，真正驾驭和抑制地方政府对土地管理和耕地保护的不当干预。

（二）理顺土地督察的体制，排除土地督察的体制干扰和人为干预

建立国家土地督察制度，是党中央、国务院做出的一项重大决策，是落实最严格的土地管理制度的重要举措，是实施土地调控政策、保护耕地资源的有效保证，是正确处理中央与地方关系的有益探索。今后，要进一步理顺土地督察的体制，强化国家土地督察制度，加大对地方政府土地违法的查处力度，坚决贯彻敢于碰硬、不怕得罪人、毫不松懈的要求，进一步做好土地审批事项督察和热点难点问题调研，加强对地方政府贯彻落实土地调控政策和重点地区耕地保护政策执行情况督察，不断强化对地方政府土地利用和管理业务全程监管。同时要完善执法监察体系，坚持对违法案件尤其是违法占用

耕地的案件公开通报和挂牌督办，做好卫片执法检查和实施问责相关工作。建立与法院、检察院、公安和纪检监察机关联席会议制度，推动部、省、市、县四级土地违法举报工作互联互通，及时发现和报告土地违法行为。

（三）积极推进区域一体化发展机制创新，破除地方恶性竞争

打破行政区域限制，建立包括行政协调、市场协调与平台协调的区域协调的国土资源管理创新体制与机制，有利于资源在区域间的优化配置与集约利用，有利于抑制地方政府之间在招商引资、产业发展及基础设施建设等方面的恶性竞争，从而避免重复建设及耕地的过度流失。依据空间规划、主体功能规划的架构，合理安排土地资源在不同区域、行业与部门间的配置，科学分配耕地红线与新增建设用地等主要指标，建立基于区域和谐发展的财政转移支付制度，使耕地保护多、粮食贡献大、发展受限的地方政府具有充分的投资公共福利的财力，还可以考虑通过制订差别化的税收政策来补偿地区损失，实现区域福利的均衡。根据全国主体功能区划规划，国土空间划分为优化开发区、重点开发区、限制开发区和禁止开发区，应该让耕地保护受益的优化开发区和重点开发区向提供耕地保护的限制开发区和禁止开发区进行财政转移支付，以横向财政转移改变四大功能区之间既得利益格局，实现地区间公共服务水平的均衡，提高限制开发区和禁止开发区人民生活水平，缩小四大功能区之间的经济差距。

二、构建科学合理的政绩考核责任机制

建立耕地保护问责制度，把耕地保护的各项指标列入各级政府的年度考核目标，完善相应的考评规则和奖惩制度，形成耕地保护的约束机制与激励机制。

（一）构建绿色GDP核算与评价体系，强化科学发展的政绩观和用地观

绿色GDP是扣除经济增长的资源（环境）成本与代价后的国民真实财富，将耕地保护、节能减排等纳入政府政绩考核指标体系中，建立一套包括耕地保护目标、资源集约利用、环境保护在内的以科学、和谐和可持续发展为主要导向的考核制度。我国正在快速推进的各项发展大业始终与人多地少的固有国情相纠缠，这要求我们谨慎而准确地认识、把握发展与用地的关系，树立与科学发展观相应的用地观，发展观与用地观是一个有机体，有什么样的发展观，就有什么样的用地观；而科学的用地观，也会深刻而有力地影响着经济社会的健康发展。以珍惜土地、可持续利用为重要特征的科学用地观，是科学发展观的构成部分，科学的政绩观也体现在科学用地、集约节约用地方面，片面追求以牺牲资源、环境为代价的经济增长方式、形象工程，必然是不可持续的、不科学的政绩观。

（二）将耕地保护作为官员晋升考评的核心指标之一，确保耕地保护落到实处

当前，各地政府热衷于GDP竞赛，原因在于现行的官员任免偏重于GDP指标的考核，而缺乏科学合理的官员晋升考评机制。这一考核方式强化了地方政府主要领导追求GDP

增长的动力,为追求一时的经济发展速度,甚至违背经济规律,盲目上项目,造成低水平重复建设,不惜以牺牲大量耕地为代价。因此,应改革现行的官员考核晋升制度,构建一个包括经济发展、耕地保护、粮食安全、能源消耗、生态安全、社会发展与民生问题为内容的官员考核综合指标体系,官员晋升要实行自下而上的"民主"与自上而下的"集中"相结合的程序。特别是今后一段时期,要确保18亿亩耕地红线,就应切实把土地考核指标提到重要地位,将土地利用总体规划与土地利用计划执行情况、耕地保有量、基本农田保护情况、耕地占补平衡情况以及违法情况作为县乡基层领导干部评奖评优、晋升的依据。官员评价可将上级领导评价、专家评价及公众评价有机结合起来,对耕地保护不力甚至严重违规违法破坏耕地的地方官员,在政绩考核评价及选拔任用中应予以"一票否决"。

(三)建立耕地保护目标责任制,落实问责制度

建立耕地保护目标责任制,有利于认真贯彻执行《土地管理法》、《基本农田保护条例》等国家和地方有关法律法规。国务院办公厅发布《省级政府耕地保护责任目标考核办法》,明确规定"各省、自治区、直辖市人民政府对《全国土地利用总体规划纲要》确定的本行政区域内的耕地保有量和基本农田保护面积负责,省长、主席、市长为第一责任人。"这一办法的出台为耕地保护"找到了"责任人,然而市县一级地方政府对耕地保护的直接作用更大,因此基层地方政府党政主要负责人应成为耕地保护的责任人,因为在不少地方,有些项目的开工建设并不是由行政一把手决定,地方党委书记起到的作用或许更大,因此,耕地保护目标责任人确定为"党政负责人"而不是"行政负责人"。同时,为使这一制度得以顺利实施,还要建立一系列的配套措施和具体实施细则,例如,不同地区耕地保护的目标有所不同,不搞"一刀切",因地制宜、区别对待。

(四)建立耕地保护尤其是基本农田保护的激励机制

在对领导干部强调耕地保护责任追究的同时,还应建立相应的激励机制,对表现优秀的各级地方政府、部门和领导个人给予奖励,以调动各方保护耕地的积极性、主动性。考核中,既要注重耕地的数量,又要考虑耕地的质量。如根据《中华人民共和国土地管理法》和《基本农田保护条例》等有关法律和法规,同时结合当地的实际,制定具体的基本农田保护实施办法、基本农田奖惩制度等政策与制度,鼓励全社会各部门、各单位及个人积极保护基本农田,要在人力、物力、财力和技术等方面给予保护者必要的支持与扶持。对耕地保护成绩突出的地方,给予一定的发展用地指标奖励;对在改善基本农田生产条件,提高基本农田质量,促进基本农田保护方面做出贡献的单位或个人,给予必要的精神与物质奖励。

三、建立和完善科学合理的土地行政审批制度

（一）完善各级各类土地规划、农用地转用审批和建设用地行政审批制度

在规划审批时，需要审查耕地保护是否贯彻"十分珍惜、合理利用土地和切实保护耕地"的基本国策，是否坚持"在保护中开发，在开发中保护"的总原则，尤其应对补充耕地的潜力分析和如何实现补充耕地的方案是否可行等进行审批。必要时，需建立规划与耕地保护联动机制，在规划纲要中确立耕地保护的重要地位，建立系列耕地保护措施，确保本辖区内耕地红线不动摇。

农用地转用的审批权限集中于国务院和省级人民政府。规划中涉及农用地转为建设用地的，应当严格按照《土地管理法》对国务院和省、自治区、直辖市人民政府审批农用地转用权限进行，不能越权审批，必要时暂停农用地转用审批。农用地转用批准权和征用土地的批准权都属于省级人民政府的，应同时办理转用和征用土地审批手续，不要分两次办理，以减少手续，提高效率，审批文件需报送当地土地督察局。农用地转用批准权在省级人民政府，征地审批权在国务院的，农用地转用和征用土地必须在国务院批准征用土地后组织实施，避免"未批先用"、"边批边用"，建立省级政府上报、国务院审批、督察局督察三位一体的审批制度。由国务院审批的单独选址建设项目用地的农用地转用，省、自治区、直辖市人民政府在上报国务院时，应将省级人民政府的请示文件和用地报批材料，同时抄送有关派驻地方的国家土地督察局。

新修订的《土地利用年度计划管理办法》将新增建设用地指标纳入计划管理，实行建设用地预审制度，一定程度上对减缓建设占用耕地起到了良好的效果。完善建设用地预审制度，对项目选址是否符合规划、用地规模是否符合指标管理、补充耕地方案是否可行和资金安排是否合理等各指标进行细化管理、严格审查。在审批过程中，要严格依照法律和经批准的土地利用总体规划进行，严格执行建设用地审批流程，重点对农用地转用和土地征收方案中涉及的城市新增建设用地的规模、区位、规划用途以及征地补偿安置、补充耕地进行总体审查。建设项目用地需修改土地利用总体规划的，应当出具经相关部门和专家论证的规划修改方案、规划修改对规划实施影响评估报告和修改规划听证会纪要。为确保项目投资建设的必要性，必须贯彻高标准、严要求的原则，对不符合要求的用地项目坚决不予批准。未经预审或者预审未通过的，不得批复可行性研究报告、核准项目申请报告；不得批准农用地转用、土地征收，不得办理供地手续。

（二）严格执行基本农田占用审批制度

基本农田保护制度包括基本农田保护区用途管制制度，占用基本农田保护审批与占补平衡制度，基本农田质量保护制度，基本农田环境保护制度，基本农田保护监督检查制度等。基本农田保护区经依法划定后，任何单位和个人不得改变或者占用。国家重大项目占用基本农田的，必须由国务院批准。经国务院批准或法定程序通过调整规划造

211

成基本农田减少的,当地人民政府应当按照批准文件修改土地利用总体规划,并补充划入数量和质量相当的基本农田,要严格按照"占多少、垦多少"的原则,由占用基本农田的单位或个人负责开垦与所占基本农田数量、质量相当的耕地。坚持节约用地,严格控制占用面积,能占用低等级基本农田的不得占用高等级基本农田。没有条件开垦或开垦的耕地不符合要求的,应当按照当地最高标准执行交纳耕地开垦费,专款补划基本农田。在土地行政审批制度中,要积极探索占用基本农田审批制度。在用地项目申请中,凡涉及占用基本农田的,要强化听证和论证。在征地报批前期,当地要依法履行告知、确认、听证程序。

第三节 耕地保护的法律管理对策

积极完善耕地保护的法律体制与政策,建立科学的农村土地财产权利保护制度,积极推进农村土地使用权的合理流转,在保护农民利益、保障农民生活、维护农村家庭土地承包经营基本制度的稳定性的基础上,扩大土地的规模经营。

一、加强土地产权制度建设,建立耕地保护新机制

(一)明晰耕地产权,对耕地进行确权登记,加强农用地的地籍管理

耕地产权主体模糊成为学界的共识,应加强农村集体土地产权制度研究,依法确认农村集体土地所有权和使用权主体,为耕地保护提供必要的产权制度基础。在坚持公有制的前提下,明确土地所有权主体和所有权实现形式,将国家土地所有权和集体土地所有权归属具体落到实处,在尊重历史和既定事实的原则下,明确"三级所有、队为基础",究竟是哪个主体负责,各地根据不同情况,界定不同形式的耕地产权主体,并使之法律化。在明晰耕地产权主体中,赋予农民产权主体地位,以切实保护耕地。过去,农民作为耕地的直接使用者对耕地处置没有发言权,同时在征地中被征地农民一直处于被动接受地位,无法有效维护自己在耕地上的权益。广大农民保护耕地的主观愿望和客观条件不对称,影响了广大农民保护耕地的积极性。其实,农民最关心的是自己是否拥有稳定的使用权、自主经营权、完整的收益权和完全的处置权。在现有的法律框架内,根据不同地区实际情况,通过产权保障,增强农民的耕地保护意识,调动农民保护耕地的积极性,使农民成为耕地保护的真正微观主体和第一道屏障,微观主体农民真正保护好自己拥有的耕地则是对耕地保护的最有力保障。赋予农民产权主体地位在耕地的质量保护与生态保护也将起到显著作用。在明晰土地产权的同时,要做好农村土地的产权与登记工作,将农村土地地籍管理工作规范化、常态化,则可以大大提高农民对耕地的长期、合理投入,避免土地利用的短期掠夺性经营,切实保护耕地的质量和环境。

（二）积极探索农地发展权的试点，加快建立农地发展权制度的立法研究

自 20 世纪 50 年代以来，英、法、日等国家为了保护农地、控制城市用地规模过度扩张，相继建立了农地发展权制度，并取得了良好的效果。我国也应当积极借鉴国外有益的经验，考虑建立农地发展权制度。从"同地、同权、同价"的思想出发，依据权益对等的原则，通过设立农地发展权，使农地农用与农地转用、农地征用具有平等的权利，具有同样的收益回报，从而可以以市场化的方式更好地保护农民及其集体的土地财产权益，更好地保护耕地资源，防止征地权的滥用。设立农地发展权，增加开发商获得土地成本，使农民参与城市化、工业化过程中的土地增值收益分配，实现耕地有偿保护，同时国家可从农地发展权中获得相应税收，增加耕地转为非农用地成本，减少耕地转为建设用地需求，从而有效保护耕地。

（三）进一步改革和完善宅基地的产权管理

现行的农村宅基地使用权制度，已与当下中国的社会经济基础和现阶段农村发展的公共政策目标发生了严重的背离。突出表现在：①农村宅基地使用权虽然被规定为用益物权，但该权利在取得和行使过程中，受到法律法规的诸多限制，用益物权无法真正彰显，其结果是农村宅基地的市场价值无法实现，农民不能分享工业化和城市化的发展成果。②大量进城务工农民空置的宅基地由于没有得到及时的整理和复垦，导致宅基地的大量闲置，因而也造成集体土地资源的严重浪费。应在坚持土地用途管制的前提下，完善宅基地使用权制度，使得该用益物权能够获得充分的保障；构建完善的宅基地使用权流转市场，使农村宅基地能够得到更有效的利用，充分实现农村宅基地的财产价值；建立和完善宅基地的整理和复垦制度，做到农村集体土地集约节约利用，以更加有利于耕地保护。

二、建立健全耕地保护法律法规体系

（一）积极推动土地法的立法工作

通过制定土地法，规范保持水土，保护耕地，保护生态环境已成为当前重要的任务。土地法和物权法是两个不同的法，土地法是自然资源法，物权法是民事法律，调整的目的、对象、内涵都不相同。虽然物权法中的不动产物权对土地和房屋进行了产权规范，但并不因此就替代了土地法，两者在规范土地上亦有如下一些主要区别：①土地法是源于人对土地的自然占有利用而衍生；物权法是源于物的商品交换；前者的规范的是人对土地的保护与利用的关系；后者是人在社会经济活动中对物行使支配力而享有的一定权利。②土地法赋予人的是一种特定权，其权利的行使是受一定的限制的；物权法赋予人的物权是一种对世权，是排斥他人对其行使权利侵害，是保护其物上权的。③土地法是公法，调整的是人与土地的关系，其主体有双重性，宏观调控主体为国家，利用主体为

个人。法律关系主要是行政法律关系；物权法为私法，调整的是人与人之间在土地利用上的平等互利关系，法律关系主要是民事法律关系。④土地法客体是人在特定土地上存在的权利；物权法的客体是直接受人支配的物。⑤土地法表明人对土地的利用必须遵循自然法则，生态规律和国家制定的规划及其原理原则；物权法是保护权利人对物的利用，如何利用不作特别的规定。这是因为土地是自然资源不能与一般物等同的实质所在。所以调整土地的法律关系主要是土地法。⑥土地法是特别法，物权法是普通法，按照特别法优于普通法的法律原则。如果今后物权法对土地的规定与土地法的规定不一致时，则应以土地法规定为准，这亦是两者在法律原则上区别所在。因此，有必要加快推进土地法的立法工作，并通过土地法的实施来加强耕地保护。

（二）加快修订《土地管理法》

现行的《土地管理法》的修订，随着经济社会的快速发展，很多内容已显滞后，不适应土地管理新形势的需要。在耕地保护方面，问题主要包括：一是如何正确处理经济发展与耕地保护的关系问题；二是农业结构调整、生态退耕在一定程度上影响了耕地保护目标的实现。有些地方只简单实现"数量"平衡，新补充耕地质量差、数量不足。因此，需要从土地利用规划、建设用地审批、土地征收、土地产权制度建设、土地市场建设等方面加大对《土地管理法》修订的力度。同时，《土地管理法》的修订要进一步体现如何强化地方政府耕地保护责任、从体制机制上解决土地违法问题产生的原动力，如何改革干部政绩考核标准和完善财税政策。在审批制度上，也需要通过修订土地管理法解决中央和省级政府审批过多、监管不足的问题。

（三）制定专门的《耕地（基本农田）保护法》

近年来，有关耕地保护的条例、办法、通知越来越多，耕地保护的力度越来越大，但有关耕地保护的内容只是散见于《中华人民共和国宪法》、《土地管理法》、《中华人民共和国农业法》（以下简称《农业法》）等相关法律的条目或章节中，没有形成系统的专门的法规，而且不同的法律法规之间在耕地保护的条文内容的表述方面还存在不一致甚至冲突之处，对耕地保护工作的开展造成不利影响。目前耕地保护形势极其严峻，制定与《中华人民共和国森林法》《中华人民共和国草原法》相对应的《中华人民共和国耕地法》或《中华人民共和国基本农田保护法》十分必要，各级立法机构应加快推进这项工作。

有关基本农田的保护的立法内容目前主要依据《基本农田保护条例》和《土地管理法》，在基本农田保护法的立法中，要强化对基本农田占用、变更的法律程序，基本农田保护责任制、基本农田保护区用途管制制度、基本农田严格审批制度、基本农田占补平衡制度、基本农田质量保护制度等内容。

三、加大耕地保护执法检查与管理

各级国土资源部门要加强土地执法队伍建设，严格落实土地执法动态巡查责任制度，加强土地违法的检查、处理力度。各有关部门要在查处土地违法违规案件中，加强协作配合，建立相应的沟通、协调和联合执法机制。国土资源部门要会同监察机关等有关部门不定期地开展用地情况的执法检查，重点查处非法批地、未批先用、"以租代征"、非法出让土地、严重侵害群众利益以及领导干部违规干预、插手经营性用地和工业用地招标拍卖挂牌出让等行为。上级国土资源部门要加强对市、县土地管理行为的监督检查，发现违法违规行为，要及时提出纠正或整改意见，重大问题要直接调查并依法做出处理，对典型案件要公开立案查处。进一步规范案件管辖和办理程序，创新办案方式，建立国土资源与监察、公安、司法等机关的办案协作机制和案件移送制度。严格执行监察部、人力资源和社会保障部、国土资源部联合下发的《违反土地管理规定行为处分办法》，既查处土地违法行为，又查处违法责任人。对应当给予行政处分的，移送监察机关处理；对应当给予党纪处分的，移送纪检机关处理；涉嫌犯罪的，要及时移送司法机关依法追究刑事责任。此外，还应当赋予土地执法部门更强的行政执法权力，使其执法不受人为因素特别是地方领导的干涉。据有关资料，目前违法批地和用地的责任人，主要是各级领导，土地执法难，多是大事化小，小事化了。这就要求各级领导必须模范地遵守国家土地管理法律、法规，从领导上保障国家土地管理法律、法规的实施。同时，也要贯彻实施好其他耕地保护相关的法律，如《中华人民共和国环境保护法》《中华人民共和国水土保持法》《农业法》等，从不同的方面全面落实对耕地的保护，耕地资源的可持续利用才能得到保证，从而实现社会经济的可持续发展。

参考文献：

[1] 毛德华等著. 耕地保护的市场机制研究 基于耕地发展权交易与虚拟耕地战略视角[M]. 北京：经济日报出版社. 2018.

[2] 胡蓉著. 耕地保护的经济补偿研究[M]. 重庆：西南师范大学出版社. 2018.

[3] 陈美球著. 我国耕地保护的农户行为与社会责任[M]. 北京：科学出版社. 2018.

[4] 冉清红, 岳云华著. 中国西部地区耕地保护经济困境及对策研究[M]. 北京：科学出版社. 2018.

[5] 黄世江等编著. 静海区耕地资源与作物施肥[M]. 北京：中国农业大学出版社. 2018.

[6] 李国敏著. 城市化对耕地保护效应及补偿机制研究[M]. 武汉：湖北人民出版社. 2017.

[7] 柴铎著. 中国耕地保护补偿机制研究[M]. 北京：经济科学出版社. 2017.

[8] 冉清红, 岳云华著. 中国西部地区耕地保护的经济补偿机制研究[M]. 北京：科学出版社. 2017.

[9] 柯新利著. 基于布局优化的耕地保护区域补偿机制研究[M]. 北京：科学出版社. 2017.

[10] 罗杰著. 重庆大中型水利工程建设对耕地的影响及保护策略研究 基于价值分析视角[M]. 北京：中国财政经济出版社. 2017.

[11] 阳利永著. 山区耕地可持续利用研究[M]. 昆明：云南大学出版社. 2017.

[12] 赵凯著. 耕地保护经济补偿模式研究[M]. 咸阳：西北农林科技大学出版社. 2016.

[13] 胡国俊主编. 特大型城市耕地保护体系建设与实践[M]. 上海：复旦大学出版社. 2016.

[14] 马文博著. 利益平衡视角下耕地保护经济补偿机制研究[M]. 北京：中国经济出版社. 2016.

[15] 启智工作室编. 公民环境保护法律知识问答[M]. 中国环境出版社. 2018.

[16] 陈克亮, 黄海萍, 张继伟, 赖敏, 陈凤桂, 陈肖娟. 海洋保护区生态补偿标准评估技术与示范[M]. 北京：海洋出版社. 2018.

[17] 金鹏辉等编著. 我国粮食安全问题研究 兼论耕地保护农业现代化和对外开放[M]. 北京：中国金融出版社. 2016.

[18] 毋晓蕾著. 耕地保护补偿机制研究 [M]. 北京：中国农业出版社. 2016.

[19] 杨建云著. 粮食主产区的城镇化与耕地保护 [M]. 郑州：郑州大学出版社. 2016.

[20] 陈书荣编. 耕地保护与土地整治 [M]. 北京：中国大地出版社. 2019.

[21] 李武艳著. 农户耕地保护补偿机制研究 [M]. 北京：中国大地出版社. 2019.

[22] 粮食主产区耕地保护外部性量化及其补偿效应 [M]. 北京：科学出版社. 2019.

[23] 王军著. 中国耕地质量保护与提升研究 [M]. 成都：西南财经大学出版社. 2019.

[24] 王秀芬，毕继业，张丽著. 用经济的眼光看中国的耕地保护 [M]. 北京：中国农业科学技术出版社. 2016.

[25] 虎陈霞，连纲. 耕地保护与村镇土地资源集约利用评价研究 [M]. 上海：上海交通大学出版社. 2016.

[26] 殷振江主编. 咸阳市耕地质量保护与作物施肥技术 [M]. 咸阳：西北农林科技大学出版社. 2016.

[27] 尚义主编. 赤峰市巴林左旗耕地与科学施肥 [M]. 赤峰：内蒙古科学技术出版社. 2017.

[28] 郑顺安，黄宏坤主编. 耕地重金属污染防治管理理论与实践 上 [M]. 中国环境出版社. 2017.

[29] 郑顺安，黄宏坤主编. 耕地重金属污染防治管理理论与实践 下 [M]. 中国环境出版社. 2017.

[30] 徐先玲，梁淇编著. 自然环境保护很重要 [M]. 北京：中国商业出版社. 2018.

[31] 罗岳平著. 环境保护沉思录 [M]. 北京：中国环境科学出版社. 2018.

[32] 宋才发，李凤梅主编. 民族地区农地保护的法律问题研究 [M]. 北京：中央民族大学出版社. 2018.